U0117604

戲曲文談

徐信義 著

文史哲學集成
文史哲出版社印行

國家圖書館出版品預行編目資料

戲曲文談 / 徐信義著. -- 初版 -- 臺北市：
文史哲, 民 102.12
　　頁；　　公分（文史哲學集成；649）
　　ISBN 978-986-314-162-4（平裝）

1.中國戲劇　2.戲曲評論　3.文集

982.07　　　　　　　　　　　　102027474

文 史 哲 學 集 成　649

戲 曲 文 談

著　　者：徐　　　信　　　義
出 版 者：文　史　哲　出　版　社
　　　　　http://www.lapen.com.tw
　　　　　e-mail:lapen@ms74.hinet.net
登記證字號：行政院新聞局版臺業字五三三七號
發 行 人：彭　　　正　　　雄
發 行 所：文　史　哲　出　版　社
印 刷 者：文　史　哲　出　版　社
臺北市羅斯福路一段七十二巷四號
郵政劃撥帳號：一六一八〇一七五
電話 886-2-23511028・傳真 886-2-23965656

實價新臺幣四四〇元

中華民國一〇二年（2013）十二月初版

序

　　在中國，嚴格定義的戲劇，南曲戲文與北曲雜劇，形成的時間約在西元十三世紀中期稍後。其淵源大約是永嘉雜劇與宋、金雜劇。至於更早的，就數散樂或百戲了。至於流行，先是北雜劇；戲文盛行較晚，大盛已在明代崑山腔興起之後。其間名作極多，士大夫的關注卻很少；直到二十世紀初，學術界才逐漸發展戲曲的研究。

　　1990年秋到西子灣教書、讀書，陪學生讀中國戲曲。為了因應學術界的形態，寫了幾篇論文就教於方家。沒學過戲，說戲曲、讀戲曲也只是當文學作品來看待，無能以演戲的觀點來討論。戲劇與文學固然有所不同，而其為藝術則一，可以依許多不同的角度詮釋；因此把戲曲當文學來讀也未嘗不可。就這樣子過了十五、六年。2006年夏離開西子灣到花蓮，就把戲曲放下了。日居月諸，馬齒徒增，有限的學術生涯也將圓滿。當年總總，不免感懷；將這些小文結集起來，也可以做個紀念。

　　論文的編次，先北曲後南曲，兼及花部。有兩篇附錄：一是關於元雜劇詞句解釋的問題，一是論《劉公案》鼓詞。鼓詞原是說唱，是敘述，與戲曲之為代言者有所不同；因是表演藝術，姑且附之。

　　文章不是一時寫成，筆致自然不同；或文或白，依當時的情境。

甚至於學術用語，有的寬鬆，有的嚴謹。而且，早先對論文格式的要求不高，也不太講究；如今看起來，自是須要大大的改進。結集這些論文，除了嚴重錯誤或錯字，修改的也就只有注腳格式。

　　凡人走過，必有足痕。風來雨去，再深的腳印，也會消失。又何必在意呢？隨緣吧！2013年12月自序

戲 曲 文 談

目　　次

北雜劇的楔子

一‧前言

北雜劇有「楔子」。比較早談論到這事的是王驥德（1560？-1623）《曲律‧論調名》：「登場首曲，北曰楔子，南曰引子。」[1] 這個說法，稍後的凌濛初（1580-1644）不以爲然。他在《西廂記五本解證》第一本「楔子」注說：

> 院本體祇四折，其有情多用白而不可不唱者，以一、二小令為之，非【賞花時】即【端正好】，如墊桌之以木楔，取其義也。今人不知其解，而合於第一折，殊繆。王伯良謂猶南曲引子，亦未是。[2]

解說「楔子」略有所見。清代毛奇齡（1623-1716）《毛西河論定西廂記》釋第一本「楔子」也指出王驥德之說爲非：

> 楔子，楔隙兒也。元劇限四折，倘情事未盡，則從隙中下一楔子，此在套數之外者，故名「楔」。他本列此在第一折內固非；若王伯良以楔為引曲，尤非也。[3]

解說「楔子」尚待斟酌。其後學者之於「楔子」，大抵沒有進一步的論述。

近代王國維（1877-1927）《宋元戲曲考》論雜劇的組織，以爲「楔子」是「四折之外，意有未盡，則以楔子足之」：

---

[1] 王驥德：《曲律》，《中國古典戲曲論著集成‧四》（北京：中國戲劇出版社，1982）頁60。

[2] 傅曉航編《西廂記集解》（蘭州：甘肅人民出社，1989）引，頁7。

[3] 同上註。

> 元劇以一宮調之曲一套為一折。普通雜劇大抵四折，或加楔子。案《說文》六：「楔，櫼也。」今木工於兩木間有不固處，則斫木札入之，謂之楔子，亦謂之櫼。雜劇之楔子亦然；四折之外，意有未盡，則以楔子足之。昔人謂北曲之楔子即南曲之引子，其實不然。元劇楔子或在前或在各折之間，大抵用仙侶【賞花時】或【端正好】。[4]

吳梅（1884-1939）《南北詞簡譜》也說：「蓋劇中情節，間有非四折能盡，遂加一楔子……楔所以輔佐門限，此則以輔佐情節之不足。」[5] 案王氏開啓近、當代戲曲研究的風氣，吳氏是近、當代的曲學專家；他們的說法，影響很大。

「元劇四折之外，意有未盡，則以楔子足之」的說法，流傳甚廣；大約沿襲明代閔遇五《六幻西廂記五劇箋疑》之說：「元曲本止四折，其有餘情難入四折者，另爲楔子。」郭紹虞（1893-1984）〈論北劇的楔子〉曾辨明其非是，以爲「楔子是全劇情節中的一部分，其在全劇中的地位與『折』是毫無兩樣的。它與『折』是鍛鍊成一片了的。不能分開了的。換一句話說，它的本身便是一折，除了幾點不同之外。」[6] 郭氏之說，有破有立，有是有不是。

徐扶明《元代雜劇藝術》以一章篇幅辨正前人與時人的誤解，說明楔子的名義、形式、功用，兼論北劇中的「增曲」（或稱插曲）。他指出「安排在戲前頭的楔子，起著『序幕』的作用，對劇情開端，

4　王國維：《宋元戲曲考》〈十一　元劇之結構〉（臺北：藝文印書館據《王忠慤公遺書》影印，1974）葉五十六下，頁114。案該書約成於1913年。

5　吳梅：《南北詞簡譜》（出版地不詳，1939；臺北：臺灣師範大學複印，1976；學海出版社重印，1997），又見王季思校注《西廂記》、吳曉玲注《西廂記》引。

6　郭紹虞：〈論北劇的楔子〉，《中國文學研究新編》（臺北：明倫出版社據北京1957版《中國文學研究》影印，1971）頁578-595。案，原文作於1927年。

做了必要的簡煉交代之後，必須立即轉入正場……安排在戲中間的楔子，起著過場的作用。」[7] 他整章的論述極為詳盡，雖說是「從整個戲的藝術構思來考慮」，基本上也是就「情節」而論的。

曾永義承襲鄭騫先生之說，以為「元雜劇一本四折表演完整故事，如果四折表演不完，穿插不起來，可以另加小段，名曰『楔子』，以補四折之不足。」他又以為「在首折之前的楔子即『引場』，在折與折之間的楔子即『過場』；並以為在首折前的楔子「恐怕是宋金雜劇院本『豔段』在形式上的遺留。」[8]

諸家之說，是將「楔子」視為「補四折情節之不足」而論。若詳細思量，似乎有斟酌的餘地。

二·「楔子」與「楔兒」

雜劇的「楔子」二字，在現今可見的元代刊本雜劇三十種中，未見標出。現存較早的《西廂記》刊本——明弘治十一年（1498）年金臺岳氏《奇妙全相註釋西廂記》家刻本，也沒有標出「楔子」。萬曆年間的雜劇刻本，如王驥德顧曲齋《古雜劇》刊於萬曆十六、七年（1588-1589）、《古名家雜劇》刊於萬曆十六年（1588），[9] 息機子

---

[7] 徐扶明：《元代雜劇藝術》（臺北：學海出版社據上海文藝出版社 1981 版排印，1997）頁 99-120。

[8] 曾永義：〈元雜劇體制規律的淵源與形成〉，《臺大中文學報》第三期（1989.12）頁 203-252；收入氏《參軍戲與元雜劇》（臺北：聯經出版事業公司，1992）頁 155-221。案：鄭騫先生之說，見先生〈元雜劇的結構〉，《景午叢編》上編（臺北：臺灣中華書局，1972）頁 190-208。

[9] 《古名家雜劇》的編者，一般遵用王國維說，以為是陳與郊（1544-1611）。楊家駱（1912-1996）考訂為王驥德，見氏〈全元雜劇初二編述例〉，編入《全

《古今雜劇》刊於萬曆廿六年（1598），繼志齋刊於萬曆間，或標或不標「楔子」；標出的方式也不一致。

如顧曲齋《古雜劇》本的標誌方式，標有「楔子」而含於「折」內的，約有：

> 竹塢聽琴、瀟湘夜雨、金線池、梧桐雨、青衫淚（第二折）、漢宮秋、

未標「楔子」而實有【賞花時】【端正好】曲（即楔子）的：

> 兩世姻緣、㑳梅香

其中〈金線池〉、〈梧桐雨〉、〈青衫淚〉將「楔子」標於曲名下。〈㑳梅香騙翰林風月〉標為五折，第一折僅有【賞花時】【么篇】，應當是「楔子」，此當是誤標折數；只是不審楔子當在折內或折前，也許當在折內。第二至五折應是第一至四折。又：〈李太白匹配金錢記〉第一齣內標有「楔子」而無曲文。至於標有「楔子」而置於第一折（齣）前的，約有：

> 柳毅傳書、倩女離魂

《古名家雜劇》本的標誌方式，標有「楔子」而含於「折」內的，如：

> 金線池、魯齋郎、梧桐雨、青衫淚（第二折）、還牢末（？）

「折」內未標「楔子」而實有【賞花時】或【端正好】曲（即楔子）的：

> 謝天香、岳陽樓（第三折）、黃粱夢（第二折）、羅李郎、魔合羅、倩女離魂、揚州夢、兩世姻緣、酷寒亭、風雲會、赤壁賦

〈金線池〉、〈梧桐雨〉、〈岳陽樓〉、〈青衫淚〉於曲名下標「楔子」。明初王子一〈悞入天台〉（第三折）【賞花時】下注明「楔子」。

元雜劇初編》（臺北：世界書局，1962）第一冊，又收入《仰風樓文集初編》（臺北：楊門同學會，1971）頁1072-1086。

其中〈大婦小妻還牢末〉標「第一折」者僅有【賞花時】一曲，實為楔子，標第二折的【仙呂點絳唇】套應是第一折，標第三折有【商調集賢賓】套、【雙調新水令】套，應分別為第二、三折，第四折為【中呂粉蝶兒】套。（然而萬曆間趙琦美脈望館校抄本不分折、也無標「楔子」。）至於標有「楔子」而置於「折（齣）」前的，如：

> 漢宮秋、竹塢聽琴、王粲登樓、梧桐葉、鴛鴦被、單鞭奪槊、野猿聽經

息機子《古今雜劇》諸本標有「楔子」的，大都別出於「折」前，如：

> 冤家債主、忍字記、度柳翠、誶范睢、生金閣、㑳梅香、范張雞黍、破家子弟、留鞋記、合同文字、碧桃花、符金錠、鴛鴦被

「折」內未標「楔子」而實有【賞花時】【端正好】曲（即楔子）的如：

> 兩世姻緣

朱有燉（1379-1439）的雜劇，見於《古名家雜劇》本的，如〈李亞仙花酒曲江池〉第一折內有【賞花時】【么】二曲，【端正好】一曲，不標「楔子」；〈趙貞姬身後團圓夢〉則劇首標「楔子」；〈劉盼春守志香囊怨〉第二折內有【賞花時】【么】，在曲名下標「楔子」。

　　由此可見，萬曆前期之前，對「楔子」的標誌並不一致，或許是對「楔子」的認知尚有差異。可是到了臧懋循（1550-1620）雕蟲館《元曲選》，約刊於萬曆四十三、四年（1615-1616），則是很一致的在適當位置，如第一折前或兩折之間，標出「楔子」字樣。也許因為這樣標誌的方式，才使得此後的人，以為楔子是「補四折情節之不足」吧！

　　至於雜劇「楔子」之名，始於何時？恐怕不可考。我們僅知元刊本雜劇尚未見此名而已。案朱權（1378-1448）《太和正音譜》卷下仙

呂【端正好】曲名下注：「楔兒。無名氏拂塵子楔兒。」[10] 楔兒應即
與楔子同。該書序之作，「時龍集戊寅」，即洪武三十一年（1398）。
然則明初已有「楔子」的認知。

究竟「楔子」何所指？是否真的是「補四折情節之不足」？或當
求別解？我們從顧曲齋本與古名家本〈金線池〉、〈梧桐雨〉在第一
折，〈青衫淚〉第二折【端正好】曲名下標「楔子」，以及諸本將【端
正好】或【賞花時】內含於「第某折」內，或許可以得到啟示。同時，
《古名家》本〈竇娥冤〉第一齣之前或之內中並無【賞花時】曲，即
無楔子；而臧氏《元曲選》本不曾增加情節，卻於第一折前加「楔子」
名，增曲文【賞花時】。依此或可知楔子並非就「故事（情節）」論。

雜劇之為戲劇表演藝術，是結合科、曲、白三者以呈現戲劇行動；
即是在普通的戲劇表演中，將部分賓白改為歌曲。因此，我們不妨將
音樂與情節分開來，看看「楔子」究竟是如何。

三・由排場論「楔子」

一切戲劇都是安排演員在劇場向觀眾表演故事的時間藝術。劇場
上所呈現的場景，就是故事的進行。這個故事，依亞里斯多德（Aristotle
384-322 B. C.）《詩學》的說法：有開端、中段、結尾，而且具有相
當的長度。「長度」，是指時間而言。這個具有時間長度的故事，則
是由許多有某種關係如因果關係的事件（events）組織起來的，這就
稱為情節（plot）；即是我們所說的關目。這些「事件」本身，也是
具有開端、中段、結尾的，只是它的時間可能比較短；事件在劇場演
出時，每每自成一個段落，就是場面、場景或排場。

---

10 朱權：《太和正音譜》（臺北：臺灣商務印書館《四部叢刊》本據涵芬樓影寫
洪武本影印，1966）卷下葉一上。

　　王季烈《螾廬曲談》說：「悲歡離合謂之劇情，演劇者之上下動作謂之排場。」[11] 汪經昌以爲北雜劇規定折數，每一故事之演奏，不限採用一套曲調，而表情之主體，遂復不再單純；「有『場』有『景』，故事之大關目爲『場』，故事之小交代爲『景』。合而言之，謂之『場面』；分而言之，大關目所以表故事之首要，是爲正場；小交代所以補正場之疏漏，是爲過場。」[12] 這是通達之論。

　　案：徐扶明《元代雜劇藝術》，以〈場子〉一章論述元雜劇在劇場演出的「場」，以腳色的上、下舞臺表演故事爲「場」。[13] 曾永義〈說「排場」〉一文，上考清代以前的戲曲與論著，下及當代學者的論述，認爲「排場」是腳色在「場上」所表演的一個段落。[14]

　　試以〈竇娥冤〉的「排場」，來看看「楔子」是否爲補足四折情節之不足而生。謹表列《古名家雜劇》的排場、情節、音樂，再述《元曲選》本的差異：

折次	場次	情　　　節	音樂
第一齣	1	竇天章帶領竇端雲（竇娥），送與蔡婆婆爲兒媳婦。	*
	2	蔡婆婆向賽盧醫討取本息銀子。賽盧醫賺蔡婆婆到郊外，要勒死她，被張驢兒父子撞見；賽盧醫慌忙逃走，蔡婆婆得救。	
	3	張驢兒父子得知蔡婆婆與媳婦皆寡居，以勒殺脅迫蔡氏婆媳與他們父子成親。	

11　王季烈：《螾廬曲談・論劇情與排場》（臺北：臺灣商務印書館重印，1967）
12　汪經昌：《曲學釋例》（臺北：臺灣中華書局，1962）頁 134。
13　徐扶明：《元代雜劇藝術》（臺北：學海書局 1997 重排印，1962）頁 139。
14　曾永義：〈說「排場」〉，《詩歌與戲曲》（臺北：聯經出版事業公司，1988）頁 351-401。

	4	竇娥自抒憂懷，蔡婆婆帶回張驢兒父子。蔡婆婆希望竇娥與張驢兒成親，竇娥堅決拒絕。	【點絳唇】套
第二齣	5	張驢兒向賽盧醫買毒藥，擬趁蔡婆婆病中下毒以嫁禍竇娥，脅迫成親。	
	6	蔡婆婆病中想吃羊肚湯；張驢兒藉口羊肚湯無滋味，支轉竇娥取調味料，趁機下毒。結果誤殺了張老。張驢兒以竇娥毒殺父親，以見官府脅迫竇娥成親；竇娥寧願見官府。	【一枝花】套前半至第二支【隔尾】
	7	楚州州官不審情由，拷問竇娥殺公公；竇娥不服。州官要拷打蔡婆婆，竇娥不忍，屈招藥殺張老。	【一枝花】套後半
第三齣	8	竇娥被押赴刑場，叫屈喊冤，埋怨天地。不忍被婆婆見，見了婆婆，訴說含冤屈招，並吩咐後事。臨刑時向天發三願：血飛白練、瑞雪埋身、楚州亢旱三年。竇娥受刑，三願皆實現。	【端正好】套
第四折	9	竇天章得官為肅政廉訪使，來揚州審囚刷卷。夜間在府後廳看文卷，竇娥冤魂前來訴冤。父女相會，竇天章始知女兒冤死。	【新水令】套
	10	天明，竇天章從新斷竇娥一案相關人犯。	

案：臧懋循《元曲選》本〈竇娥冤〉，與古名家本相較：情節、排場相同，而於第一場加「楔子」之名，並增曲文【賞花時】一支。第二、三、四場改題為「第一折」。第四折在【得勝令】竇娥訴明自己冤屈後，另增加【川撥棹】、【七弟兄】、【梅花酒】、【收江南】四曲，以配合新增從新審案的情節，並將原【尾聲】改為【鴛鴦煞尾】。

　　從〈竇娥冤〉的兩個不同刊本，可知「楔子」並不是「補情節之不足」。

　　再將顧曲齋本與古名家本〈漢宮秋〉第二折（不含）前的情節、場次、折次表列於下：

顧曲齋本		場次	情　節	音樂	古名家本
第一齣	楔子	1	呼韓耶單于自述國事，並說遣使進貢，欲請公主，求爲姻婭。		楔子
		2	毛延壽侍候漢元帝，帝命延壽刷選室女，以充後宮。	【賞花時】	
		3	毛延壽奉旨刷選室女，有王嬙不肯行賄；擬將她的美人圖點上破綻，到京師必打入冷宮。		第一折
		4	王嬙在宮彈琵琶。漢元帝聞聲行幸，見王嬙絕色，驚問何不近幸？始知毛延壽貪瀆。遂命拿毛延壽斬首，封王嬙爲明妃。	【點絳唇】套	

案：顧曲齋本將楔子內含於第一齣，古名家本分別出來；〈竹塢聽琴〉也是如此。其它諸劇，顧曲齋本置於第一折前而古名家本含於「折」內的，有〈倩女離魂〉。而兩刊本將「楔子」含於「折」內的，見前節所舉。於此可知：萬曆十六、七年前後，「楔子」未必不含在「折」中。如此，也可以說明：楔子並不是「補四折情節之不足」。

　　至於「折」是甚麼？又是一個可以討論的題目。鍾嗣成（1277?-1345?）《錄鬼簿》：「李時中，〈黃粱夢〉下自注：「第一折馬致遠，第二折李時中，第三折花李郎，第四折紅字李二。」簡本、繁本、增補本都一樣，有此注。[15] 是「折」在元代已經用於雜劇。朱權《太和正音譜》引雜劇諸曲，也都標明某人某劇第幾折字樣。鄭騫先生（1906-1991）說：「每本雜劇照例分作四段，每段叫做一折。……每折綜合曲、白、科三者表演故事的一個段落，四折聯貫，表演完整

---

15 王鋼校訂：《校訂錄鬼簿三種》（鄭州：中州古籍出版社，1991）頁 13、74、148。

個故事。」[16]「折」是指整個戲劇行動中一段稍爲完整段落的情節，其中可以包含一至數個排場（場景）。至於《西廂記》二十一折，不論視爲五本與否，它的排場問題，仍與四折者同。

四・由音樂論「楔子」

雜劇之爲表演藝術，音樂是很重要的組成因素。音樂，在雜劇中是指樂曲與歌詞；不是獨立於戲劇行動的劇場表演之外的歌唱，而是融入戲劇行動中的有機成分。如果保留歌詞，抽去樂曲，歌詞——即曲文——就是賓白（語言），可以是對白、獨白，也可以是旁白。因此，雜劇的音樂，除了具有賓白的功能外，更可以表達情緒，渲染戲劇的氣氛。

我們知道雜劇的音樂，主要的是套數。由前一節列表中，可以看出，套數音樂與大關目——正場相結合。一般而言：一個套數即是一個正場，或是不能分割的兩個正場如〈竇娥冤〉的第二折的【一枝花】套。〈救風塵〉第四折有四場戲：第一場，周舍寫休書與宋引章，趕出宋引章；第二場，周舍知覺上當了，要去追趕宋引章等；第三場，周舍趕上宋引章與趙盼兒（或做「趙盻兒」）相與爭論，扯趙、宋二人告官；第四場，知府李公弼斷本案。[17] 第一、二場無曲文，第三、四場合用【新水令】套。由此也可以看出雜劇的一折，不等於一套數。

至於楔子，就前舉顧曲齋本、古名家本〈漢宮秋〉，不論含於「齣」

---

[16] 鄭騫：〈元雜劇的結構〉，原刊於《大陸雜誌》2：12（1951），收入氏《景午叢編》上編（臺北：臺灣中華書局，1972）頁190-208。

[17] 曾永義分作四場，見氏〈評驚中國古典戲劇的態度與方法〉，收入《說戲曲》（臺北：聯經出版事業公司，1976）。徐扶明分做三場，見氏《元代雜劇藝術》，頁150。

內與否，都有兩個排場；其它標誌「楔子」諸劇，也未必僅有一場。如此看來，楔子似乎是就「情節」而論。然而就邏輯來說：楔子若指情節，折也是情節，則楔子內含於折中，就不合道理；如此就不必將「楔子」含於「折」內。

再檢視顧曲齋本、古名家本的〈金線池〉、〈梧桐雨〉、〈青衫淚〉三劇，都在曲名【端正好】曲名下標誌「楔子」字樣，古名家本〈岳陽樓〉【賞花時】曲名下標「楔子」；又，古名家本王子一〈悞入天台〉、朱有燉〈香囊怨〉【賞花時】曲名下標「楔子」，據此可以推知：這幾本劇的楔子就是【端正好】或【賞花時】曲，即是就音樂而言。《太和正音譜》在仙呂【端正好】下標「楔兒」，即是謂本曲為楔子。如此就可以解釋〈竇娥冤〉的第一場，古名家本無「楔子」字樣而臧氏《元曲選》本加了【賞花時】就稱為「楔子」的緣故了。臧氏所稱的「楔子」即指【賞花時】而言。

回到排場來討論：整個戲劇行動可以分為幾個大段落，雜劇以四段落為慣例；每個段落又可以分為較小的段落，即是排場。排場有大、小，大排場即正場，是呈現較重要的情節，即事件；小的排場即過場，交代事情的來龍去脈，讓情節順利進行，觀眾才「看得懂」演甚麼戲。大排場配套數，由多支曲子來呈現；小排場可以不配音樂，或配單曲加么篇來呈現。這單曲往往是【端正好】或【賞花時】，即楔子。也就是說，雜劇的一折，以排場論，至少是一個正場，或加小排場；以音樂論，是一個套數，或加楔子。

北雜劇的套數，末本戲由正末唱，旦本正旦唱。而楔子，就顧曲齋本、古名家本、息機子本，以及早於此三刻本的鈔本看來，也是由正末或正旦唱。臧氏《元曲選》以後，以及出自《元曲選》的刊本，則不盡由正末或正旦唱；大約是受《元曲選》影響，或萬曆四十年以後的風氣即是如此。如《元曲選》本〈竇娥冤〉所增的楔子，即由沖

末唱。

　　何以有的小排場唱楔子，有的則不唱曲？大約稍事交代簡單情節的不唱；，較爲重要且關涉情節較大的則唱曲，而且是正末或正旦的小排場。前引凌濛初所說的「情多用白而不可不唱」，他只說對了「情多」——關涉情節較大一項。朱有燉〈曲江池〉第一折內的前兩場，一者末唱【賞花時】【么篇】，一者旦唱【端正好】，即是兩個楔子。

　　至於何以稱爲楔子？應是就戲劇表演的音樂而言。因爲雜劇慣例唱四套曲，楔子曲不屬於套數，而在第一個套數之前或兩套數之間，如木楔之彌補木器接縫之隙也。同時還有一個限制：唱楔子須是在一個完整的排場。如果有一至三支隻曲與套數共成一排場，則不是楔子。王驥德說：「登場首曲，北曰楔子，南曰引子。」固然爲人所非議，但是他確然知道：楔子是就音樂而言的。

　　至於第四個套數後無楔子，則是因爲情節在第四個大段落——「折」的衝突或危機，都已解決，不必再有主角——事件關鍵人物正末或正旦的完整排場，自然沒有楔子。

五・結語

　　北雜劇有楔子，就現存文獻來看，不知元代是否有「楔子」之名；但是確有其實。現存元代刊印的雜劇劇本，並不見「楔子」之名，即使現存較早的《西廂記》刊本——弘治十一年（1498）岳氏刊本，仍未標出「楔子」之名。

　　最遲到了明代初，洪武卅一年（1398），朱權《太和正音譜》就出現了「楔兒」之名；「楔兒」即楔子。（明初王子一〈悞入天台〉、朱有燉〈香囊怨〉在套數前的【賞花時】下標「楔子」，可能係原本所有，不是刊者所加。）到了萬曆十六、七年（1588-1589），王驥德

刊《古雜劇》、《古名家雜劇》，有的劇本就標出「楔子」，但不一定置於「折」次之前，有的卻不標出。萬曆廿六年（1598）息機子刊《古今雜劇》，也標出「楔子」，大致置於「折」次之前；但有的並不標出。可見當時的標誌方式並不一致。

到了萬曆四十三、四年，臧懋循刊《元曲選》，則是加以更易，很一致而且明確的標出「楔子」，並置於折次之前。《元曲選》的處理方式，故然整齊畫一，合乎套書的體例；卻磨滅了一些有用的資訊。也使人產生了「楔子」是「補四折情節之不足」的誤解。

雜劇是表演藝術，從「表演」的這個性質來看，「楔子」並不是指一段情節——排場，而是指一支曲子（或加唱么篇），是音樂。楔子是與套數一樣，就戲曲的音樂成分來說的。

雜劇表演時，主要的情節——正場，唱套數；小排場或唱楔子或不唱楔子。較重要的小排場且主角（正末或正旦）在場面上，就唱楔子。若只交代部分有關的小情節，就不唱曲子，就沒有楔子。

這就是「楔子」。楔子是音樂，不是情節。

中山大學編《中山人文學術論叢》第六輯（澳門：澳門出版社，2005）

論竇娥冤雜劇

一‧前言

　　關漢卿的〈感天動地竇娥冤〉雜劇，不僅是元雜劇中的名作，也是中國戲曲史上的明珠；即使放在世界名劇之林，也毫不遜色。自來論述的論文極多，或論其結構，或論其主題；有的評論女主角竇娥的志節與人格，有的據此討論元代的社會情狀；或者討論該劇是悲劇抑或是通俗劇，或者抒發讀後的心靈感受：不一而足。其實，愈是偉大的作品，愈禁得起各種觀點的分析：不同時代、不同地區的人，可以用各種不同的解讀方法、各種批評的手段，從各個不同的角度來詮釋，都可以有重大的收穫。如黃浩瀚的博士論文《文體詮釋與接受─〈竇娥冤〉的悲劇讀法》，即有很好的成績。本文試圖以心理分析以及普遍象徵意義的分析方法為主，來討論〈竇娥冤〉雜劇所呈現的主旨，與竇娥臨刑三願所揭露的人性需求。至於曲文賓白的欣賞，情節的分析，以及其他次要人物性格的剖析，版本的研究，本文不擬詳細討論。

　　本文據以討論的版本，是世界書局《全元雜劇初編》所收「脈望館校古名家本」。按：今傳〈竇娥冤雜劇〉較早之本有三：即脈望館校藏《古名家雜劇》本，一為臧楙循《元曲選》本，一為明孟稱舜《古今名劇合選‧酹江集》本。《古名家雜劇》，王國維（1877-1927）以為明人陳與郊編，從其說者不乏其人；楊家駱先生（1911-1981）《全元雜劇初二編述例》考定為王驥德（?-1623）編，徐氏刊於萬曆十六、

七年間（1588-89）；[1] 較臧氏《元曲選》刊於萬曆四十三、四年間
（1615-16）者早廿餘年。楊氏說爲可信。至於孟稱舜本，刊於崇禎
六年（1633）；其文字，據書眉標注，並與《古名家雜劇》互勘，當
是以《古名家雜劇》本或相近本爲「原文」，以臧氏《元曲選》爲「今
本」，斟酌損益，出入「原文」與「今本」之間；實與《元曲選》本
爲近。關於三本的差異，業師鄭騫先生（1906-1981）〈關漢卿竇娥
冤雜劇異本比較〉一文，曾詳論異同，比較優劣；以爲臧氏本較之《古
名家》本，增刪更改之處頗多，使得原劇質樸本色處、竇娥口氣冷峭
處，破壞甚多。[2] 至於一字一句的差異，詳見吳曉鈴等《關漢卿戲曲
集》中該劇的〈校勘記〉。世界書局據以影印的本子「脈望館校《古
名家》本」，係趙琦美藏校本，於《古名家》本校改數字而已。——
按：趙氏校勘諸劇，據部分校本所標記時間，大約在萬曆四十二年至
四十五年間（1614-1617），[3] 與臧氏編訂《元曲選》時間略近。

　　《古名家雜劇》本〈竇娥冤〉並不是沒有缺失；如第二折《南呂
一枝花》套，誤將【牧羊關】、【罵玉郎】、【感皇恩】、【採茶歌】、
【黃鐘尾】等五曲，分入第三折。（「折」原作「齣」）。但是比起
《元曲選》本，這缺失並不重大，不影響全劇；因爲元雜劇原來是以

---

[1] 楊家駱編：《全元雜劇初編》第一冊卷首（臺北：世界書局，1961）頁 1-16；
　　又：楊家駱：《仰風樓文集初編》（臺北：楊門同學會，1971）頁 1071-1086。

[2] 鄭騫：〈關漢卿竇娥冤雜劇異本比較〉，《大陸雜誌》29：10, 1964；收入氏
　　《景午叢編》上編（臺北：臺灣中華書局）頁 433-435。

[3] 據《全元雜劇》初編、二編，校於萬曆 42 年者有〈望江亭中秋切鱠旦〉等二
　　本；校於 43 年者有〈山神廟裴度還帶〉等十二本；校於 44 年者有〈包待制三
　　勘蝴蝶夢〉等四本；校於 45 年者有〈好酒趙元遇上皇〉等四本。

套數分段落，標明「折」數是明萬曆初期的事。4 《古名家》本只是
誤分，改正過來即可。而臧氏《元曲選》本文字的差異，不僅造成竇
娥年齡前後不符，並且影響情節，更關涉到〈竇娥冤〉是否為悲劇的
問題。如張漢良就以第三折、第四折所顯示的道德性與詩的正義，以
及第四折重審案情所顯示的喜劇成分，影響到他判定該劇為通俗劇
（melodrama）。5 當然，張氏還有其他的論點。──其實，王國維《宋
元戲曲考》已主張〈竇娥冤〉最有悲劇性質，列之於世界大悲劇中，
亦無愧色。其後文學史家莫不遵奉其說。古添洪、張炳祥更撰述專文，
肯定其為悲劇。6 ──除此之外，臧氏《元曲選》本三折，竇娥赴刑
前所唱曲文，太「順」，太美，不符臨刑前的心理狀態；第四折重審
一段，竇娥之魂，白日顯現，而且還能打人，不太合常理。因此，本
文不取《元曲選》本，而用《古名家雜劇》本。──至於《元曲選》
本，可視為另一本〈竇娥冤〉，自有其價值，不容忽視。奚如谷（Stephen
West）〈臧楙循改寫竇娥冤研究〉一文曾有平允論述。7

4　曾永義說。見曾氏〈元雜劇分折問題〉，《說戲曲》（臺北：聯經出版事業公
　　司，1976）頁 73-76。
5　張漢良：〈關漢卿的竇娥冤：一個通俗劇〉，《中外文學》4：8，（1976），
　　頁 128-141。又見葉維廉編：《中國古典文學比較研究》（臺北：黎明文化事
　　業公司，1977）頁 341-358。
6　古添洪：〈悲劇：感天動地竇娥冤〉，《中外文學》4：8，（1976），頁 112-126。
　　收入葉維廉編：《中國古典文學比較研究》（臺北：黎明文化事業公司，1977）
　　頁 323-340。
　　張炳祥：〈竇娥冤是悲劇論〉，鄭樹森等編，《中西比較文學論集》（臺北：
　　時報文化出版公司，1980）頁 290-331。
7　奚如谷（Stephen West）著，張惠英譯：〈臧楙循改寫《竇娥冤》研究〉，《文
　　學評論》1992 年 2 期，（中國社會科學院文學研究所）頁 73-84。

二、竇娥的命運

竇娥，〈竇娥冤〉雜劇的主角，本名端雲；從三歲起，就步上衰頹的命運。她三歲時死了母親；七歲時，父親為了還債與赴京趕考，將她送與寡婦蔡婆婆做兒媳婦。十七歲，與夫成親；其夫不幸又死了。婆媳兩人相依為命，守寡度日。戲劇衝突的起點，竇娥二十歲。一日，蔡婆婆向賽盧醫索債，賽盧醫賴債不還，騙蔡婆婆到郊野勒殺她；恰被張驢兒父子二人撞見，救了性命。張氏父子一知道蔡婆婆是婆媳二人守寡相依度日，便脅迫蔡婆婆答應婆媳二人與張氏父子成親；蔡氏在脅迫下答應了，竇娥卻不肯。張驢兒為達成與竇娥成親的目的，趁蔡婆婆臥病，買了毒藥，想要毒死蔡氏，逼竇娥答應親事。不料，事與願違，反而誤殺自己父親。張驢兒趁機要脅竇娥：私休，嫁與張氏；或官休，見官控告竇娥藥殺公公。竇娥以自身不曾下藥，選擇官休。不料州官不明是非，判竇娥死罪。竇娥刑前發下三個誓願，以彰顯冤情。既受刑，三願皆實現。後來竇娥父親因做官到楚州刷卷；竇娥之魂前去愬冤，因此得以洗刷冤情。

以上是〈竇娥冤〉故事梗概。為了分析方便，謹將情節發展，依劇本排場，條列於後：

1. 竇天章曾向蔡婆婆借銀子，無力償還；又將赴京應考，缺乏盤纏。於是應蔡婆婆的要求，將七歲的女兒端雲，送與蔡婆婆為兒媳婦；然後赴京。

2. 賽盧醫欠蔡婆婆銀子，本利該銀廿兩。賽盧醫無力償還，起了不良之心，趁蔡婆婆索取時，騙出城外，下手勒殺。恰被張驢兒父子撞見。

3. 蔡婆婆被張氏父子所救。張氏父子既知蔡婆婆只與媳婦過日，也起不良之心，勉強蔡婆婆與張驢兒之父張老成親，張驢兒要娶竇

娥。蔡婆婆在張驢兒以勒死相脅迫的情況下，答允張老爲接腳。

4. 竇娥在家中等候蔡婆婆索債歸來，滿腹憂愁；感嘆自己命運不
濟。蔡婆婆帶回張氏父子，告訴竇娥已招了張老爲丈夫，並且要
竇娥招張驢兒爲婿；竇娥嚴詞拒絕。

5. 由於竇娥不肯隨順，張驢兒於是想趁蔡婆婆生病時藥殺她，脅迫
竇娥相許。張驢兒到賽盧醫處討藥；賽盧醫不肯。張驢兒便以告
發勒殺蔡婆婆事爲要脅；賽盧醫只好合藥。

6. 蔡婆婆病中想吃羊肚兒湯。便由張老轉知張驢兒喚竇娥做湯。竇
娥做成羊肚兒湯。張驢兒在送湯時以少鹽醋爲由，使轉竇娥，然
後在湯中下毒藥。竇娥取鹽醋回來傾下湯中；張驢兒送與張老拿
給蔡婆婆。蔡氏要張老先吃；張老一吃，毒發而死。張驢兒於是
以竇娥藥殺張老，要脅竇娥隨順；竇娥以不曾下藥，寧願見官訟
理。

7. 楚州州官不明，拷打竇娥；竇娥不招。州官轉而拷打蔡婆婆；竇
娥不忍，屈招藥死公公。

8. 竇娥赴法場，不忍被婆婆見。蔡婆婆相見，竇娥詳述事情本末，
而後死別。臨刑前，告監斬官要一領淨席，要丈二白練。發願：
若自己無罪冤枉，熱血飛上白練；下瑞雪遮屍首；楚州亢旱三年。
既刑，果然下雪。

9. 竇天章爲兩淮提刑肅政廉訪使，隨處刷卷。來到淮南揚州，當晚
宿在揚洲府後廳；摒開衙役，夜看文卷。竇娥冤魂來尋竇天章，
一再將燈弄暗，使竇天章剔燈；她趁此將自己受罪文卷從卷下翻
至上面。終於父女相認。竇娥細說冤屈緣由，竇天章擬待天明把
文卷改正明白。

10. 竇天章重判此案，張驢兒明正典刑，其餘官吏、賽盧醫各當其
罪；竇娥冤情洗刷明白。

按：第一至四場，在《古名家》本〈竇娥冤〉第一齣（折），第五、六場在第二齣（折）；第七、八場在第三齣（折）；第九、十場在第四折。其中第七場當歸入第二齣。第六場，張驢兒誤藥殺親父一事，曲牌是：一枝花、梁州、隔尾、賀新郎、鬥蝦蟆、隔尾，共六曲。前三曲情調與後三曲大不相類。前三曲述竇娥做湯與蔡婆婆吃，曲文多是借古諷今，暗中數說蔡婆婆招張老的不是。此《隔尾》述進湯事，是劇情轉變的關鍵。【賀新郎】仍然譏諷蔡婆婆與張老相讓吃湯；而後張老毒發身亡，情節逆轉。此場似可分為兩場。可是依排場而言，人物並無更換，不宜分場。第八場係一大場，描述竇娥赴法場的心理；前有蔡婆婆出現，後則監斬官，似可分場；然而前後一氣呵成，不容分割。至於二、三場似可合併；但因這件事，且其中賽盧醫慌忙逃去，蔡婆婆幾乎被勒死，故分為兩場。

關於本劇的結構，固然可以如張淑香一樣，從主題——竇娥的冤——談起，從冤的構成、抉擇、解決，來論述本劇結構。[8] 也可以像容世誠一樣，利用葛立瑪（A. J. Greima）的契約語列（Contractual syntagms）來分析〈竇娥冤〉的敘事結構 （Syntagmatic Structure），以李維史陀（Lēvi-Strauss）的二元對立觀念來討論語意結構（Semantic Structure）。[9] 更可以用「衝突」（Conflict）來解說劇情結構。本文擬以最簡單、最傳統的方式——因果律——來述說結構。

〈竇娥冤〉根本是以竇娥為中心的戲；以竇娥冤獄的形成為主

8　張淑香：〈從戲劇的主題結構談竇娥的冤〉，《中外文學》5：2，（1976），頁 176-216。又張氏《元雜劇中的愛情與社會》，（臺北：長安出版社，1980）頁 219-272。

9　容世誠：〈「竇娥冤」的結構分析〉，《中外文學》12：9，（1984.02），頁 50-73。

線，以冤獄的洗雪爲結尾。第一場的事件，是整齣戲的遠因，也是結尾的伏筆。自第二場至末尾，都是前場爲因，後場爲果；果復轉爲因；因而有果。如此，因果輾轉發展。而第一場的因，則是寶天章貧困，蔡婆婆放債。蔡婆婆的放債，直接造成第二場的事件；第二場的賽盧醫行凶，造成張驢兒父子相救之果；此果轉爲因，造成第三場張氏父子逼婚的果。因此而造成第四場的寶娥不諒解蔡婆婆的再婚，以及拒絕張驢兒婚配的欲求。寶娥的拒絕，促成第五場張驢兒合藥毒蔡婆婆逼寶娥順從的企圖。又因此造成第六場誤毒張老的果；這件事對張驢兒而言，是一大逆轉（reversal）。因此而有第七場的官司。寶娥以自己不曾藥殺張老，願意赴官訟理；不料判官不明，威打不招，轉而拷打蔡婆婆，寶娥不忍蔡氏受刑辱，屈招罪狀——這就寶娥而言，也是一大逆轉。因此而有第八場法場受刑、發三誓願之果，至此，劇情發展到最高潮，天果真下雪。因此而有第九場之寶娥之魂向寶天章愬冤，因而有第十場重審此案的果。整個戲，環環相扣，自第二場起，逐漸上升，到第八場爲最高潮；第九場爲下降，第十場爲結尾。

　　曾經有人質疑寶娥沒有正常的、合理的理由，要求天降大雪；更不該著楚州亢旱三年，犧牲無辜百姓的利益。黃美序在〈寶娥的冤與願〉一文中，試圖解釋這個問題。[10]　其實，楚州亢旱三年，不是寶娥該負責的，而是楚州州官刑名違錯該負責任。而且就戲劇情節的發展來說：寶娥在州官不明是非，不能公正審理訴訟案件中屈招罪狀；叫天不靈，呼地不應，臨死之前，發下三個願望，希望天地能證明其無罪冤死——這是極其自然的現象，誰願含冤而死？在含冤受刑臨死之際，誰會考慮上天若顯靈表明自己冤枉時是否犧牲別人的利益？就劇情發展而言，這是極合理的事情；這才能顯示萬鈞劇力，才能震撼人

[10]　黃美序，〈寶娥的冤與願〉，《中外文學》13：1，（19840.6），頁89–103。

的心弦。就觀眾而言：觀眾的情緒也激盪到極高點，如果此時沒有激烈的言論，激越的情緒，而是非常理性的語言，非常平和順暢的話語；觀眾將會失望，他們的情緒不得舒發；那將是失敗的戲劇。

也有人對第九、十場戲，及第四折，感到不解：為什麼要如此詳細的重述劇情？為什麼末了的判決如此不合審案常理？我以為可從三方面來說。其一，是劇場與觀眾問題。元雜劇的劇場，就現在已知的文獻看來，是開放式的，觀眾可以隨時來來去去；後來的觀眾也許不知前面各場的詳細情節，因而假借竇天章傾聽案情始末的方式，讓主角複述劇情。其二，是劇情安排問題。劇情發展到此，已是「下降」的階段，如果竇天章再開堂從新審案，如《元曲選》本，將會再激起高潮，移轉此劇的重心，破壞原劇「冤」的母題呈現，形成了劇情不協調。於是藉著竇娥鬼魂的詳說始末，代替問案的過程；因為第七場州官問案太草率，既沒勘驗，也沒對質，就憑原告片面之詞，就要竇娥招認伏罪。──如此，可以彌補第七場的不足。同時，也可過度到十場的判決，「結束」此劇。其三，就戲劇演出效果而言：第八場戲，即第三折，法場行刑，是嚴肅而悲涼的；緊接其後的戲，自然是陰暗的、傷感的戲。除非是悲哀之歌，否則，還是少動用音樂為宜。而第九場戲，安排在夜晚，竇娥之魂來訴冤，更應該是陰沉的情調。陰沈情調自然不宜歌曲與樂器，於是以冗長的賓白為主；如此聽一個鬼魂在微弱燈光中泣訴，即可造成極佳的效果。也不宜以太簡短的對白出現；因為簡短的對白，會加速整個戲劇的節奏，不合於陰沈的情調。至於說白中悲情之處，則使用超出現實語言的詩歌來表達；這即是竇天張與竇娥在賓白中夾入詩歌韻語的緣故。

三‧竇娥的心理

〈竇娥冤〉雜劇中的人物，除了竇娥，都是典型人物、扁平人物（flat character），缺乏個性，只有類性。而竇娥，關漢卿極力刻劃的人物，固然也有人以為她也是典型人物。[11] 其實，她是一個有血有淚的個性人物，圓形人物（round character）；[12] 值得詳細分析。

關於人物分析，布羅凱特（Oscar G. Brockett）曾指出四個層面：一、外型；二、社會層面、經濟層面；三、心理層面；四、道德層面。[13] 竇娥的外型為何？高？矮？胖？瘦？劇本中並無交代。至於社會層面與經濟層面，她七歲為蔡婆婆童養媳，十七歲與夫成親，不久，其夫亡化。劇中主要情節開啟時，竇娥二十歲，已守寡三年；與蔡婆婆──也守寡──相依度日。她們「家裡又不欠少錢財使用」；竇娥唱道：「俺公公撞府衝州，掙閥的銅斗兒家緣百事有。」蔡婆婆即以此錢財放債取息度日。至於道德層面的分析，大部分討論〈竇娥冤〉雜劇人物的，都把重點安放於此；討論心理層面的論著固然也有，而以心理分析（或譯精神分析，Psychoanalysis）方法分析的並不多見。本節試圖用心理分析方法，參酌神話分析，擬從潛意識（the unconscious）與集體潛意識（the collective conscious），以及中國人普遍的象徵，來討論竇娥這個人物。

潛意識──有人譯作「無意識」──的學說，發皇於佛洛伊德（Sigmund Freud, 1856–1939）；集體潛意識則是揚格（Carl G. Jung, 1875–1961）發現的。他們的學說，固然是近代的產物，可是談的卻

---

[11] 參註 5 張漢良。

[12] 參彭鏡禧：〈竇娥的性格刻劃〉，《中外文學》7：6，（1978.11）頁40-60。

[13] 布羅凱特（Oscar G. Brockett）著，胡耀恆譯：《世界戲劇藝術欣賞──世界戲劇史》（臺北：志文出版社，1987）頁56-57。

是古今人類的共同心理狀態。因此，用之於古時的作品分析，並不是扞格不入。

人類的行為，大抵出自心理機構的運作，而心理作用，有的是吾人可以意識到的，多半是吾人不能意識到的「潛意識」。「潛意識在每個人身上構成了最大，最有力的部分。它是個固定而活躍的心理程序的『發電廠』，我們通常不曉得它的存在。潛意識藏有我們童年的大略記憶；它還包括我們自己感覺得到的秘密、怨恨、愛以及某些強烈而原始的熱情和慾望。這些感覺多半令人不快，並且不被多數人的生活法典所接納。於是它們受到潛抑（repression）而離開意識的範疇，深深埋在潛意識裡。」[14] 其實，潛意識中，還包括了個人所不知的思想與感覺；這些來自於種族的意識，揚格稱為「集體潛意識」，是人類各種族的心理遺傳所共有，亦即所謂的「種族記憶」（racial memory）。因此，同一種族的人，對某些常見的意象，都能體會出大致相同的象徵意義（有些則是全人類所共有）。文學或其他藝術品，之所以能歷久彌新，永為人所吟誦賞翫，即是作品中具備了可以觸動人類心弦的要素，這些屬於種族，或全人類共有的普遍象徵，即原型（archetypes）。我們從這個角度來觀察竇娥臨刑前的言行，將會發現我們常常忽略的意義。

〈竇娥冤〉雜劇第三齣（折）記載竇娥臨刑前的賓白，說：

> 竇娥告監斬官：要一領淨席。我有三件事，肯依竇娥，便死無怨：
> 要丈二白練挂在旗鎗上，若刀過處頭落，一腔熱血休落在地下，
> 都飛在白練者；若委實冤枉，如今是三伏天道，下尺瑞雪，遮了
> 竇娥屍首；著這楚州亢旱三年。

這幾個意象，明顯的顯示竇娥的意願：表明自己清白無罪。這是她有

---

14 節自 Joseph Kosner ,"*All About Psychoanalysis* " 鄭安泰譯：《精神分析入門》（臺北：志文出版社，1981）頁 54。

意，意識中的宣示；吾人也一眼可以看出。淨席，可以隔離泥土；泥土污下，她不受玷污。白練之白，比喻其清白；熱血也象徵貞節。雪，清淨，又兼洗滌；雪遮尸首。表明其清潔無污，表明其無罪。亢旱三年，是「東海孝婦」的故事，正表明其無罪。——這些都是明白易見的。其實，這些意象，還有更深的意旨：是屬於潛意識的，屬於普遍的象徵——原型，都表達了『死亡』的意義。淨席，本來可用於坐臥；可是，草薦裹尸，非死亡而何？白練掛在旗鎗上：白色，固然可表貞潔，可是就中國來講，白色於五行為金，肅殺；白練，如同白麻，喪服；白練高掛，如同喪幡；正是「死亡」之意。熱血，也是「犧牲」之意。瑞雪，本來可以生養艸木；可是三伏天道降雪，違反常理；須以反常之道視之：雪為陰之象，女又為陰；雪遮女身覆蓋大地，地也是陰，故為極陰；死亡即是極陰之事。楚州亢旱，土地本居下，陰，照理而言，宜濕，可以生長艸木；亢旱，即不得生長艸木，如同沙漠，不能生長，即是絕滅、死亡。這些意象，如果分別觀之，未必都象徵「死亡」；但合在一處出現，「死亡」的意義即非常明顯。在第二齣末尾，竇娥屈招「藥殺公公」的罪，她曾唱道：「婆婆，我到把你來便打，打的來恁的；婆婆，若是我不死，如何救得你。」其實她的「死亡本能」（the death instinct）早已活躍在她心中。她童年的際遇，三歲喪母，七歲別父，十七歲亡夫，可能使她的死亡本能比較難以壓抑；因而在劇中第一、二齣出現不少與死有關的文字，如第一齣的賽盧醫要勒殺蔡婆婆，揾墳的故事；第二齣【梁州曲】：「墳頭上土脉猶濕，架兒上又換新衣。那里有走邊廷哭倒長城？那里有浣紗處甘投大水？那里有上青山便化頑石？」都是與「死亡」有關的故事；然後是張驢兒父親的死。這都表示了她的「死亡本能」的衝動。直到蔡婆婆可能受不了拷打而喪命，在「子女為父母死」是「大孝」的觀念下，這種自毀的本能衝動因而高漲；她選擇了「死亡」一途，選擇了屈招罪狀

代婆婆受苦。因此，在臨刑前，不知不覺中，發下的表明其清白的「願望」，卻潛含了「死亡」的意義。

運用心理分析法的文學批評家，往往以佛洛伊德解夢的方式，把一切中凹的形象視爲女性或子宮的象徵；把長度超過本身直徑的形象視爲男性或陰莖的象徵。這種觀點，受到許多人的反對；其實，如果使用得當，用在適合的作品，未必不能增加作品的理解。我們不妨用這個觀點，來看看竇娥的願望中，是否具有性愛的潛意識。依常理來說：年輕的女人，尤其經歷過婚姻生活，必定有性的需求，性愛的慾望。竇娥才二十歲，十七歲時成親，繼而守寡；她有性愛的慾望，自是極其自然的事。然而在她的境域裡，這種慾望必須壓抑，才合乎道德的準則。依照佛洛伊德的學說來論：人的原我（ID）受原慾（libdo）——人類行爲的原動力、精神力——支配，追求生理的滿足，無視於社會、禮俗與道德的約束。原我既有此危險趨勢，其他心理機能，即須發揮維護個人與社會的節制功能；此等機能有二：一是維護個體的自我（ego），代表理性與審慎；一是維護社會的超自我（super-ego），代表道德、法律、禮俗。竇娥的性愛慾望，原我，受到代表理性與道德、禮俗的自我與超自我的節制，轉而進入潛意識中；如此，她的生活行爲，才能爲人所接受。可是這種潛抑的需求，常在不知不覺之中流露出來。在第一齣【點絳唇】、【混江龍】兩支表明她心境的曲文後，【油葫蘆】云：

> 莫不是八字兒該載著一世憂？誰似我無盡休？便做道人心難似水長流。我從三歲母親身亡後；七歲與父分離久。嫁的個同住人，他可又拔著短籌。撇的俺婆婦每都把空房守。端的有誰問，有誰揪（瞅）？

這些曲子已把空閨寂寞的心情表露無遺，也表明了對前夫的追念，婚姻生活的回顧。因而在【天下樂】一曲中，感嘆「莫不是前世裡燒香

不到頭，這前程事一筆勾。」感嘆夫妻的分離、不久長。第二齣【隔尾】說：「我一馬難將兩鞍鞴。想男兒在日，俺夫妻道理。」想夫妻道理，即顯示了性愛的追惜；只是在超自我的節制下，隱藏起來，以「服孝」及「不嫁二夫」爲行事準則，拒絕與張驢兒婚配：「你叫我改嫁別人，我其實下不（捨）的。」其次，古時的良家婦女，她們的性愛，只能透過正常的婚姻生活，才能達成。竇娥守寡，已沒有婚姻生活，自然沒有性愛可言；可是，一個健康而青春的女人，怎會沒有性愛慾求？在她的環境中，她的道德觀念，她的爲夫「服孝」，使得她的這種需求轉移方向，即自衛機轉（defense mechanism），前述反向作用即其一。在第一、二齣裡，竇娥對蔡婆婆與張驢兒的父親再婚，先是反對，再則是冷嘲熱諷：

【後庭花】遇時辰我替你憂，拜家堂我替你愁。梳著箇霜雪般白髮鬢，怎戴那銷金錦蓋頭。怪不的可正是女大不中留。你如今六旬左右，喒人到中年也萬事休，舊恩愛一筆勾，新夫妻兩意投。枉著別人笑破口，著別人笑破口。——（第一齣）

【一枝花】他則待一生鴛帳裡眠，那裡肯半夜空房裡睡？他本是張郎婦，又做了李郎妻。有一等婦女每相隨，並不說家克計，則打聽些閑是非。說一會那丈夫打鳳的機關，使了些不著調虛囂的見識。

【梁州】那一個似卓世氏般當鑪滌器？那一個似孟光般舉案齊眉？近時有等婆娘每，道著難曉，做出難知。舊恩忘卻，新愛偏宜。墳頭上土脉猶濕，架兒上又換新衣。那里有走邊庭哭倒長城？那里有浣紗處甘投大水？那里有上青山便化頑石？可悲，可恥。婦人家只怨無人意（仁義），多淫奔，少志氣，虧殺了前人在那里；便休說百步相隨。

【賀新郎】……新婚的姻眷偏歡喜，不想那舊日夫妻道理，常好是百從千隨。這婆娘心如風颭絮，那里肯身化望夫石？舊恩情倒不比新佳配。他則待百年爲婚眷，那里肯千里送寒衣。——（第二齣）

也許有人說：這是竇娥的理性、道德觀念，對蔡婆婆老年再招夫婿的
譴責。不錯，這是「意識」中的行徑。也許有人會說：這是竇娥的酸
葡萄心理。年輕的寡婦拘執於某種禮俗規範不得再婚；年老的寡婦卻
招了接腳，怎不令年輕的竇娥嫉妒？由妒生怨，才有這麼多的諷刺。
這個說法也對。在前文，我們提到了竇娥應有性愛慾念，她也該有再
婚的念頭──至少潛意識中有此念頭；可是在「服孝」、「烈女不事
二夫」等禮俗及道德規範下，她的慾求，只能壓抑，只能藉「投射」
（或譯「外射」，projection）表現出來。當她看到蔡婆婆再婚，自己
不能；於是藉批評蔡婆婆，使自己心中感到安慰。這種投射作用，吾
人是不能感知的，是「潛意識」的。由以上的分析，我們可以感知：
竇娥的「潛意識」中，是追求性愛、追求婚姻生活的；這在「意識」
層面是感知不到的。在面對「死亡」這一意識中可怕的事件時，不知
不覺流露出自己的慾求，「白練掛在旗鎗上」，正表明了這一點；就
此而言：旗鎗正是男性的象徵。「熱血飛上白練」，除了前文提到犧
牲、無罪的意義之外，鮮血是處女的象徵，這裡也拿來表明她在婚姻
生活中的清白，表明了張驢兒雖然住在她家，她是貞潔的。另外，「亢
旱三年」也有象徵意義：良家少婦，具有誕生、生殖的意義；在竇娥
的一生中，還沒有生殖下一代，便已死亡。如同大地，生長萬物，具
有誕生、生殖的意義；地是陰，有水始能生殖萬物：乾旱則不能生殖。
因而楚州亢旱，即象徵竇娥的缺乏女人生命的功能──生殖，象徵他
缺乏愛情的滋潤，使得生命枯竭。

　　〈竇娥冤〉雜劇情節的發展，有一部分讓人覺得很突兀。即是在
蔡婆婆帶回來張驢兒父子，表示自己招張老為夫，也希望竇娥與張驢
兒成親；即刻招來竇娥激烈的反應，拒絕，同時也形成了婆媳兩人的
對立。這情況延續下去，在第二齣竇娥進湯時，仍然未和解；甚至張
老藥發身亡，蔡婆婆要竇娥與張驢兒成親，了此官司；竇娥以心中無

事，仍然拒絕：「你教我改嫁別人，我其實不下的。」她在官府中受盡拷打，也堅決不承認藥殺公公：

> （丑）人是賤蟲，不打不招承。張千，與我打著。（張千打旦科，三次科，噴水科。）（旦唱）
>
> 【罵玉郎】這無情棍棒教我捱不的。婆婆也，須是你自做下，怨他誰。勸普天下前婚後嫁婆娘每，都看取、我這般、傍州例。
>
> 【感皇恩】呀！是誰人唱叫揚疾？不由我哭哭啼啼。我恰還魂，纔蘇醒，又昏迷。捱千般打拷，見鮮血淋漓。一杖下，一道血，一層皮。
>
> 【採茶歌】打的我魄散魂飛，命掩泉石。則我這腹中冤枉有誰知？我不曾藥死公公當罪責，告你個相公明察虛實。
>
> （丑）你招不招？（旦）委的不是我下毒藥。（丑）既然不是你。與我打那婆子！（旦）住！住！住！休打我婆婆！我招了罷：是我藥死公公。

州官要打拷婆婆，她立刻屈招。為了婆婆，她願意冤屈受罪。赴刑場時，又不忍教婆婆看見她的慘狀；一見了婆婆，又招呼她過來，說明事情始末。這樣劇情的轉變，實在太突兀，太不合道理。學者對於此點，大抵從「道德」與「孝道」來解說：[15] 由於道德的堅持，才不苟同蔡婆婆的再婚，因而對立，因而冷嘲熱諷；為了「道德」，為了「孝」，她寧願屈招罪責，免得婆婆遭受毒刑拷打；甚至於死後，還要竇天章「恩養俺婆婆，可憐見他年紀高大」。——其實，年紀高大的寡婦再婚，是不是合乎道德，可以置而不論；我們若從心理分析的觀點，來看竇娥行為的轉變，似乎可以獲致較合理的解釋。

竇娥三歲——其實未滿三歲——喪母。這是兒童最需要母愛的時

---

15 見張漢良，註5；古添洪，註6；張淑香，註8；黃美序，註10；彭鏡禧，註12；以及應裕康，〈讀關漢卿的竇娥冤〉，《幼獅月刊》49：1，（1979.1）頁49-53。

節；父親又不續弦；她幼時缺乏母愛，對往後的人格發展必定有極大負面的影響——她臨刑三願中楚州亢旱三年，其實也是她缺乏母愛的象徵。雖然心理分析家指出幼時兒童，有迷戀異性父親與母親的心理；以竇娥而言，戀父情節固屬可能；而母親的照拂，實是幼兒心理的最大依傍與安慰。幸而她七歲時，「送與蔡婆婆爲媳婦」，有了替代性的母親。她與蔡婆婆似乎安然相處，勝於一般的婆媳；這可以從第一齣蔡婆婆出門向賽盧醫討債時她所表現的關懷之情看出來。因此，一旦蔡婆婆討債回來，卻帶回了張老，說是「我就招張老作丈夫」。這在竇娥而言，是一項極大的打擊。畢竟，蔡婆婆對竇娥，「我做親女兒一般看承。」蔡婆婆只有一個兒子，竇娥應該可以獲得蔡婆婆全部的愛女兒之心。後來，竇娥十七歲與夫成親，不幸其夫又亡化；婆媳兩個相依爲命，這種相互依存的感覺是極深刻的。一旦蔡婆婆與張老成親，竇娥頓然失去依恃的對象；失去母愛的恐懼心理，使她對蔡婆婆起了極不滿的情緒，甚至於出言不遜。這是情感矛盾（ambivalence）的現象，這是潛意識造成的狀態。——她對張老的死亡無動於衷，也是出於此種心理。至於她在官府裡，追求的是正義，是天理，是理性的行爲；她當時的心理是處於自我與超自我的狀態。因此一聽到要拷打婆婆，她的自我—理性，與超自我—道德，促使她壓抑了原我的本能——不滿蔡婆婆再婚——採取了理性與道德的行徑，爲了救婆婆免於拷打，寧願屈招罪責。這即是她的「孝」，也是她心理中對蔡婆婆愛的表現。況且張老又死了；婆媳兩人又恢復了原有的關係，這也是她死後靈魂希望竇天章「恩養俺婆婆」的緣故。

〈竇娥冤〉雜劇最震撼人心的，是第三齣臨刑前與受刑時一段情節；尤其是刑前：

　　　（正旦戴枷上）（劊子云）行動些！把住巷口。（旦唱）
　　【端正好】沒來由犯王法，葫蘆提遭刑憲。叫聲屈動地驚天。我

將天地合埋怨。天也，你不與人為方便。

【滾繡毬】有日月朝暮顯，有山河今古監。天也，卻不把清濁分辨；可知道錯看了盜跖、顏淵：有德的受貧窮更命短，造惡的享富貴又壽延。天也，做得個怕硬欺軟。不想天地也順水推船。地也，你不分好歹難為地；天也，我今日負屈銜冤哀告天。空教我獨語獨言。

這種向天地討公道的正義之心，是極其顯然的。其實他不與張驢兒私休，就是要到官府中討正義，求公道；因為她「心上無事」；這是「意識」中的行徑。誰知官府不明，使得她「葫蘆提遭刑憲」。人在無助之時，只好求之於「天」；竇娥因此要求上天還她清白。她的追求正義與公道，追求天道，實即道德與理性的堅持，——若不堅持，她可與張驢兒私休，或早與張成親，就不會有此「冤」了——這固然有「意識」層面的作用，更有許多「潛意識」的作用。這些「潛意識」並不盡是「個人潛意識」，有不少是「集體潛意識」的，是來自於羣體的。在中國文化中，天、帝、君、官府、父、法理，在乾天坤母的象徵系統中，都屬「陽」；具有相近或相同的意義。古時稱天下統治者為天子，天之子，「承天景命」，要行天道。官府代天子治民，要代行天道。古時又「君父」並稱，父即子女之天。天依天道而行，秉持天理正義，因而又是「法」的象徵。竇娥三歲喪母，與父親相依為命，受父親的影響自然極深；她父親又是個讀儒家書的，滿懷的道德文章，——從他的上場詩可知——自然給竇娥極多的道德禮教觀念。七歲與父親分離，雖有蔡婆婆以及她未來的丈夫為伴，畢竟不能彌補父親的空缺，潛意識裡自然種下了追求「父親」的意念。何況幼時女孩又有戀父情節。她與夫成親，夫也是陽，與君父同系。可惜其夫短壽，成親不久即亡故，竇娥又失去了「父親」的象徵。在她潛意識中，難免要追求「父親」的意象（images）。於是她拒絕了象徵原我的張驢兒——張氏貪婪、好色，具有原我的特質——她盼望「父親」意象的

官府秉公持法斷案，不料官府失察，她只好求之於天；她呼天喊天，希望上天顯示靈驗，還她清白。甚至於冤枉死後，仍然要追求清白，追求正義。第四折中的竇天章，集天、帝、官、法的象徵於一身：他官拜參知政事，加兩淮提刑肅政廉訪使，敕賜勢劍金牌——代替天子——，又是竇娥的父親，正是她夢寐追求的。她這種追求天道、正義、道德的心理，固然具有相當的理性——自我——的成分；可是人類的道德觀念、禮俗規範、法律，則是屬於超自我。超自我的活動大部分是潛意識（含集體潛意識）的作用。竇娥的追求天道、正義，即是追求集體潛意識中「父親」的意象、原型。這其中有些是她七歲與父親分離而造成的心理。

四、〈竇娥冤〉雜劇的意義

　　〈竇娥冤〉雜劇的意義何在？論者從不同的立場，自有各種不同的講法。普遍的說法是〈竇娥冤〉反映了元代的社會情況；這其實是元雜劇共有的現象。畢竟當代人寫作時，免不了滲入當時的社會現象，當時人的觀念：即使寫古代歷史劇，也避免不了當代的影響。有人以為本劇的意義，在於肯定「天」的存在，天理的存在，天道的永存。天道可能一時不顯，一時晦暗；但終能湛湛清明，將不法情況加以排除，使人世間公平、和諧。[16] 由於天道的存在，引發了「報」的觀念；人之所作所為，都將獲致「報應」。所謂「善有善報，惡有惡報；不是不報，時候未到」。有的是現世報，有的是來世報。其實，

---

[16] 如上引各評論家之說。又，顏天佑：〈從天道觀念的轉變看竇娥冤〉，《孔孟學報》51,頁 303-316。

「報」的觀念，早已存在中國人的心中；[17] 許多作品都具此理念，不止〈竇娥冤〉。又有許多人，以為本劇是在頌揚竇娥的人格，她的道德堅持，她的為婆婆犧牲的精神；是在頌揚竇娥的「孝感動天」，是一齣描寫善惡報應的「道德教化劇」。[18] 這些說法，都是〈竇娥冤〉所要呈現的意義。因為偉大的作品，所包含的意義，所具含的思想，是多而非一的；單一思想與意義的作品，必不耐人尋味。

　　中國大陸地區的學者，則是從一特定的政治意識來看〈竇娥冤〉。一般習慣看法是關漢卿借此劇深刻的反映當時的社會本質；有人指出它真實的描繪了當時殘酷的社會生活，抨擊封建社會的黑暗、腐敗的政治，表現了長期受壓迫的人民羣眾的反抗情緒。有人指出〈竇娥冤〉的主題思想是譴責當時「官吏無心正法，百姓有口難言」的罪惡現實，同時又歌頌敢于反抗種種惡勢力的人物。[19] 甚至於有人指明：反映了元代在蒙古奴隸主黑暗的統治下的中國社會情況和人民生活；它表現了中國人民堅強不屈的英雄精神，傳達了人民反抗一切壓迫，爭取獨立生存的要求及強烈的情感；還指出竇娥對蔡婆婆的勸說與譏諷，也是作者對當時那些無恥的變節降敵的人的諷刺與責罵。[20] 這些論述，充滿了情緒化的語言，只從某一政治意識出發。不能客觀、正確的揭示〈竇娥冤〉的意義。

　　其實，文學作品，藝術作品之所為偉大，所以能傳之久遠，膾炙人口，主要的並不在於外在的形構之美，語言之美，韻律之美；而是

---

[17] 詳楊聯陞著，段國昌譯：〈報──中國社會關係的一個基礎〉，《中國思想與制度論集》（臺北：聯經出版事業公司，1976）頁 350。

[18] 黃美序，同註 10

[19] 寧宗、陸林、田桂民：《元雜劇研究概述》（天津教育出版社，1989）頁 151-180。

[20] 李束絲：〈關漢卿底"竇娥冤"〉，《文學遺產》增刊第一輯，1955.9；又，《宋元明清劇曲研究論叢》，（香港：大東書局，1979），頁 58-67。

在於深中人心，震動心弦，觸動人心深處難以言論的本質，也就是說：真切的表現人性。人性是多方面的，人的心理機構是非常複雜的；因而人的行為是變異多端的。藝術家即是藉人的各種行為，來顯示人的內心，表現人的本質。就是因為人心理複雜，他的所作所為就蘊含了許多意義。這些深層的意義，即是迷人之處，即是能深深吸引人之處。就整個〈竇娥冤〉來說，故事並不複雜，人物也簡單；卻真實的表現了人的內心深處。基本上，人是動物，自有其滿足生命需求的原動力，亦即是佛洛伊德所說的原我。這原動力只求生理慾求的滿足，因而引出了貪利、貪色的特性；利與色的取得，也可因名而獲致。人世的紛擾，即肇因於此。為平息紛擾，使得各個生命體得以存在，因而產生了習俗、規範、道德、法律，即是佛洛伊德所說的超自我。人的自我，就要在原我與超自我取得平衡。若從這個角度來看〈竇娥冤〉，其中的人物，均在名、利、色中追逐。蔡婆婆、賽盧醫、楚州州官，無疑是貪利；張驢兒主要是好色；竇天章好名，由名而可得利；竇娥則是比較複雜，她追求的表面上是道德、是習俗的維護，卻也是生活慾求的滿足。人生就是這個樣子。張驢兒，可說是邪惡的化身，是揚格（Carl G. Jung）學說中的影子（shadow），是惡魔；他為了滿足自己的需求，可以勒殺人，可以勒索，可以藥毒人，簡直無惡不做，可說是「原我」的極度發揮。竇娥則是「超自我」的代表，為了維護習俗，反對蔡婆婆老年再婚，譴責不能為丈夫盡道義的女人；堅持正義公理，不與邪惡勢力妥協；為了孝養婆婆，可以犧牲自己性命；她可以說是揚格學說中的生機（anima）；當然，她也有愛、慾，只是被壓抑了，只藉潛意識以其他方式來顯現。在人類現實社會裡，過度追求道德、正義、法律，往往招來橫逆、打擊，招致折磨，甚而喪命，竇娥就是例子。而一些唯利是圖的人，貪慾的人，邪惡的人，卻在現實中逞快，得意；雖然終究受到懲罰。只有在兩者間，道德法律與慾望間取得平衡或接

近乎衡的人，才得以安樂度日；畢竟人生如同中國的陰陽圓形圖，此增彼減，有得必有失。即如竇天章，得了功名；卻失了天倫、親情。這就是人生。如果套用佛洛伊德的學說，即是不要過度追求「原我」與「超自我」；而是要追求「自我」，這才是真實的人。

因此，我認為〈竇娥冤〉的意義，並不在於反映元代社會的黑暗、腐敗，或誰壓迫誰，誰反抗誰，──其實這些情況，何時無之？──如同許多學者的見解：我以為本劇實在表達了對天理、天道的肯定，對道德的肯定；因為劇中不合天理、天道的人，包括楚州州官，都受到了懲處。我更堅持：〈竇娥冤〉表現了人生真實的一面，人性真實的一面；更指出了人當秉持理性自我，在慾與道間取得協調，在身心中獲得平衡。

另外，有人以為〈竇娥冤〉類似一個儀式劇；竇娥是一個「代罪羔羊」(scapegoat)。透過竇娥的犧牲，使得混亂、腐敗、黑暗的人類社會再得到秩序與光明。[21] 其實，我以為這與「替罪羔羊」的模式並不相侔。羔羊的代罪犧牲，原是可以使混亂、腐敗的國度淨化，使災禍消失。可是竇娥的死，並未使社會有何改善，雖則「天道」已顯，卻無益於楚州的人民，反使得楚州亢旱三年；要等到三年後竇天章審囚刷卷，洗清了竇娥的冤，懲處了有關人等，才恢復了秩序；楚州也可能消除了旱災。──以「東海孝婦」之例推論。

五、結語

〈感天動地竇娥冤〉雜劇是關漢卿較晚期的作品，是中國戲劇史上的傑作。本文依據較早而且可能接近原作面目的《古名家雜劇》的本子來討論劇情結構、主要人物，以及其意義。至於原作是否為悲劇，

---

[21] 張淑香，註8；容世誠，註9。

語言（曲文與賓白）的成就如何，本文無暇論及；而次要人物，因爲大抵是扁平人物（類型人物），也不予討論。

透過分析，可知〈竇娥冤〉是一結構緊密的雜劇；就劇情發展來說，也合乎西洋的學理，由開端而上升而高潮而下降而結尾。至於令人懷疑爲鬆散的第四折，冗長的賓白，實是適合當時劇場觀眾的現象而產生；同時也合乎戲劇的場景、效果，更暗示了竇天章重審案情；因而不是失敗的安排。

關於主角竇娥，肯定她的道德性，追求天道，堅持正義。同時也透過心理分析的方式，說明竇娥先與婆婆對立繼而爲婆婆犧牲的行徑，實出於潛意識的情感矛盾；她愛婆婆，因婆婆再婚，怕喪失婆婆對她的愛，是以對立。同時也藉她臨刑「三願」，探討竇娥固然是道德的堅持者，卻也有基本的性愛慾望；她所以爲免婆婆受拷打而屈招受刑，則出自於死亡本能。同時指出，依原型、象徵觀點，竇娥之所以如此堅持正義，實由於超自我的強力運作，是因爲極度需要「父親」的愛而造成的。

至於〈竇娥冤〉的意義，除了肯定天道、天理、道德的長存人間的觀點外，藉心理分析的方法，又發現本劇實在於表現人生的真象，暗示人生須要身心平衡，要維持理性，在慾望與天道法律間取得協調。

偉大的傑作，自是容許廣泛的詮釋，容許各種方法的分析與批評。本文的部分觀點，未必能爲人所接受。筆者卻相信：經由如此分析，劇中某些似乎不合理的情節，都可獲致合理的解說；似乎不合理的安排，也自有作者的用意。而且，透過分析，更發現了不少容易爲人忽略的意義與趣味；對〈竇娥冤〉雜劇，可以獲致深一層的體會與瞭解；因而更確定該劇的傑出成就。

——《中山人文學報》1，（高雄：中山大學，1993）

論鎖魔鏡與那吒三變雜劇

一·前　言

　　那吒，古梵文英語音Nalakuvara，華音哪羅鳩婆、那吒矩鉢羅、那吒俱伐羅、哪吒，毘沙門天王之子；其人其事，隨佛典傳入中國。譯於北涼時期（397-439）的《佛所行讚》卷一〈生品第一〉云：「毘沙門天王，生哪羅鳩婆；一切諸天眾，悉皆大歡喜。」¹ 稱爲三太子，應是後人所增益傅會。

　　《大正新修大藏經》收錄唐代大廣智不空（705-774）等譯的有關毘沙門天王的經、儀軌、真言，² 可以看出唐代的毘沙門信仰。³ 《毘沙門儀軌》後有一段文字，記天寶元年（742）大石、康等五國圍安西，安西請兵救援；一行禪師建議皇帝喚取胡僧大廣智請北方毘沙門天王神兵救援。大廣智與皇帝入道場，誦真言，皇帝見天王第二

---

¹ 馬鳴菩薩著，北涼天竺三藏曇無讖譯：《佛所行讚》（亦名《佛本行經》）卷第一〈生品第一〉，《大藏經》（臺北市：大藏經委員會影印，1959）第四冊，頁3。按：此即《大正新修大藏經》，下同。

² 《大藏經》第二十一冊密教部收錄不空譯《毘沙門天王經》、《北方毘沙門天王隨軍護法儀軌》、《北方毘沙門天王隨軍護法真言》、《毘沙門儀軌》、《北方毘沙門多聞寶藏天王神妙陀羅尼別行儀軌》，般若斫羯囉譯《摩訶吠室囉末那野提婆喝囉闍陀羅尼儀軌》（《吠室囉拏末那野經》）；別有宋·法天譯《佛說毘沙門天王經》。

³ 關於唐代的毘沙門信仰，可參看鄭阿財〈論敦煌寫本《龍興寺毘沙門天王靈驗記》與唐五代的毘沙門信仰〉，《第三屆中國唐代文化學術研討會論文集》（臺北：政治大學，1996）頁427-442。

子獨健領天兵救援安西；且毘沙門天王現身於安西城北門樓上。又云：「昔防援國界。奉佛教敕令第三子那吒捧塔隨天王。」[4] 是那吒隨天王護持國界。《北方毘沙門天王隨軍護法儀軌》謂那吒白佛言：「我護持佛法，欲攝縛惡人或起不善之心；……亦護持國界。」並且有真言、法像、儀軌。[5] 鄭綮（?-899）《開天傳信記》謂宣律夜行道，臨階墜墮，有少年捧承其足；少年曰：「某非常人，即毘沙王之子那

---

[4] 不空譯：《毘沙門儀軌》：「大廣智曰：『陛下執香爐入道場，與陛下請北方天王神兵救。』急入道場請。真言未二七遍，聖人忽見有神人二三百人帶甲於道場前立。聖人問僧曰：『此是何人？』大廣智曰：『此是北方毘沙門天王第二子獨健，領天兵救援安西故來辭。』聖人設食發遣。至其年四月日，安西表到云：『去二月十一日已後午前，去城東北三十里，……霧中有人，身長一丈，約三五百人，盡著金甲，至酉後鼓角大鳴……五國大懼，盡退軍。……城北門樓上有大光明，毘沙門天王見身於樓上；其天王神樣，謹隨表進上者。』」（《大藏經》第廿一冊，頁 228。）此段文字在儀軌完了之後，非儀軌文。按：趙遷〈大唐故大德贈司空大辨正廣智不空三藏行狀〉：開元廿九年「奉先師遺言，令往師子國。至天寶初，到南海郡。……天寶五載。還歸上京。」（《大藏經》第五十冊）則所記非事實；且該文應非不空所譯。

[5] 不空譯：《北方毘沙門天王隨軍護法儀軌》：「爾時那吒太子手捧戟，以惡眼見四方，白佛言：『我是北方天王吠室羅摩那羅闍第三王子其第二之孫，我祖父天王及我那吒同共，每日三度。』白佛言：『我護持佛法，欲攝縛惡人或起不善之心；我晝夜守護國王大臣及百官僚，相與殺害打陵如是之輩者，我等那吒以金剛杖刺其眼及其心。若為比丘、比丘尼、優婆塞、優婆夷，起不善心及殺害心者，亦以金剛棒打其頭。』爾時毘沙門孫那吒白佛言：『世尊，我為未來諸不善眾生降伏攝縛皆悉滅散故，亦護持國界故，說自心暴惡真言，唯願世尊聽許我說。』……若行者受持此咒者，先須書像：於彩色中並不得和膠……那吒天神七寶莊嚴，左手令執口齒，右手詫腰上，令執三戟槊，其神足下作一藥叉女住趺坐。」《大藏經》第廿一冊，頁 224。按：此文謂那吒為天王之孫，應誤；且文句似有脫誤。

吒太子也。護法之故，擁護和尚久矣。」[6] 那吒已被稱爲太子。那吒的真言、法像、儀軌，使他成爲後世崇奉的神明，如明代的《平妖傳》三十回記他被祀爲「不動尊王」，以及今日各地奉祀的「太子爺」。

宋初道原《景德傳燈錄》（1004年上呈）卷二記天台山德韶國師（891-972）公案，有人問「那吒太子析肉還母，析骨還父；然後於蓮華上爲父母說法。未審如何是太子身？」[7] 可見當時已有「析骨肉還父母」的故事。後來被明初《繪圖三教源流搜神大全》收入，然《搜神大全》的原本──元人秦晉《搜神廣記》並無「那吒太子」條。[8]──小說家、戲曲家也渲染爲膾炙人口的故事，流行於世。

從佛典及相關文獻看來，那吒的形象，從毘沙門天王之子、佛教護法、護法神，進而成爲民間奉祀的神祇，小說家、戲曲家筆下的神將，形象各不相同。這種變化，陳曉怡論文「哪吒人物及故事研究」、[9] 二階堂 善宏〈哪吒太子考〉，[10] 已有詳細論述。

有關那吒的小說，最有名的是明代的《西遊記》與《封神榜》，

6　鄭棨：《開天傳信記》（上海：上海古籍出版社《開元天寶遺事十種》排印本，1985）頁57。

7　釋道原：《景德傳燈錄》卷二十五（臺北：臺灣商務印書館據涵芬樓景宋刻本影印《四部叢刊續編》本，1966）。按：紹興壬子（1132）刊本鄭昂〈跋〉謂本書爲湖州僧拱辰撰。

8　按：《繪圖三教源流搜神大全》從「紫姑神」條以上皆與元人秦晉《新編連相搜神廣記》相同。葉德輝（1864-1927）〈重刊繪圖三教源流搜神大全序〉（1909）引繆荃孫（1844-1919）語，謂「明刻繪圖本《三教源流搜神大全》七卷即元板畫像《搜神廣記》之異名。」按：明本《搜神大全》係據《搜神廣記》增補而成；「那吒太子」爲新增補的材料。

9　陳曉怡：「哪吒人物及故事研究」（臺中：逢甲大學中國文學系碩士論文，1994）

10　二階堂 善宏：〈哪吒太子考〉，《1996佛學研究論文集〔1〕當代臺灣的社會與佛教》（臺北：佛光出版社，1996年）頁285-323。

但那吒故事只是小說中的小部分而已。當代的作品，如評書《封神榜‧哪吒鬧海》，也是長篇評書《封神榜》的一部分，但可以自成章節。[11] 而以那吒爲主角的，有今人所作兒童故事書《青少年哪吒》。[12] 至於學者研究那吒、僧侶與小說（尤其是《封神榜》）關係的論述，所在多有，值得參考。[13]

　　雜劇作品提到那吒的，大抵借他的形象表述勇猛。[14] 表演那吒的雜劇，元人吳昌齡撰〈哪吒太子眼睛記〉雜劇，已佚。另有〈二郎神醉射鎖魔鏡〉雜劇，不知作者。明初有〈猛烈那吒三變化〉雜劇，亦不知作者。元末明初楊訥（卒於十五世紀初）字景賢、景言，撰〈西

---

11 袁闊成整理：〈封神榜‧哪吒鬧海〉，《中國評書精華》（瀋陽：春風文藝出版社，1991）頁 1-16。

12 蔡明亮：《青少年哪吒》（臺北：遠流出版社，1992）

13 除前述陳曉怡「哪吒人物及故事研究」外，如：

　柳存仁：*Buddist and Taoist on Chinese Novels I*，HONK KONG, 1962

　又：〈毘沙門天王父子與中國小說的關係〉，《新亞學報》三卷二期，1958；又收入氏《和風堂文集》（上海：上海古籍出版社，1991）頁 1045-1094。

　臺靜農：〈佛教故實與中國小說〉，《靜農論文集》（臺北：聯經出版事業有限公司，1989）

　沈淑芳：「封神演義研究」（臺北：東吳大學中國文學研究所碩士論文，1979）

　龔鵬程：〈以哪吒爲定位看《封神演義》的天命世界〉，《中外文學》九卷四期（1980.09）頁 18-39。

　二階堂 善弘：〈關於神明形象與《封神榜》之關係〉，www 網站資料。http://nika01.hum.ibabraki.ac.jp/~nikaid/lunwen_c.html

14 如〈酷寒亭〉：「則你這無端弟子恰便似惡那吒。」〈紫雲庭〉：「也難奈何俺那六臂那吒般狠柳青。」〈昊天塔〉：「問甚麼惡菩薩，狼那吒，金剛答話，我直著釋迦佛也整理不下。」〈盆兒鬼〉：「天也，恰便似箇追人魂黑臉那吒。」又：「是你那畫著的門神，貼著的鍾馗，狠似那吒，他將那斧鉞來掃，寶劍來挐。」

遊記〉雜劇，第九齣有那吒奉李天王命收通天大聖孫悟空的情節。[15] 而戲文、傳奇中未見那吒戲。清宮大戲《封神天榜》有那吒戰妖魔的故事，則出自小說《封神榜》。近代地方戲曲如京戲、梆子腔、歌仔戲、偶戲，以及電影、卡通（動畫）有《哪吒鬧海》，或在《封神榜》戲中有哪吒的戲。至於學者對有關那吒雜劇研究的論著，筆者固陋，未之或見；[16] 敢就〈二郎神醉射鎖魔鏡〉與〈猛烈那吒三變化〉雜劇，略抒所見，就正方家。

　　按：〈二郎神醉射鎖魔鏡〉題目正名作「三太子大鬧黑風山，二郎神醉射鎖魔鏡」，是末本戲。正末於一、三折扮那吒（抄本一、二、四折），沖末扮二郎神；依情節與唱曲例，當視為那吒戲。

　　〈二郎神醉射鎖魔鏡〉，據黃丕烈（1763-1825）〈也是園古今雜劇書目錄〉，應是元人之作，[17] 今存明趙琦美脈望館藏《古名家雜劇》本、脈望館抄校內府附穿關本；兩本有所差異。王季烈（1873-1952）據《古名家雜劇》本刊入《孤本元明雜劇》附抄本異文。[18] 〈猛烈那

---

[15] 或以為〈西遊記〉雜劇是元人吳昌齡之作，傅惜華《明雜劇考（明代雜劇全目）》（臺北：世界書局據 1958 年本影印，1961）、莊一拂《古典戲曲存目彙考》（上海：上海古籍出版社，1982）已辨明。

[16] 相關的學位論文，如諶湛「元雜劇中道教故事類型與神明研究」（臺北：臺灣師範大學國文研究所碩士論文，1983）、渡邊雪羽「元雜劇中的道教劇研究」（臺北：臺灣大學中國文學系碩士論文，1986）、林智莉「現存元人宗教劇研究」（臺北：臺灣大學中國文學系碩士論文，1999）、柯香君「明代宗教雜劇之研究」（臺北：淡江大學中國文學研究所碩士論文，2002）或略論及，可以參考。

[17] 楊家駱：〈全元雜劇三編述例〉，《全元雜劇三編》（臺北：世界書局，1963）

[18] 〈二郎神醉射鎖魔鏡〉，臺灣地區有世界書局《全元雜劇三編》影印《古名家雜劇》本、抄本，1963；臺灣商務印書館《孤本元明雜劇》排印本，1977。

吒三變化〉應是明人之作，[19] 今存脈望館藏明萬曆間抄本，王季烈刊入《孤本元明雜劇》。[20]

二・二郎神醉射鎖魔鏡雜劇

（一）情節與主題

本劇表演那吒與二郎神降伏牛魔王與百眼鬼的故事。

二郎神仗劍入冷、源河內殺健蛟，伏眉（抄本作「梅」）山七聖，白日飛昇；玉帝封他為清源妙道真君，敕令鎮守西川。他經過玉結連環寨，探訪鎮守當地的那吒三太子。兩人歡飲歌舞，演習武藝。那吒引弓，三箭俱中紅心。二郎神兩箭射出，第三箭：「西北下一點，著箭！」醉中射破天獄的鎖魔鏡；獄中的九首牛魔羅王、金睛百眼鬼趁機逃命，出了天獄，逃往黑風山黑風洞。（第一折）

驅邪院主差韓元帥齎法旨至西川，令二郎神「著你與那吒神，領兩部神兵，擒拿兩洞妖魔去。若拿住，將功折罪；如拿不住，罰往天獄受罪。」二郎神起兵，與那吒擒拿妖魔去。（第二折）

那吒與二郎神領神將天兵，軍陣嚴整，殺得兩洞妖魔收弓丟箭，人慌馬亂，大敗逃走。天兵下了天羅地網，那吒「顯出我六臂三頭」，嚇得魔兵「荒荒亂亂，心驚膽戰，悲悲切切，鬼哭神愁」；拿住了牛魔王、百眼鬼。（第三折）

驅邪院主使神探子打探輸贏勝敗。神探子回來報告軍情，繪影繪

19　該劇末【清江引】云：「翊贊聖明君，永坐黃金殿，願大明享昇平萬萬年。」據此可知。

20　〈猛烈那吒三變化〉有中華書局《元曲選外編》排印本，1967；臺灣商務印書館《孤本元明雜劇》排印本，1977；鼎文書局《全明雜劇》據抄本影印，1979。

形的報告戰鬥的激烈場面:二郎神「神通廣大,變化多般,身長萬餘丈,腰闊數千圍,面青髮赤,巨口獠牙」;那吒「三頭六臂顯神威」,拿住兩洞妖魔。按:抄本與此不同。抄本:那吒與二郎神拿住兩洞妖魔,回報驅邪院主;院主問「當日怎生射破鎖魔鏡,走兩洞妖魔?」那吒報告了當日情由,並將拿住牛魔王、百眼鬼的經過略述一番。(第四折)

按:本劇的情節結構其實很簡單:正神與妖魔的對抗。可惜張力不足。正神之為正,固可知矣;而妖魔之為惡,劇中並沒有顯示出來,只依刻板的普遍印象得知——妖魔必定為惡多端,殺害生民。當然,劇中的張力,還可以由演出時戰況的激烈來顯現:那吒與二郎神固然神通廣大,變化多方;牛魔王與百眼鬼也是有本事的,打仗時「鑼鼓響喊殺連聲,點鬼兵提備相爭;顯神通變出本相,直趕到玉闕天庭」。兩軍對陣,武打的場面,可以形成強大的張力,成為引人興味的戲劇。——這可以看出:僅依劇本文字,並不能判定該劇是否為出色的戲。

本劇的主題也很平常:邪不勝正。誤犯天條被鎮壓在鎖魔鏡的牛魔王與百眼鬼,因鎖魔鏡被射破而逃命;雖則逃到黑風山黑風洞,還是被那吒與二郎神所擒。妖魔法力再強,也抵敵不住正神天將,終歸要被攝伏,被鎖於天獄。其實,本劇還顯示另一個主旨:即使是德高奉玉帝敕封的天神、真君,如二郎神,還是免不了犯過失,醉酒誤事,造成禍害;這樣的結果,須要自己負責處理,以消弭災禍。這就隱喻了「過則能改」或「人非聖賢,孰能無過;過,則勿憚改」的意涵。

(二)板本及其相關問題

1.板本

〈二郎神醉射鎖魔鏡〉今存兩個本子:一是《古名家雜劇》刊本

（以下簡稱「刊本」），一是附穿關抄本（以下簡稱「抄本」）。兩本題目正名不同：刊本作「三太子大鬧黑風山，二郎神醉射鎖魔鏡」，抄本作「都天大帥降妖怪，二郎神射鎖魔鏡」。或謂抄本係刊本之「改定本」，[21] 恐未必是；抄本應是劇團演出本，附注穿關，以便穿戴扮演。

　　兩本孰先孰後，已不能考查。我們固然可以考知刊本係王驥德（？-1623）編，徐氏刊於萬曆十六、七年（1588-89）間。[22] 趙琦美校抄古今雜劇，據校本所署時間，約在萬曆四十二至四十五年（1614-1617）間，可是所據以抄錄的內府本究竟刊、抄於何時，已無從考查。依相關資料，應非抄自《古名家》刊本；也許與刊本出於同一祖本。

2・情節、排場與文字的差異

　　兩本的基本情節，差異不大，只第四折相異；雖則相異，對整體故事，並無影響；而排場略有不同。抄本增加一些排場，以交代背景；也將部分排場的事件增加變化，以突顯情勢。表列於後：（"○"表相同，"＊"表抄本增益。）

---

[21]　《全元雜劇三編》第六冊〈目錄〉，（臺北：世界書局，1963）

[22]　楊家駱：〈全元雜劇初二編述例〉，《全元雜劇初編》第一冊卷首，（臺北：世界書局，1961）頁 1-16；又見於楊家駱《仰風樓文集初編》（臺北：楊門同學會，1971）頁 1071-1086。

《古名家雜劇》本		趙琦美抄校內府附穿關本	
第一折	1.二郎神自述出身，赴任鎮守西川，經玉結連環寨，擬探訪那吒三太子。	*邪院主自述出身，並謂驅邪院有三鏡；照妖鏡、降妖鏡、鎖魔鏡；差那吒、韓元帥鎮守。	第一折
	2.二郎神與那吒相會，歡飲、歌舞，繼而演習弓箭。那吒三箭中紅心；二郎神第三箭射破鎖魔鏡。	1.○（二郎神領郭牙直等上） 2.那吒出場前有掌洞魔軍會集四魔女、野馬大聖、藥師大聖，以伺候那吒。那吒出場後宴飲射箭，情節同。	
	3.牛魔羅王與百眼鬼逃出天獄，到黑風山黑風洞。	3.○	
	4.韓元帥追兩妖魔不及，回報驅邪院主；院主差韓元帥傳旨二郎神與那吒擒拿妖魔，將功折罪。	4.○	第二折
第二折	5.天神傳旨二郎神：「（驅邪院主）著你與那吒神領本部神兵擒拿兩洞妖魔去。若拿住，將功折罪；如拿不住，罰往天獄受罪。」二郎神拔寨起營。	5.○（詳述二郎神起營：命郭牙直召梅山七聖，分別安排任務擒妖。）	
	6.牛魔王點兵，擬與那吒、二郎神鬥勝。	6.○	
	7.百眼鬼點鬼兵，擬與那吒鬥勝。	7.○	
第三折	8.那吒與二郎神領神將天兵擒拿牛魔王、百眼鬼，兩妖不敵，逃走。	8.○（詳述戰況，七聖依分派出戰兩妖魔。）	第三折
	9.二郎神命天兵下了天羅地網。那吒顯神通，顯出六臂三頭，拿住兩妖魔。	9.○（那吒命下天羅地網）	
第四	10.驅邪院主命探子打探兩神將擒拿妖魔的情況。探子回報，述說那吒與二郎神顯神通，拿住兩洞	10.那吒、二郎神領四魔女、藥師大聖、野馬大聖、郭牙直、奴廝兒、梅山七聖，拿牛魔王、百眼	第四折

折	妖魔。	鬼往見驅邪院主。那吒述說射破鎖魔鏡的情形，以及擒魔得勝的情況。（本折全異）

　　抄本在第一折前增加驅邪院主自報家門一場戲，交代了他斷天下邪魔，判人鬼，被封為北極驅邪院都教之主；他差玉結連環寨主那吒、酆都韓元帥鎮守驅邪院。這場戲對故事的了解有相當幫助。

　　抄本可以訂正刊本文字之誤，如刊本第一折末：驅邪院主說：

> 韓元帥，二郎神射破鎖魔寶鏡，箭上有二郎名字；則今朝一日魔天神縛貧道的法旨……

「則今朝一日」句不知何謂？抄本作：

> 韓元帥，二郎神射破鎖魔寶鏡，箭上有二郎名字；則今日差天神傳貧道的法旨……

改了「魔」「縛」兩字，字順意明。

　　其次，那吒與二郎神射箭演習武藝，刊本記二郎神射箭：

> （二郎）……我也射三箭——爭奈吾神帶酒也。（拿弓科，末）
> 【金盞兒】我見他手拿著弓，箭離了桶，端詳了弓箭無偏從，弓開箭去渺無蹤。著箭！（鬼力）正中紅心。（兩射科，二郎）西北下一點，著箭！（外響亮一聲科）……

二郎之射箭，正末唱「弓開箭去渺無蹤」，應是不中，鬼力卻報「正中紅心」；第三箭則射破鎖魔鏡。抄本作：

> （二郎神云）……我也射三箭——爭奈吾神帶酒了也。（作挈箭科）【金盞兒】我見他手拈弓，箭離捌，端詳了弓箭可兀的無偏縱，我見他弓開箭去渺無蹤。（二郎神射科云）著箭！（鬼力云）不中。（二郎神云）我再射咱。（做射科云）著箭！（鬼力云）不中。（二郎神云）西北上一點明，我射一箭咱。（二郎做射科，云）著箭！（做射破鏡科）

較刊本清楚。二郎神醉中兩射不中，第三箭射破鎖魔鏡；將醉態顯示

出來。射破鎖魔鏡後，兩本又有所不同。刊本云：

> （末）……不知射破那一面鏡子？走了那一洞妖魔？倘或驅邪院
> 主見罪，如之奈何？（二郎）似此怎了也！是吾神的不是了也。
> 吾神也不敢久停，便索回西川去也。（末）【尾聲】……（二郎）
> 吾神不敢久停久住，恐防玉帝得知——駕起祥雲，回西川去也。

二郎就像一個闖了禍的孩子，溜之大吉。而抄本作：

> （正末云）……不知射破那一面鏡子？未知走了那一洞妖魔？倘
> 或驅邪院主見罪，可如之奈何？（二郎神云）嗨，吾神帶酒也，
> 我待追趕妖魔，未蒙上帝敕令。兄弟，似此怎了也！（正末云）
> 哥哥，既走了妖魔，不知是那洞？哥哥速去鎮守西川，我同眾神
> 將去天獄中打點去來。（眾神將云）得令！【尾聲】……（正末
> 同眾將下，二郎神云）那吒神同眾神將天獄中打點去了。吾神速
> 赴西川鎮守，專等玉帝敕令，方敢率令〔當作領〕神兵擒拏妖魅走
> 一遭去。……

那吒、二郎神則是守本份、知事體的天神。與刊本相較，形象大不相
同。

3・場面處理

　　第一折那吒的出場，刊本只是「正末扮那吒引眾上」，並無其它
事件。抄本在那吒出場前，掌洞魔軍會集四魔女——天魔女、地魔女、
色魔女、運魔女，以及野馬貫支茄、藥師大聖，以莊嚴那吒神的威勢。
這幾位神眾，只四魔女在宴會中舞一場而已，然後就隨從那吒到驅邪
院天獄打點；以及第四折擒魔後到驅邪院報命。比起刊本，場面的冷
熱大不相同。

　　而第三折戰爭場面的處理，刊本也與抄本有所差異。那吒與二郎
神整軍，擺開陣勢；牛魔王、百眼鬼上，通了名號之後：

刊　本	抄　本
（牛王）……敢鬥勝么？（二郎）天兵噪鼓來，休教走了兩洞妖魔。（末）【調笑令】……【禿廝兒】……【聖藥王】……（牛魔王）近不的他，走走走。（下）（二郎）走了兩洞妖魔。大小天兵，跟我趕將去。（同下）	（牛魔王）……你敢與吾神鬥勝麼？（正末）天兵操鼓來，休著走了兩箇妖魔。（二郎神云）天兵擺布的嚴整者。（做調陣子科）【調笑令】……（牛魔王云）那吒和二郎神十分英雄，怎了也！（百眼鬼云）哥也，我不濟了，俺望正東上撞陣咱，走走走！（梅山大聖、二聖領鬼力同上）魔王那裡去！我與你決戰九千合。（牛魔王云）怎麼了？又截殺將來了也。我再戰咱。（同戰科）【禿廝兒】……（梅山三聖四聖沖上，三聖云）魔王那去？我與你大戰一場。（牛魔王云）……（再戰科）【聖藥王】……（牛魔王云）俺敵不住他，怎了也？（百眼鬼云）正南上撞陣去來。我虛搠一槍，走走走！（五聖六聖七聖領鬼力上，五聖云）魔王那裡去，俺久等多時。（牛魔王云）天兵又截殺將來了也，俺不要和他交鋒；起一陣狂風騰空而去。走走走！（牛魔王同百眼鬼下）（二郎神云）……（正末）大小神兵，跟我趕將去來！（同下）
（牛魔王、百眼鬼慌上）背後趕將來了，如何是好！（二郎）天兵下了天羅地網者，休要走了兩洞妖魔。（末）【雪中梅】……【古竹馬子】……【么】……（二郎）天神	（牛魔王仝鬼上，牛魔王云）吾神牛魔王是也！被天兵趕的緊，兄弟，似此怎了也！（百眼鬼云）哥，喒往那裡躲去？（正末同二郎神、眾將上，正末云）天兵，下了天羅地網，休要走了兩洞妖魔也。（二郎神云）天兵與我擺的整齊者，休走了兩洞潑妖魔。【雪裡梅】……（牛魔王云）眾天兵英勇，怎敢拒敵也！【古竹馬】……【么

與我拿住者。（眾神做拿住二人科）	篇】⋯⋯（正末云）天神，與我拏住兩箇妖魔者。（眾神做拏住二妖魔科）

顯然的，抄本的處理較爲周詳，且將戰況呈現出來；而刊本需要讀者費心想像戰況的猛烈。當然，這牽涉到劇團演員人數的問題。試看一下兩本所需演員，除了伺候的鬼力及兵眾之外，刊本中重要的人物、演員，計有：

折次	正末 那吒	沖末 二郎神	四魔女	牛魔王	百眼鬼	韓元帥	外 驅邪院主	末 天神	末 探子
一	∨	∨	∨	∨	∨	∨	∨		
二		∨						∨	
三	∨	∨		∨	∨				
四								∨	∨

按：第一折韓元帥奉命傳旨與二郎神，則第二折之天神似爲韓元帥；驅邪院主應是外末扮演。出場人數最多的是第一折，共十人（四魔女共四人）。至於抄本人物：（分折與刊本不同）

折次	驅邪院主	二郎神	郭牙直	奴廝兒	掌洞魔軍	外 四魔女	野馬大聖	藥師大聖	正末 那吒	外 牛魔王	百眼鬼	外 韓元帥	正末 天神	梅山七聖
一	∨	∨	∨	∨	∨	∨	∨	∨	∨	∨	∨			
二	∨					∨			∨			∨	∨	∨
三		∨	∨	∨		∨			∨					
四	∨	∨	∨	∨		∨			∨					∨

第一折外扮四魔女之天魔女，地魔女、色魔女、運魔女不審何腳色扮演；梅山七聖共七人。由上表可知出場人數最多的是第四折，共二十

人同時在場上；若加上鬼力、神兵、鬼兵，則人數更多。非大劇團恐怕不容易演出。

上述刊本與抄本處理的不同，可以讓我們思考另一個問題：劇本編、刊時是否將冗繁部分刪削？即如本劇，前文所述抄本第一折在那吒出場前諸神將逐一出場，科、白相去不遠，甚而相同；第二折二郎神召會諸將，逐一出場，逐一分派擒魔任務，科、白也極為近似。如此的文字，幾乎冗複不堪卒讀。或許正因此故，或是刊刻經費之故，編、刻劇本時加以精簡。何況劇團的演出是代代相傳，曲文、科、白也師徒相傳，刊刻劇本時刪削賓白，並不影響劇團的排演、演唱。我們審視現存的元代刊本雜劇三十種，曲文完整，科、白極為簡略，或者即是此理。大約曲文不容改易，而科、白可以依劇團演出需要而更易。

本劇刊本與抄本的關係如何？從題目正名不同，分折差異，第三折擒兩洞妖魔時的設陣、武打的場面差異，三魔鏡名稱的差異——刊本作照妖鏡、鎖魔鏡、驅邪鏡，抄本作照妖鏡、鎖魔鏡、降妖鏡——以及第四折的差異，可以判定：抄本並非就《古名家》刊本增益改訂。同時，抄本第一折驅邪院主自報部分，與第二折院主的自白，幾乎相同；據此可以推知：第一折的自報出身部分應是抄本所增益。

4．第四折的問題——武戲情節的處理

本劇的第四折，兩本完全不同。刊本由正末扮探子，向驅邪院主稟報那吒、二郎神擒伏牛魔王、百眼鬼的戰況。抄本則是那吒、二郎神領眾神將，押牛魔王、百眼鬼謁見驅邪院主。同時，那吒也奉命稟告當初二郎神射破鎖魔鏡的事端，以及擒獲牛魔王、百眼鬼的戰況。

按：現存有關武打、戰爭的元代雜劇，大抵在實際戰鬥之後，再由正末扮演某人物或探子報告勝敗。如高文秀 （13世紀中）〈劉玄

德獨赴襄陽會〉：第三折，調兵遣將，楔子及前一排場是曹、劉兩軍的爭戰；第四折，正末徐庶向劉備稟報戰爭的經過。鄭光祖〈虎牢關三戰呂布〉：第三折，調兵遣將；楔子，戰鬥；第四折，劉備、關羽、正末張飛來報虎牢關破了呂布，張飛敘述戰退呂布的情況。陳以仁〈雁門關存孝打虎〉：第三折，李存孝與黃巢部將張歸霸、張國厚交戰，追入長安城，打敗黃圭；第四折，正末扮探子向李克用述戰況。佚名〈劉千病打獨角牛〉：第三折，劉千於三月二十八東嶽聖帝誕辰慶典活動中在那吒社與獨角牛搏摶，三勝獨角牛，受封官職；第四折，正末扮出山彪打探搏摶情況，回來向劉千父親報喜，敘說兩人相摶、劉千獲勝的經過。佚名〈狄青復奪衣襖車〉：第二折，狄青奉令押衣襖車前去西延邊賞軍，不意到河西國被李滾手下咎雄、史牙恰奪走；狄青殺敗咎雄、史牙恰，奪回衣襖車。第三折，正末扮探子向李滾報告狄青殺敗咎雄、史牙恰，奪回衣襖車事；李滾不敢犯邊，收拾進貢。佚名〈摩利支飛刀對箭〉：第二折，軍師徐茂公在總管張士貴處救了薛仁貴，命薛隨張往陣前與高麗摩利支（葛蘇文）廝殺。楔子場，張士貴敗走，薛仁貴以箭對了摩利支。第三折，正末扮探子向高麗大將報告摩利支敗給白袍小將薛仁貴；大將「收拾方物與大唐進奉走一遭去」。其它元、明之際無名氏諸作亦復如此處理，不贅述。

　　武鬥情節如此處裡，令人不可解。既已在劇場上呈現了武打的事件，何以還要口述一遍？豈不沓複？或者這是說唱的遺留？

　　本劇第四折的兩種處理方式，都合乎時例。刊本中，神探子的描述很傳神，將那吒與二郎神的英勇、神威，表露無遺；是很好的一套曲文。就戲劇而言，卻只是一段華麗的情節結尾。抄本，由那吒自己獻功，是很好的戲劇處理方式。可是在手法上有點兒粗糙：

　　（二郎神云）上聖，小聖與那吒神拏將兩洞妖魔來了也。（院主云）你當初怎生射破鎖魔鏡，走兩洞妖魔？你試說一遍咱。【喬

牌兒】對神天將罪犯招，則為那二郎神性鹵躁，他將那寶雕弓浅（當作拽）滿懷中抱，吉玎的把青銅射破。（院主云）那吒神，當日二郎神怎生射著鎖魔寶鏡？你再說一遍我試聽咱。（正末云）不想二郎神正射著紅心射貼，忽見正北上一點明，二郎放一見箭，正射破了鎖魔鏡也。【鴈兒落】……

院主第一問問二郎神，【喬牌兒】則是正末那吒唱；曲文已答復了，又再問那吒。處理不善。除非【喬牌兒】由二郎神唱，但這不合雜劇唱例。

三‧猛烈那吒三變化雜劇

（一）情節

　　〈猛烈那吒三變化〉雜劇的題目正名：「慈悲攝伏五鬼魔，猛烈那吒三變化」。表演那吒攝伏五鬼（異鱗鬼、八角獅頭鬼、鐵頭藍天鬼、百眼金睛鬼、無邊大力鬼）與四魔女（天魔女、地魔女、運魔女、色魔女）的故事。排場如下：

折次	排場	事　　　　件
一	1	釋迦佛「夜入三昧正定，觀見巨惡鬼神擾害生靈」，護法天神來報：餤魔山五鬼王擾害眾生，且與夜叉山四魔女爭鬥，傷害生靈。釋迦佛逎命善勝童子——那吒——前往攝伏。
二	2	異鱗鬼與八角獅頭鬼、鐵頭藍天鬼、百眼金睛鬼、無邊大力鬼，在餤魔山「吞唅眾生為糗糧，捕捉走獸為蔬菜」，命餓鬼在山後安排酒席。

	3	正末扮那吒兩頭四臂與眾神降臨餤魔山。那吒放金光擒魔；五魔不能敵，逃走山上。那吒等攔住五鬼；五鬼不能興風起霧、喚雲作雨，不能驅走獸、飛風砂，請饒歸降。並說與四魔女相爭之故。那吒命五鬼先去引戰四魔女。
三	4	四魔女自言：從九天玄女處偷得隱遁法術，變化多端，迷惑世人，邀求祭祀；有五鬼來爭夜叉山，將他打敗。忽見有神鬼來侵，於是躲入山後九陽洞。
	5	五鬼圍住夜叉山，放起毒霧，到九陽洞前搦戰。四魔女出戰，嘯神風吹散毒霧；五鬼不敵，敗走。
	6	那吒三頭六臂與護法天神來至夜叉山；天魔女嘯神風，被那吒喝止。地魔女調鬼兵。那吒至山頂，依世尊所傳秘法，擊天印三下，搖動金玲；於是四揭諦、四大天王齊來擒拏魔女。魔女變為頑石，那吒一喝，還復本形。四魔女請饒，情願皈依。
四	7	那吒同天王、揭帝、護法神，領五鬼、四魔女、餓鬼，參見釋迦佛。那吒略述擒拿經過。世尊告戒五鬼、四魔女，歸依佛道，不違真性。

　　本劇的張力，在於那吒、護法天神等人與五鬼王、四魔女的衝突；整個過程，形成了有趣的辯證結構。

　　第一折只是整個戲劇行動的開端：世尊入定見到五鬼王擾害生靈，護法天神又報有四魔女損害生靈，迺命那吒前去攝伏。第二、三折是中段，即主戲所在。第二折第一場是五鬼王自道能為，神通變化，放毒霧，嘯風喚雨，借天火，驅猛獸，飛砂走石；以此顯現五鬼王的威勢難侵。第二場，是那吒前去擒伏五鬼王。護法神警告說鬼王變化多端，尚有手下邪魔成精做怪；那吒全然不懼，駕雲降臨餤魔山。鬼王出來相抗，那吒「放金光千千道」；五鬼不能抵敵，遁逃入山。那吒攔住五鬼；五鬼不能施展神通變化，於是歸服。正、反相爭，結果

反歸於正，合而爲一。

第三折，五鬼王既歸服那吒，奉命前去引戰四魔女。五鬼不能敵而敗走——以此顯示四魔女之神威。那吒一來，以世尊傳授的秘法，擊天印、搖金鈴，四揭諦與四天王俱來相助；四魔女神通不能施展，於是歸服。第四折則是戲劇行動的結尾。

就劇本文字看來，不容易看出相對的衝突力量之強大。吸引觀眾的，大約不是故事本身，而是武藝表演的精彩。那吒的兩頭四臂、三頭六臂、放金光、施秘法，天王、揭諦、護法天神的威勢，五鬼王、四魔女的神通變化，都是觀眾喜愛的。兩陣營相對的激烈武鬥，更是觀眾注目的焦點。這就是本戲的真正衝突，真正的戲劇張力。戲的成功與否，全在於演員唱作念打功夫、技藝表演的精麗神妙。

（二）主題

本劇的主題也很淺顯：邪不勝正。妖邪惡魔縱使神通廣大，能得意於一時，終歸會被正道神祇所攝伏。同時也傳達一項信念：只要能改過遷善，就有生路，不會滅絕。就如戲中的五鬼王、四魔女，損害生靈，擾害生命；一旦皈依佛道，「棄惡業，就慈善」，「世世生生，不違真性，超生天堂之境，永離地獄之門」。

無疑的，本劇弘揚正信佛教的思想。其中有兩個觀念很重要。第一、慈悲。世尊命那吒收伏餤魔山五鬼，

（佛云）如今可怎生收伏他？（唱）仗世尊法力強，小那吒心自忖，趕到那天涯海角，他便難逃遁，直著他無死地、不安存。（護法天神云）傷生害物，其實暴惡也。【天下樂】聽的道殘害生靈怎地忍，不由我嗔也波忿，將他來相併吞。量這小鬼頭有如那風內塵，輕將兩臂伸，活捉住小鬼身，我直著生各查火內焚。（護法天神云）那五個鬼王又與四魔女爭鬥，傷害生靈太多，我佛亦當哀愍。（佛雲）善哉善哉，這業畜造此惡業，不思修持善果，

惟知殘害生靈。（護法天神云）五鬼……須得十分威力神將，方
可攝伏。（正末云）天神放心，上仗我佛洪威法力，憑吾神變化
多般，量那異鱗鬼何足道哉！【那吒令】略量他有何當緊，說起
他心實難忍；若論我不容他半分，變化出勇躍身，發起我胸中憤。
（護法天神云）……此鬼興雲吐霧莫測，利害利害。【鵲踏枝】
一任他會騰雲，我端的善隨根。（佛云）不要傷了他性命。（唱）
世尊你大發辭慈悲，尚闡洪仁。這鬼魅豈知善因？則好教他入酆
都、受罪遭迍。……（第一折）

對做惡多端的鬼王，佛陀「不要傷了他性命」；他要「攝伏五鬼歸正
道，方顯佛家法力高」。後來那吒勝了五鬼王，唱道「俺如來善與人
交」，饒了性命，相信他們，任命他們前去收伏四魔女。[23] 那吒的的
神威，使四魔女跪地求饒；那吒唱：「要饒命說的明白：歸依世尊和
性改，發善念、豁心懷，妳便持齋。」「您若是信心一念出塵埃，做
一個善友那幽哉。」[24] 第四折末尾，佛說：「俺佛力巍巍浩浩，以慈
善闡揚立教，造運船引度有緣，設雲梯超昇億兆。為人休昧己瞞心，
為神要明彰昭報；今日個發慈悲將您攝伏，改惡念歸依佛道。」所謂
慈悲，慈是大愛，是包容、寬恕；悲是悲心，是善解、同情。對一位
發心改過向善的人，我們應該讚歎他，扶持他。「放下屠刀」的初發
心，非有極大願力、勇氣是做不到的；同時他必是覺悟過往之非，是
自覺；願為過往之惡受懲罰，是示現，是要做為世之為惡者的警惕，
是覺他。自覺覺他，即是佛。或許有人要說「種甚麼因，得甚麼果」，
他既為惡，就該受罰。誠然。覺悟的人，必甘心為自己的過失受罰；
只是我們不要存著「報復」的心。孔子說：「子為政，焉用殺？」[25] 冤

---

23 〈猛烈那吒三變化〉第二折。

24 〈猛烈那吒三變化〉（第三折）【禿廝兒】、【聖藥王】。

25 《論語》〈顏淵〉篇。

冤相報，無有了時。——法律也有對真心懺悔者得以減輕刑罰的規定。孔子讚歎伯夷、叔齊，「不念舊惡，怨是用希。」[26] 又說：「聽訟，吾猶人也；必也使無訟乎！」[27] 「刑，期無刑」；刑罰的目的，不在於處罰過惡之人，而是要懲止過惡行為，教人為善。或許還有人質疑：五鬼王、四惡魔的降伏，是懾於那吒的神威，不是真心向善。他們既然懾於那吒的神威，歸依佛陀，必然不敢為惡，而能受世尊教化。佛陀曾說：「五鬼王、四魔女，想神鬼者乃二氣之良能，至於處出（當作「幽」）冥渺漠，亦要修持為善。人天福報，理之常也。今日既歸于佛道，世世生生，不違真性，超生天堂之境，永離地獄之門。貧僧若不體好生、慈悲，將您永墮沉淪，萬劫不得出頭也。」（第四折）佛陀必能教化諸人也。

　　第二個重要的觀念是「護法」。法，佛法。一般人對佛法似乎有些誤解，以為有甚麼特異或神秘之處。其實，法就是道，就是道理。第一折，釋迦佛云：

> 佛者何也？正覺菩提。人能覺悟其平日所為，去其不善而行乎善事，此心即佛心也。貧僧釋教有三心：大智心、大悲心、大願心；惟心正而萬邪不敢侵，天地鬼神順。法門有三：戒、定、慧；無憶無念為定，無妄為慧……

第四折又云：

> 夫佛門者有三寶、四恩、五戒之論。三寶者，一曰佛寶，二曰法寶，三曰僧寶。四恩者，一父母恩，二師長恩，三國主恩，四施主恩。五戒者，一無妄殺，二不偷盜，三不邪淫，四不妄語，五不飲酒。

此之所言，正是佛法之旨要，修持的當然功夫；若再簡言之，則是慈

26　《論語》〈公冶長〉篇。

27　《論語》〈顏淵〉篇。

悲、慈善。大抵這是一切正信宗教的教法，與孔、孟儒家仁義之說相
去甚微。當然，佛法中尚有更深奧的形上哲理，卻未必是修行者非知
不可的。護法，就是護持佛法，就是實踐慈悲、行善。不僅自身實踐，
也要引人實踐；這就是度，就是覺有情，就是菩薩。儒家的「忠恕」、
「與人為善」，與此相同。然而，塵世凡夫未必皆能行善，或有為惡
害善，傷害生靈的；這就有賴於護法金剛。護法金剛不僅保護修行慈
善之人，維持佛法的莊嚴——維持正道天理，更要化惡起善；不是要
翦除惡人，而是要感化——度化惡人。那吒、護法天神，即是如此之
人。

四・文化意義

（一）那吒形象

　　關於那吒形象的演變，陳曉怡、二階堂善宏已經作了相當程度的
討論，本節僅就兩本雜劇所呈現的那吒形象，觀察一些小問題。
　　在時代較早的〈鎖魔鏡〉裡，那吒自稱降十大魔君、四魔女，因
他降眾多妖魔，玉帝「加小聖八百八十一萬天兵降妖大元帥」：

> 【混江龍】則為這玉皇選用，封我做都天大帥摠元戎；我將這九
> 天魔女覷的似三歲孩童，則我這斷怪降妖施計策，除魔滅祟建奇
> 功。擺列著長鎗闊劍，各執著短箭輕弓；週遭有黃旛豹尾，乘騎
> 著玉轡銀驄；前後列朱雀玄武，左右列白虎青龍。遵差命黃巾力
> 士，聽當直黑煞天蓬。分勝敗山澤水火，辨輸贏天地雷風；映曉
> 日愁雲靄靄，遮青霄慘霧濛濛。獸帶飄征旗颭颭，魚鱗砌鎧甲重
> 重；鳳翅盔斜兜護頂，獅蠻帶緊扣當胸。繡毬落似千條火滾，火
> 輪舉如萬道霞紅。人人慷慨，個個英雄。我搖一搖東喇喇外道鬼
> 神驚，撼一撼赤力力地戶天關動；騰雲駕霧，喚雨呼風。　（第
> 一折）

唱詞將他的官職、功勞、儀仗、服飾、能爲，樣樣說清楚了。他當時
駐守玉結連環寨。（抄本說他奉驅邪院主命，鎮守驅邪院。）至於戰
陣上的英勇、神通，第三折云：

> 【鬥鵪鶉】冷颼颼殺氣飄颮，氣昂昂精神抖搜，雄糾糾斷怪除妖，
> 威凜凜踏罡步斗。沉點點帥印懸腰，明晃晃雙鋒在手。馬似熊，
> 人似彪，左右列合後先鋒，簇擁著元戎帥首。
>
> 【紫花兒序】鳳翅盔簪纓款按，鎖子甲戰襖高提，獅蠻帶納跨輕
> 兜……

這是他的戎裝英姿。對陣時，則是：

> 【古竹馬】顯志酬這場爭鬥，殺妖魔千死千休，我和你敢做敵頭。
> 不喇喇緊驟驊騮，我便寬兜，運籌，擅袍捋袖，征驂馳驟，顯神
> 通變化搊搜；到今日怎地干休。你少憂，莫愁，我率領天兵，顯
> 耀神威，走石吹砂風亂吼。
>
> 【么】顯出我六臂三頭，密匝匝列著戈矛，齊臻臻統領貔貅。這
> 廝命休，盡頭；大小天兵齊下手。諕得他荒荒亂亂，心驚膽戰，
> 悲悲切切，鬼哭神愁。

曲文是他自唱。至於院主派出的探子眼中所見的那吒，則是：

> 【刮地風】……那吒神怒從心上起，可早變化了神威，顯著那三
> 頭六臂。六般兵器，一來一往，一上一下，有似高飛。我見那吒
> 神，有氣力，顯出那變化容儀。
>
> 【四門子】……那吒神大叫如霹靂，顯神通敢更疾。那業畜荒（同
> 「慌」），怎敢道遲，引殘兵望東走似飛。那吒神，好似狼轉好是
> 疾，直趕到黑風洞裡。

好一個勇猛天神，舞動兵器，追殺妖魔。當然，他的武藝精熟，可以
從他與二郎神酒後三箭射中紅心知曉。

　〈猛烈那吒三變化〉裡的那吒，卻又是另一形象。他自述道：

> 吾神乃勝童子是也。千百億化身，實乃那吒三太子。世尊見吾威
> 猛；自從皈一（當作「依」）佛道，化身童子，在如來蓮座下聽
> 經，悟明心性，護持佛法。諸天神鬼，您則休惱了吾神也呵。

【仙呂點絳唇】者莫是萬隊魔軍，列成營陣；擊動我通天印，聚
集下萬部天神，您便是插翅難逃奔。

【混江龍】性急似轟雷怒震，展神威浩浩貫乾坤。瞅一眼江翻海
沸，喝一聲地慘天昏，悶上天關看北斗，閑持魔杵護佛門。誰知
道善勝童子，變那吒元本身。每日家禮佛聽講，消磨那癡惡貪
嗔；懲勸俺諸惡莫作，方信道佛教為尊。將從前神通威猛，消滅
隨飛土微塵。入禪定，念經文；惟此是真心印。一剗是參禪打坐，
圖一個報謝佛恩。（第一折）

他有兩個不同的形象：一是那吒，威猛勇烈，是佛門護法；一是善勝
童子，參禪念經，護持佛法。奉命攝伏五鬼王時，他是那吒，兩頭四
臂的法象，駕祥雲；擒伏五鬼，不用鬼兵神帥：

【紅繡鞋】須信俺如來佛教攝群魔，不動槍刀；止憑著善念化愚
濁。但心地歸佛法，生天界，出塵勞。

他擒伏五鬼王，不動刀槍，就只是「放金光千千道」罩定；五鬼就不
能顯神通、呼風喚雨，不能飛砂走石、驅虎豹毒蟲，於是降伏。攝伏
四魔女時則是三頭六臂的法象，也不動刀槍。他來到山頂上，將六臂
中所持天印擊響三下，再將金鈴搖動；四揭諦、四大天王隨即降臨，
擒拏四魔女。四魔女顯神通，那吒一喝，神通不靈；於是降伏歸順。

　　兩劇中的那吒，不盡相同：〈鎖魔鏡〉中的那吒，武藝精熟，威
猛無比，神通廣大，變化多端，臨陣奮勇，是玉帝敕封的神將。——
是民間信仰的神將。而〈那吒三變〉中的那吒，在釋迦蓮座下，是參
禪念經的善勝童子，護持佛法；攝伏妖魔，不動刀槍，但憑無邊法力，
以善念感化邪魔。——是佛教故事中的護法尊神。兩劇中的那吒，身
分不同，形象就不盡相同；相同的是顯神通時的勇猛法象。之所以如
此，則須由「前言」所提到的有關毘沙門天王的經、儀軌、真言經典
說起。《毘沙門儀軌》附文說那吒隨天王護持國界；而《北方毘沙門
天王隨軍護法儀軌》說那吒護持佛法，自有其儀軌、畫像、真言。有

關那吒的故事，即從此衍生；又傅會《阿吒婆拘鬼神大將上佛陀羅尼神咒經》、《阿吒婆呴鬼神大將上佛陀羅尼經》、《阿吒薄俱元帥大將上佛陀羅尼經修行儀軌》，於是那吒善能降魔伏鬼、神通變化。

　　同一人物的故事，不同地方、不同社群的人，會因不同的心理需求而有不同的情節，這是很普遍的情況。民俗信仰將那吒塑造為勇猛的天神，降伏妖魔，加以處治；佛教故事則將那吒塑造為勇猛的護法神，降伏妖魔，加以感化，使之皈依。這兩型故事，可以並時流行，也可以再加入新的事件，構成另一故事。

（二）降妖伏魔

　　世界各民族都有降妖伏魔的故事。這類故事如何形成的？簡言之，一是古神話的遺留與演化，或許神話本身就是降妖伏魔的故事；二是群眾心理需求。

　　近代心理學家、人類學家以為神話就是集體潛意識（collective unconscious）的產物。人類在生活中遇到許多不能理解的或畏懼的現象，往往依其經驗嘗試解說；也許在某種環境之下，有能力的人體會出了某種解釋，逐漸為同族人所相信，於是成為神話。但是，大自然裡有許多自然界的災害如水、火、旱、地震、山崩，或兇猛野獸，威脅到人的生存；這不是人的能力所能克服，這時，將如何適應？如何自處？而且人類為了群居的需要，也漸形成一些族群生活的行為準則，以維護共同的利益，維持族群的和平、生存。這準則我們稱為道德或法律。可是並不是每個人都能遵循行為準則；這種人我們稱之為惡人。一旦個人或某一小團體的人的利益受到惡人侵害，生存受到威脅，心裡想要勝過對方，卻又沒有足夠的能力來抗衡，將如何自處？或者不齒於惡人的行徑，道德或法律又奈何不了他，心理要如何調

適？畢竟人的社會中有不堪的黑暗面，令人忿憤不平，這情緒將如何舒解？幸而人類正常的心理機制，功能相當良好，可以透過做夢、幻想，調整不平衡的心理，滿足心中的願望。做夢不能以意志控制；幻想則可以隨心所欲。透過幻想，我們可以幻想強有力的人幫忙解除威脅，消除惡棍，懲惡揚善；我們心中的不平、恐懼，暫時得到撫慰，獲得舒解。這就是詩的正義（poetic justice）。

基本上，降妖伏魔的故事也是一樣的。這類故事在現實世界確實不存在，然而並不因此就不「真實」——形上的真實。卡爾・榮格（Carl G. Jung　1875 –1961）曾指出藝術創作可分為兩種模式：一是心理學式的（psychological），一是幻覺式的（visionary）。前者的藝術素材來自人類意識經驗，來自生活；它所包含的一切如經驗及其藝術表現，都能夠為人所理解。後者的藝術素材，不是人們耳熟能詳的，是來自人類心靈深處，是人類無法理解的原始經驗。[28] 舉凡有關幽冥世界、神的世界的故事，都是幻覺式的故事；是在表達原始經驗，都是隱喻。神話也是隱喻。

〈鎖魔鏡〉雜劇中的牛魔王、百眼鬼，〈那吒三變〉雜劇中的五鬼王、四魔女，他們率領鬼、妖，損害生靈，為害眾生，是罪惡的代表，是惡；居住洞窟中，是黑暗。而那吒、二郎神、天神，是正義的化身，是善；居住天上、精舍，是光明。因而神、魔的對抗，其實是善與惡的對抗，是光明與黑暗之爭。人心莫不期盼善之勝惡，好人之擊敗惡人，光明之驅走黑暗；縱使妖魔神通廣大，人們也都希望天神、大聖有更強猛的神威、更高的法力，可以克制妖魔。那吒、二郎神攝

---

[28] 卡爾・榮格著，黃奇銘譯：〈心理學與文學〉，《尋求靈魂的現代人》（臺北：志文出版社，1971）頁 181-205；又，馮川、蘇克編譯：《心理學與文學》（臺北：久大文化公司，1990），頁 99-115。

伏了牛魔羅王、百眼鬼、五鬼王、四魔女，足以大快人心，可以撫平現實生活中被惡人欺凌的痛苦，可以舒解現實社會中惡勢力猖狂所造成的忿憤不平。當然，我們還可以援用象徵主義「對應」的理論，來理解〈鎖魔鏡〉、〈那吒三變〉的降魔故事。那吒、二郎神、天神，是現實中善人、正義、執法者的對應；牛魔王、百眼鬼、五鬼王、四魔女，是現實中的惡人、不法之徒的對應。同時，那吒、二郎神、天神，是抽象觀念中的善，牛魔王、百眼鬼、五鬼王、四魔女，對應抽象的惡。善、惡相爭，善勝惡敗：這是人人心中的期盼。──兩劇都是明顯的善、惡對立，結果善勝惡敗；這是通俗劇（melodrama）的形式，兩劇都是通俗劇。

我們再進一步討論故事的隱喻：牛魔王、百眼鬼、五鬼王、四魔女，其實是人格中的惡，是惡念；而那吒、二郎神、天神則是善，是善心。一個有修為的人，要能克制惡念，發展善心。可是，有時不慎，會縱了惡，使修為起了變化；這時就須要加強善念，將惡念克服。即如〈鎖魔鏡〉中，二郎神酒後與那吒演習武藝，醉中射破鎖魔鏡，走了牛魔王與百眼鬼；即是表示人會因一時的疏忽、失檢，心念、行為有了偏差，於是須要強力的轉惡為善。此所以那吒、二郎神要費許大力氣擒回牛魔王與百眼鬼，鎮於驅邪院鎖魔鏡，魔、鬼才不損害生靈；如此方能不損修為。〈那吒三變〉也是一樣：釋迦佛定中觀見五鬼王為害生靈，四魔女禍害地方，於是差遣那吒去攝伏。表示一個覺者、修道者，隨時要省察自己的修行，省察自己的心念；若有不善，要隨時導正，歸之於善。

〈鎖魔鏡〉與〈那吒三變〉呈現神道、佛道有關的故事，自然可以用佛家的觀念來解說。佛家說「一切唯心造」，以為眾生皆有佛性，佛在我心；又說「心魔心魔」，魔也生於我心。魔王、鬼王、魔女，即是五障、四魔。魔障生於心則為惡，足以妨人之修為，害人之身心，

破壞人之行善。惡生於心即是魔。那吒、二郎神是善；善念即是佛心。行善慈悲，即是菩薩——菩薩是覺有情，是覺悟的人，是慈善的人。簡言之：魔王、鬼王、魔女，隱喻惡；那吒、二郎神、天神，隱喻善。凡是降妖伏魔的故事，即隱喻了遷惡爲善的意義。

五・結語

〈二郎神醉射鎖魔鏡〉與〈猛烈那吒三變化〉雜劇，表演那吒降伏妖魔的故事。兩劇中的那吒，形象並不盡相同。前者是玉帝敕封的神將，後者釋迦佛座前的善勝童子。善勝童子攝伏五鬼王、四魔女時，則是威猛法象，與〈鎖魔鏡〉大抵相同；然臨陣攝伏妖魔時的行動不同，處理妖魔時多了一份慈悲心。同一人物，在不同時、空的故事裡形象不同，這是傳說故事必然的現象；是因爲不同的人群，心理需求不同。

兩劇的劇情張力，從劇本文字看來，並不是很強。應是武鬥戲曲的演出，成功與否，演員功夫是重要的因素；情節本身的強烈衝突性，有時並不是非常重要的。

兩劇的主題，表面上是邪不勝正。妖魔縱然神通廣大，變化多端，也無法常得安樂，必將爲天神大聖所攝伏。進一步探索，則是蘊含人類懲惡揚善的期盼；隱喻修爲上須除惡念，生善根，行慈善，方可得正果。

〈二郎神醉射鎖魔鏡〉雜劇，目前有兩板本：一是《古名家雜劇》刊本，一是趙氏校抄內府附穿關本。經比對，抄本詳於刊本，但非自刊本出。由兩本的差異，得知前賢編刊劇本，或有所精簡刪創；而劇團演出，也可以依情況而增、減事件與曲文、科白。

關於那吒的戲劇，除雜劇外，還存於各種地方戲曲、曲藝。新興

的舞台劇、電影、電視劇、卡通,也有那吒戲。劇本、演出方式、戲曲意涵,應是有所不同;其差異值得以不同的方法研究。而與戲曲關係密切的小說,與戲曲有何異同,也值得探討。至於宗教、民俗信仰上的那吒,與戲曲、小說應有所關聯;此等關聯,是文化研究上的一部分,目前還是一個值得深入關注的領域。

——中山大學編《第一屆哪吒學術研討會論文集》(臺北:新文豐出版公司,2003)

元雜劇詞句解釋的問題舉例

一・前言

　　一般以為元雜劇是比較通俗的，因為雜劇是市井小民的娛樂；不能用太文雅艱深的語言，而是要與生活結合在一起的淺俗的語言，特別要使用口語。因此就以為元雜劇的語言是比較容易了解的；其實不然。一者中國幅員遼闊，方言不一，即使同時代，不同語系的人語彙不盡相通，不同區域的俗語也未必相同；其次，時代變遷，當時能了解的詞語、名物，後世也未必能知曉。因之現今讀元雜劇，須加以解釋的詞語以及當時的名物，並不少見。

　　幸而部分學者曾對元代的詞語下功夫去研究，對我們閱讀元雜劇有相當的幫助。重要的辭書，如：張相《詩詞曲詞語匯釋》、陸澹安《戲曲詞語匯釋》《小說詞語匯釋》、徐嘉瑞《金元戲曲方言考》、朱居易《元劇俗語方言例釋》、顧學頡、王學奇等《元曲釋詞》、王鍈《詩詞曲語辭例釋》、王鍈、曾明德編《詩詞曲語辭集釋》……等，都極有用處。不過，仍然有些詞語的解釋，尚待斟酌。

　　此外，元雜劇中使用了相當數量的典故——當然，比起明、清傳奇，算是很少了——這些典故，有的承襲於歷代，有的則是新興的。歷代流傳下來的典故，容易解決。新興的典故，則須自宋、元資料去搜尋。此外，元代的一些名物，可能不見於前代，也須找資料來解釋，才可能將元雜劇中的某些問題解說清楚。

　　其實，就算將詞語解釋清楚了，也未必能將一首曲子或部分句子解說清楚；因為有文學技巧存乎其中，不是詞語訓解就能解決的。同時，因為版本的差異，使得部分文字有所不同，也會造成理解上的歧異。

　　本文徵引的例子，凡是未注明作者與版本的，均出自本人所編《元雜劇選讀》，[1] 書中已標明作者與版本。敬請高明諸君鑒諒。各本雜劇除《西廂記》外，皆以〈　〉表示劇名。

二・詞語的解釋

　　元雜劇劇本，有些文字錯了，這是研讀雜劇首先要解決的問題。至於一些表語氣、語助之詞，大抵以同音字為之，如：語氣詞的「哩」作「里」，而「里」又當「裡外」之「裡」；「只是」之「只」、「止是」之「止」或作「子」；「著」或作「者」「咱」。疑問詞語「哪」或語氣詞「哪」，或作「那」，而「那」有時又作動詞「挪」。又如表示「如此」之「恁」，可做指稱詞的「你」「您」「你們」；表示指稱詞複數的「們」，大都寫成「每」；表示比較程度「極」的「煞」往往作「殺」，「很」有時作「狠」；不一而足。

　　元雜劇中的詞語，有較傾向文言的書面語，有較通俗的口語。有時一個詞語，兼有文言義與口語義。如：「子弟」，指與「父兄」相對或與「尊長」相對之人，〈東堂老〉第四折白：「這的是西鄰友生不肖兒男，結末了東堂老勸破家子弟」；可是元雜劇中往往稱流連花酒的尋芳客或嫖妓的人為子弟，〈救風塵〉白：「自小上花臺做子弟。」【元和令】：「做丈夫的做子弟，他終不解其

1　徐信義：《元雜劇選讀》(臺北：華正書局，1993)

意。做子弟的他影兒里會虛脾。」〈曲江池〉第一折【那吒令】夾白：「他便是個子弟，也則是個鶉兒。」第二折【感皇恩】：「他道是元和醒也，這的是子弟還魂。」皆是。又如「早起」一詞，是早早起床之意，而〈東堂老〉白：「俺等你一早起了」，指一上午；「喫了早起的，無那晚夕的」，指早上。「逡巡」，是退卻不進之貌；而〈曲江池〉【採茶歌】：「我則怕你死在逡巡，葬在荒墳。」則是須臾之意。「早晚」，是早與晚、或遲早之意；而〈竇娥冤〉白：「怎生這早晚不見回來？」則是表示時間之詞，相當於現今「時候」；〈東堂老〉二折【隨煞】帶白：「這早晚多早晚了也，」相當於說「這時候是甚麼時候了也」；〈漢宮秋〉二齣【梁州】：「繫人心早晚休，則除是雨歇雲收。」則是何時、何日之意。〈竇娥冤〉白：「小生今日一徑的將女孩兒送來與婆婆，怎敢說做媳婦，只與婆婆早晚使用咱。」「你若在這裡，早晚若頑呵，你只討那打罵哩」，則是表是任何時間，有隨時之意。如此之例甚多。

　　元雜劇中有些詞，可能寫了白字，語音相同。如「展污」一詞，當是「點污」或「沾污」、「玷污」之誤；〈梧桐雨〉第三折【沉醉東風】：「斷遣盡枉展污了五條刑法」；《西廂記》第三本第一折【寄生草】：「休教那淫詞兒展污了龍蛇字」[2]，第五本第一折【醋葫蘆】：「怕油脂膩展污了恐難酬」，第四折【慶東原】：「不明白展污了姻緣簿。」皆是。又如〈勘頭巾〉第二折白：「我把這一半齏糟的丟了。」「齏糟」即「腌臢」、「骯髒」；第三折【掛金索】：「我可便買與你個合洛喫」，又白亦作「合洛」，疑

---

[2]　吳曉鈴注，《西廂記》(香港：中華書局重印，1989) 頁 80。案：弘治岳氏本、張深之本無「展」字。

即「合酪」。〈勘頭巾〉第二折白：「（丑云）荒出我屁來。（作跳牆蹲下阿屎科）」又第三折白：「蹲在地下阿八八。」「荒」即「慌」，「阿」為「屙」之訛，同音；「八八」為語氣詞。又如〈東堂老〉第三折【醉春風】：「糞土牆杅辱抹殺祖。」「辱抹殺」即「辱沒煞」。又如〈救孝子〉第三折【醉春風】：「這冤枉幾時伸？憂愁甚日楚？」「楚」疑是「除」之訛。又如〈漢宮秋〉第二齣【梁州】：「怎禁他帶人香著莫定龍衣袖。」[3]「帶」疑是「殢」之誤。

　　有時劇作家為傳達劇中人物說話的情狀，將劇中人的錯誤語音照實記下，如〈勘頭巾〉第三折白：「（告云）相公，張鼎說大人葫蘆提。（孤）阿失的道我葫蘆提？（令史）是張鼎說大人葫蘆提。（孤）張鼎，阿失的葫蘆提？（末跪云）張鼎不敢。」「阿失的」當是「阿誰的」即「誰」。臧懋循《元曲選》不悉其中原故，改為：「（告云）大人，張鼎說大人葫蘆提。（府尹云）張鼎道誰葫蘆提？（令史云）是張鼎說大人葫蘆提。（府尹云）張鼎，你怎道我葫蘆提？（正末跪云）張鼎不敢。」意思清楚了，趣味卻減弱了。

　　元雜劇中今尚有許多意義難解甚或不可解的詞句，等待行家訓解。如〈曲江池〉第二折【牧羊關】：「打木子他須是仵作風流種，送死人他須是看百詩文字人。」「打木子」疑是喪禮中的一個儀式，詳情不得知。〈救風塵〉第二折【醋葫蘆】：「普天下愛女娘的子弟口……那一個不撏麻各般說咒。」「撏麻各」意不明，不知是否「折麻楷」以發誓之意；《元曲選》本改作「那一個不指皇天各

---

[3]　顧曲齋本、《古名家雜劇》本、《酹江集》本皆作「帶人香」；而《元曲選》本作「帶天香」，誤。

般說咒」，恐是不解「揜麻各」之意而改。又第三折【滾繡毬】：「我這裡微微把氣噴，輸個姓因；怎不教那廝背槽拋糞。」「輸個姓因」不詳何意？可能是「輸身」「委身」之意，「姓因」是「身」的切口；但是「姓因」也可能是「撒因」「撒銀」，為蒙古語「好」，[4] 只是詞性不對。〈殺狗勸夫〉第四折【鬥鵪鶉】：「好歹鬥的書生，好放刁的甸士。」「甸士」待考，《元曲選》本作「賊子」；按《西廂記》第三本第一折【元和令】：「俺小姐至今脂粉未曾施，念到有一千番張殿試。」吳曉鈴注：「元代通稱讀書人作『解元』或『殿試』。」[5] 王季思注：「殿試蓋宋元士子之通稱。」[6] 疑「甸士」即「殿試」，反諷柳隆卿、胡子傳兩個無賴；臧本作「賊子」，則是用劇中人對二人之詈詞。顧曲齋《古雜劇》本〈臨江驛瀟湘夜雨〉的崔通是個書生，字甸士；疑是曲家以書生之通稱為崔氏之字。又如〈東堂老〉第一折白：「俺是讀半鑑書的秀才，不比你那興子。」「興子」義不詳，疑是罵人的話，因此東堂老一聽就怒了；《元曲選》、《酹江集》本並作「不比那夥光棍」，疑臧氏不詳「興子」之意，故改為光棍。——如果是「光棍」，東堂老未必「怒」。

　　元雜劇中須解釋之詞語極多，本文只能拈出部分類別，舉一些例子；而且僅以該詞語在某一作品中的解釋來討論，不廣引其它作品為例證。至於分類，大部分學者往往提到「俗語、方言」，甚至

4　方齡貴：《元明戲曲中的蒙古語》（上海：漢語大詞典出版社，1991），頁215。

5　吳曉鈴注：《西廂記》（香港：中華書局，1989 重印），頁 81。

6　王季思注：《西廂記》（臺北：里仁書局，1995），頁 107。

據現今的方言來認定某些詞語為某地的方言。[7] 除非有當時的資料說某些詞語是某地方言，不然我們實在很難說元雜劇中哪個詞語是某地的方言。這個問題，還有待方家研究。

（一）俗語

所謂俗語，指比較通俗之口語，相對於文雅的口語或書面語而言。此等詞語甚多，舉不勝舉。如：

＊ 情受、請、請受

〈竇娥冤〉第一齣【賺煞】：「兀的是俺公公置就，教張驢兒情受。」又〈梧桐雨〉第三折【攪箏琶】：「他見情受著皇后中宮，兼踏著寡人御榻。」皆是「承受」之意；「情」「承」音近。或作「請」「請受」；如〈救孝子〉第三折【五煞】：「官人每枉請著皇家祿，都只是捉生替死，屈陷無辜。」第四折【收江南】：「穩請受五花官誥喜非常。」元刊〈趙氏孤兒〉第二套曲文【梁州】：「如今挾天子的進祿加官，害百姓的隨朝請奉，令諸侯的受賞請功。」皆是。

＊ 彈

〈救風塵〉第二折【集賢賓】：「一個個眼張狂似漏了網的游魚，一個個嘴盧都似跌了彈的斑鳩。」顧肇倉《元人雜劇選》注：「像中了彈的斑鳩一樣。咕嚕咕嚕直叫喚。比喻喫了虧的人，口裡

7　如徐家瑞、朱居易二氏之書；又如楊明索〈王實甫《西廂記》中的蒲州方言俗語初考〉，收於寒聲、賀心輝、范彪等編《西廂記新論》（北京：中國戲劇出版社，1992），頁 255-288。其它學術刊物，如《中國語文》《語文研究》及大學學報，時有論文，不暇列舉。

直埋怨。」按：王學奇〈釋“彈”〉一文，以為「彈」即禽卵，今謂之「蛋」。[8] 其說是。

* 作念

〈救風塵〉第二折【金菊香】：「想當日他暗成公事今日決成仇。我當初作念你的言詞今日都應口。」顧氏選注：「念叨；念記」。王鍈《詩詞曲詞語例釋》以為係「詛咒」之意。按：王說是，「作念」即「咒念」；「作」「咒」今某些方言音近。又，「作念」有時可解釋為「叨念」「惦念」，又可解為「絮絮叨叨」。附及：「決」當作「打」「罵」解，[9] 此謂周舍打宋引章，今臺灣地區閩南語中也有稱揍、打為 “gwuaet” 音；《元曲選》本〈包待制陳州糶米〉第四折白「張千，選大棒子將王粉蓮去褌決打三十者。」「決」即「打」。至於《元曲選》本〈救風塵〉將上句改作「想當日他暗成公事只怕不相投」，恐係不解「決」字之意而改。

* 撐

〈梧桐雨〉第一折【天下樂】：「一個暈龐兒畫不就描不成，行的一步步嬌，生的一件件撐，一聲聲似柳外鶯。」《西廂記》第一本第三折【調笑令】：「我這裡甫能見娉婷，比著那月殿嫦娥也不恁般撐。」「撐」即「美」之意；大約是「靚」「倩」之音近假借。字或從手從掌作「　掌」。

8　王鍈、曾明德編：《詩詞曲語辭集釋》（北京：語文出版社，1991），頁 101-103。

9　同上註，頁 217。

* 比及

〈倩女離魂〉第二折【麻郎兒】【么篇】：「嶮把咱家走乏。比及你遠赴京華，薄命妾爲伊牽掛，思量心幾時撇下？」【絡絲娘】：「你拋閃咱比及見咱，我不瘦殺多應害殺。」張相《詩詞曲詞語匯釋》以爲上曲「比及」爲「既然」，下曲爲「未及」。按：下曲「比及」似可作「及至」「等到」解。

* 先生

〈勘頭巾〉第二折科：「（丑荒走上，淨扮先生跟上）」據後文，知「先生」是道士。又第三折【醋葫蘆】：「聽言罷他口內詞，不由我心內疑；況兼那婆娘顏色有誰及！他莫不共先生暗暗的來去。」白：「（末）你那奸夫不是俗人，是個先生。（旦）誰道是和尙來？可知是個先生哩。」按：劉員外夫人的奸夫爲王知觀，是道士。

（二）俚語

此所謂俚語，指鄙俗的話語，往往帶有詈罵或鄙視的意味。如：

* 頹

〈救風塵〉第一折【天下樂】：「我一世沒男兒直甚頹。」「頹」原來指男子生殖器睾丸，如頹疝即疝氣病；此則是詈罵之辭，表示「惡劣」之意。在這支曲子中，表示命運不好。又如〈勘頭巾〉第一折白：「你看我那頹命麼！狗也不曾打的著，到打破了一隻水缸。」又第二折【隔尾】：「則被你這探爪兒的頹人將我來帶累死。」第三折白：「這個頹人說我是潑皮賊。」《西廂記》第

三本第四折白：「我這頹證候，非是太醫所治的。」又第五本第三折【收尾】帶白：「你這般頹嘴臉。」均是此意。

＊娘、你娘、入娘

〈殺狗勸夫〉頭一折【鵲踏枝】：「喫的來東倒西歪，盡盤將軍。問甚末前親來後親，喫麼娘七代先靈？」白：「（二淨云）這孫二無禮也，你那裡是罵俺哩！哥哥，你看孫二見俺這裡吃酒，他罵你吃你娘七代先靈。」又〈勘頭巾〉第二折白：「（張放丑出科，云）你且去，明日來討草錢。（丑）討你娘的漢子，我情愿不要了。」第三折白：「（張去枷，推丑出門科，云）你明日來討草錢。（丑）討你娘的頭！」這個「娘」字，自然不是母親，而是罵人的話，今尚有許多方言存有此等情形。〈東堂老〉第一折【天下樂】：「你曾出的胎胞，你娘收你那繃藉包，你娘將那酥蜜食養活的偌大小。」則是指母親，不可相混。但是〈東堂老〉第二折【隨煞】：「我著那好言語教著、你不肯聽；那廝每謊話兒裏弄著、好也囉你且是娘的應。」則是罵人的話。〈勘頭巾〉第三折白：「這個頹人說我是潑皮賊；那入娘的平白揣與我個賊名兒。」「入娘的」也是罵人的話。

＊屁眼、馬屁眼

〈勘頭巾〉第三折白：「則見那壁也跳過個人來，他把屁眼努在我臉上。」這兒的「屁眼」指排屎的肛門。〈救孝子〉第二折白：「噤聲！老弟子說詞因，兩片嘴必溜不剌瀉馬屁眼也似的。」則指雌性動物排尿口，或陰唇。不是字面上的意義。

（三）非漢語

語言是溝通意見的；不同語系間會互相滲透、交流，或吸收對方的語彙，或將對方之詞語音譯爲己方之文字。中國，自漢語語系形成之後，仍不時接受外來語。尤其在非漢族統治的地區、時期，這種現象更是常見。在十二到十四世紀，中國北方，先後有遼、金、元的統治，甚至統一全中國；這時候的漢語，或多或少受到他們的影響。在元雜劇中，凡是以五代時期北方的事件或以蒙古人有關的事件爲材料的作品，都可能用了非漢語的詞彙。如脈望館抄本關漢卿〈鄧夫人苦痛哭存孝〉頭折，李存信上場詩：

> 米罕整斤吞，抹鄰不會騎；弩門並速門，弓箭怎的射？撒因答剌孫，見了搶著喫；喝的莎塔八，跌倒就是睡。

其中「米罕」、「抹鄰」、「弩門」、「速門」、「撒因」、「答剌孫」、「莎塔八」都是蒙古語的音譯。據方齡貴研究：米罕，肉；抹鄰，馬；弩門，弓；速門，箭；撒因，好；答剌孫，酒；莎塔八，醉。[10] 其它非漢語尚多，略舉數條：

＊哈剌

〈勘頭巾〉第四折白：「……除死無大災。饒便饒，不饒把俺兩口兒都哈剌了罷。」又《元曲選》本〈漢宮秋〉第三折白：「似這等姦邪逆賊，留著他終是禍根；不如送他去漢朝哈剌。」「哈剌」即蒙古語「殺」之音譯。方齡貴指出：《拜月亭記》第三出【水底魚】曲羅懋登註：「胡人謂殺爲哈剌」，必有所本。方氏又說：在蒙古字書中，蒙古語訓殺之語實作「阿剌」或類似之字，而不作

---

10 方齡貴：《元明戲曲中的蒙古語》（上海：漢語大詞典出版社，1991），諸語條依序見頁 69、55、99、99、215、220、242。

「哈剌」或類似之字；並引《元朝秘史》為證，又引蒙古語相關辭典，以為之訓殺之語為「ala-」。[11] 又推測在十三、四世紀蒙古語中保存語頭「h-」發聲，明中葉以後消失。[12]

* 歪剌骨

《元曲選》本〈竇娥冤〉第一折白：「這歪剌骨，便是黃花女兒，剛剛扯的一把，也不消這等使性，平空的推了我一交。」（按：《古名家雜劇》本無此語）顧氏選注：「或省作歪剌、歪臘。侮辱婦女的話；含有潑辣，臭肉，不正派等義。」按：「歪剌骨」之說解不一，方齡貴引《通俗篇》卷二二〈婦女・瓦剌國〉條：「洪容齋《俗考》：『瓦辣虜最醜惡，故俗詆婦女之不正者曰瓦辣國』。汪价《儂雅》：『今俗轉其音曰歪賴貨。』」以為係瓦剌姑或瓦剌國之音轉；瓦剌為一蒙古部族。[13]

* 撒和

〈倩女離魂〉第四折【刮地風】「這沒撒和的長途有十數程，越恁的骨瘦蹄輕。」撒和，謂餵飼草料。又《西廂記》第一本第一折白：「（末云）頭房裡下。先撒和那馬者。……（僕云）安排下飯，撒和了馬；等哥哥回家。」王季思注：「友人張燕庭曰『撒和，謂去驢馬之羈勒，任其徐行自適，即俗之所謂蹓躂。』按《山居新語（當作「話」）》：『凡人有遠行者，至巳午時，以草料飼驢馬，謂之撒和。』蓋慣例驢馬食後，須略蹓躂，以防停食，因亦謂

---

[11] 同上註，頁 157-160。

[12] 同上註，頁 238。

[13] 同上註，頁 275-279。

飼牲口爲撒和耳。」[14] 吳曉鈴注：「在驟馬勞累之後，卸去鞍韂，拉著牠慢慢的蹓躂一會兒，然後再謂草料，叫做『撒和』。」[15] 霍松林以爲「撒和」的本意是「撒料和草」，是比較特殊的餵養，又引申爲「打牙祭」。[16] 楊明索以爲此語是蒲州方言，「撒和，亦謂之滾滾。……大牲口卸套之後，選乾淨地方，使其自適，左右翻滾，俗謂"展骨""活騰"。若牲口出力過度，皮毛"出水"，更須翻滾自調，以防汗止風。此謂之撒和也。」[17] 按：方齡貴以爲「撒和」爲宋、元載籍中常見的「掃花」或「撒花」蒙古語音譯，王國維〈蒙古札記〉已經指出；並引《元朝秘史》等，以爲其意爲「人事」、「禮物」；又引元人楊瑀《山居新話》：「都城豪民，每遇假日，必以酒食招致省憲僚吏翹傑出群者款之，名曰撒和。」因謂撒和本無二義，對人言爲款待，對驢馬言指餵飼草料或溜放，均由撒花（或掃花）訓爲打點、應酬之意轉出；其音爲sau at，sauxa，sau -a，sau ad，soaa，soaat，saughat ……。[18] 方氏說較勝，可從。

* 把都兒

臧氏《元曲選》本〈漢宮秋〉第三折白：「把都兒，將毛延壽拿下，解送漢朝處治。我依舊與漢朝結和，永爲甥舅。」把都兒，顧曲齋本、《古名家雜劇》本、《酹江集》本，均作「左右」，疑

---

[14] 王季思注：《西廂記》頁13。

[15] 吳曉鈴注：《西廂記》頁11。

[16] 王鍈、曾明德編：《詩詞曲語辭集釋》引錄霍氏〈評新版西廂記的版本和注釋〉，頁350。

[17] 楊明索：〈王實甫《西廂記》中的蒲州方言俗語初考〉，見寒聲等編《西廂記新論》，頁256。

[18] 方齡貴：《元明戲曲中的蒙古語》，頁29-35。

是臧氏所改。按：把都兒，蒙古語謂「勇士」，或作巴都兒。方齡貴引元人文集如王惲〈開府儀同三司中書左丞相忠武史公家傳〉原注：「國朝語謂勇猛氏曰拔都。」柳貫〈承直郎管領拔都兒民戶總管伍公墓碑銘並序〉：「拔都兒，漢言健兒。」馬祖常〈敕賜太師秦王佐命元勛之碑〉：「把都兒，國語雄武也。」及其他資料，以為係蒙古語 badur , bahadur , baxatur ,bagator , bartur ……之音譯。[19]

* 五裂篾迭

脈望館抄本關漢卿〈鄧夫人苦痛哭存孝〉第二折白：「（李存信把盞科云）阿媽，滿飲一杯。（李克用醉科云）我醉了也。（康君利云）阿媽，有存孝在於門首，他背義忘恩。（李克用云）我五裂篾迭。（下。李存信云）哥哥，阿媽道五裂篾迭，醉了也。怎生是了？阿媽明日酒醒呵，則說道你著我五裂了來。（康君利云）兄弟說的是。若不殺了存孝，明日阿媽酒醒，阿者說了，喒兩個也是個死。小校，與我拏將存孝來者。（李存孝云）康君利、李存信，將俺那裡去？（李存信云）阿媽的言語：為你背義忘恩，五車爭了你哩。（李存孝云）阿媽，你好哏也。我有甚麼罪過將我五裂了？我死了不爭……」方齡貴據《元朝秘史》謂「五裂」為蒙古語「不」之音譯，「篾迭」為「知」「管」之音譯；「蒙古語"五裂蔑迭"猶言不知道或不管，劇文中李克用喝醉了酒，乃作此語。李存信、康君立為了要加害李存信，故意借諧音會意曲解蒙古語"五裂蔑迭"的"五裂"為漢語車裂之刑，將李存孝處死。」[20] 其說是。又阿媽、阿者，是爸爸、媽媽的音譯。

---

[19] 同上註，頁 2-11。

[20] 同上註，頁 37-40。

* 獅蠻

元刊〈趙氏孤兒〉第三套〈七弟兄〉：「是它變卻相貌，怎生饒五蘊山當下通紅了。獅蠻帶上提起錦征袍，把龍泉刀扯離沙魚鞘。」獅蠻帶是武將的腰帶。而「獅蠻」一詞，方齡貴以爲係「闍獅蠻」之省稱，闍獅蠻亦稱回回。闍獅蠻，是波斯語。[21]

（四）典故

元雜劇中，或使用新典故，有的出自史傳，有的則出自戲曲、小說、雜記等。如：

* 雙漸、蘇卿、臨川縣、豫章城

〈救風塵〉第一折【賺煞】：「你個雙郎子弟，安排下金冠霞帔；一個夫人也來到手里，自家了卻則爲三千張茶引嫁了馮魁。」按：此用了雙漸與蘇卿的故事。

雙漸，又稱雙生、雙同叔、雙道叔。雙漸和盧州蘇小卿（或稱蘇卿）相戀，外出求官；蘇小卿之母將她嫁與茶商馮魁。蘇小卿不樂，題詩於金山寺，表達了思念雙卿之情。雙卿既得官，除臨川縣令。赴任途中經金山寺，見題詩，思念起蘇卿。兩人得於豫章相會，終爲夫婦。此故事於宋、元時甚爲流行，戲曲、散曲中時有人歌詠述及；而情節略有出入。今人齊曉楓、李殿魁有專著討論。[22]

又〈曲江池〉第一折【醉中天】：「莫不是沖倒臨川縣。」第三折【滿庭芳】：「（旦唱）罷波娘也實拿住風月所和姦的罪名，

---

21 同上註，頁 314-320。

22 齊曉楓：《雙漸與蘇卿故事研究》（臺北：文史哲出版社，1988）
　　李殿魁：《雙漸蘇卿故事考》（臺北：文史哲出版社，1989）

檢著這樂章集依法施行，便拚著大枷長釘，定告到臨川縣令……」
也是用此典故。

* 龍圖

〈救孝子〉第三折【三煞】：「你休道俺潑婆婆無告處，也須
有清耿耿的賽龍圖。」「龍圖」指龍圖閣直學士包拯。「賽龍圖」
謂清官能吏。

按：《宋史》卷三一六〈包拯傳〉稱：包拯（999-1062）字希
仁，合肥人。他在嘉祐元年，「徙江寧府，召權知開封府，遷右司
郎中。拯立朝剛毅，貴戚宦官為之斂手，聞者皆憚之。人以包拯笑
比黃河清；童稚婦女亦知其名，呼曰『包待制』。京師為之語曰：
『關節不到，有閻羅包老』。舊制：凡訟訴，不得徑造庭下；拯開
正門，使得至前陳曲直，吏不敢欺。」[23] 元代戲曲如〈蝴蝶夢〉
〈魯齋郎〉〈後庭花〉〈生金閣〉〈灰襴記〉〈合同文字〉〈陳州
糶米〉〈盆兒鬼〉，都以包拯斷案為題材；後來的小說如《平妖
傳》《包公案》也敘述了包拯斷案的故事。這些戲曲、小說中的故
事，未必合乎史實；卻塑造了包公清廉無私的形象，流傳廣遠。

* 酷寒亭

〈曲江池〉第三折【十二月】：「好淒涼人也又不曾虧負了蕭娘
的性命，雖同姓你又不同名。」【堯民歌】：「你本是鄭元和也上
酷寒亭。」即用了典故。

---

[23] 脫脫等：《宋史》（臺北：藝文印書館據清乾隆武英殿本景印），頁 4029-
4030。

　　按：元人楊顯之〈鄭孔目風雪酷寒亭〉雜劇，[24] 述孔目鄭嵩迷戀從良歌妓蕭娥，髮妻氣死；逐與蕭氏結爲夫妻。蕭氏趁孔目出差京師時，與高成私通，折磨孔目子女行街乞食。孔目回來，發覺前情，殺了蕭娥；高成逃去。孔目自首，送配沙門島；卻由高成押解。風雪中行至酷寒亭，高成擬殺害孔目以洩恨。有前時受孔目恩惠的草寇宋彬，殺了高成，救了孔目性命。〈曲江池〉用此典故說明鄭元和在風雪中的苦況。又〈殺狗勸夫〉第二折【滾繡毬】：「似這雪呵鄭孔目怎交迭配？」描述風雪之大。〈東堂老〉第二折【二煞】：「你回窰去吻吻吻（按：當作「忽忽忽」）少不的風雪酷寒亭。」則說在風雪中受寒受凍。

＊ 寒爐一夜灰

　　〈倩女離魂〉第三折【三煞】：「這秀才則好謁僧堂三頓齋，則好撥寒爐一夜灰。」〈殺狗勸夫〉第二折【滾繡毬】：「似這雪呵……呂蒙正撥盡寒爐一夜灰，交窮漢每無食。」皆用呂蒙正（946-1011）故事，比喻窮困。

　　按：呂蒙正之父呂龜圖多內寵，與蒙正母劉氏不睦；將劉氏並蒙正逐出。劉氏誓不復嫁，頗淪躓乏。見《宋史・呂蒙正列傳》。蒙正母子二人既見逐，龍門僧鑿山嵓爲龕以居之，九年出從秋試，一舉爲廷試第一。見葉夢得《避暑錄話》。呂嘗有詩云：「撥盡寒爐一夜灰」。又：王實甫〈呂蒙正風雪破窰記〉雜劇則以同居破窰者爲呂妻。

---

24 鄭騫先生〈元劇作者質疑〉以爲花李郎作。《景午叢編》（臺北：臺灣中華書局，1972）頁317-325。

* 雷轟薦福碑

〈倩女離魂〉第三折【三煞】：「這秀才……則好交半夜雷轟了荐福碑。不是我閑淘氣，便死呵死而無怨，待悔呵悔之何及。」比喻沒福氣。

按：北宋時范仲淹(989-1052)守潘陽；有書生獻詩甚佳，仲淹禮遇他。書生自言天下之至寒餓者無出其右。當時盛習歐陽詢字，薦福寺碑墨本值千錢。范仲淹想要爲書生拓千本到京師去賣；紙、墨都準備好了，不料一夕之間，雷擊碎其碑。見宋代惠洪《冷齋夜話》卷四。按：馬致遠〈半夜雷轟薦福碑〉述此事，謂字爲顏真卿書，書生爲張鎬。

* 謝天香

〈曲江池〉第三折：「（卜云）休波，謝天香。（旦唱）【煞尾】我比那謝天香名字真，（卜）休波，柳耆卿。（旦唱）你嗓他怎麼的他比那柳耆卿劬兩輕？」用戲曲典故，指歌妓。

按：關漢卿〈錢大尹智寵謝天香〉雜劇，述詞人柳永與歌妓謝天香戀愛的故事。

* 瓊姬、子高

〈倩女離魂〉第一折【賺煞】：「不爭把瓊姬棄卻，比及盼子高來到，枉孤負了碧桃花下鸞鳳交。」典出小說家言，指相愛的男女情人。

按：蘇軾〈芙蓉城〉詩施元之注引胡微之〈王子高芙蓉城傳略〉謂：宋時王迥字子高，遇一女周瓊姬，她說她人間嗜欲未盡，緣以冥契，當侍巾幘。王君懼不敢寢。夜深，解衣；女已在臥，成

就歡好。自此,朝去夕至。一日,王夢與周同遊芙蓉城;作詩與周。故事亦見《綠窗新話》卷上引。

(五) 名物

雜劇中有一些名物如服飾、制度、風俗,不見於前代,往往與劇情的了解有關。如在某些審案有關的戲曲中,常見「勢劍金牌」。勢劍是欽差尋訪地方時所執,為皇帝所賜,是代表天子執行職務的表徵;金牌原是武將所佩,《元史‧兵制》:萬戶佩金虎符,符趺為伏虎形,刻「長生天氣力量,蒙哥汗福蔭裡,不奉命者死」等字。官員執此金牌、勢劍,即是代替天子行事,先斬後奏,權力極大。雜劇中所見宋、元時期的一些名物不少,如:

* 軍戶、貼戶

〈救孝子〉第一折白:「老夫勾遷義細軍,拏住這小廝。他說道是貼戶,替你家當了二十年軍也。」

貼戶,即貼軍戶。按:《元史》一百一〈兵志〉:「既平中原,發民為卒,是為漢軍。或以貧富為甲乙,戶出一人,是為獨戶軍;合二三而出一人,則為正軍戶,餘為貼軍戶。」又云:「(中統二十二年)十二月從樞密院請嚴立軍籍條例:選壯士及有力之家充軍。舊例:丁力強者充軍,弱者者出錢;故有正軍貼戶之籍。行之既久,而強者弱,弱者強,籍亦如故。故其同戶異居者私立年期以相更代,故有老稚不免從軍而強壯家居者。至是革焉。)[25]

---

25 宋濂等:《元史》(臺北:藝文印書館據清乾隆武英殿本影印)卷一百一,
   葉二、十四,頁 1221、1227、

* 頭踏

〈救孝子〉第二折白：「小官乃本處推官鞏得中是也。……擺開頭踏，慢慢的行者。」頭踏，為官員出行時前頭儀仗的俗稱。

薛瑞兆引宋王定國《甲申雜錄》：「方劉（贄）拜僕射之日，家人具飯。一小僕忽仆于堂下；少選，大呼曰：『相公指揮頭輅往新州去』。」又引明李實《蜀語》「儀仗曰鐥。」以為儀仗是由前引與後從組成，因而也叫「喝殿」，即喝前殿後之謂；頭踏即前引。[26] 按:〈倩女離魂〉第三折【二煞】：「半年甘分耽疾病，鎮日無心掃黛眉。不甫能捱到今日，頭直上打一輪皂蓋，馬頭前列兩行朱衣。」馬頭前的兩行朱衣，即是頭踏。

* 攛箱

〈竇娥冤〉第二折白：「下官楚州州官是也。今日升廳坐衙——張千，喝攛廂。」又作「攛箱」。〈勘頭巾〉第二折白：「小官本處府尹是也。今日升廳，坐起早衙。張千，喝攛箱。」張相云：「攛廂，衙役么喝也。……喝攛廂，猶舊時吏役之排衙，分列兩廂，作么喝聲也。亦曰攛箱。」[27]

按：楊瑀《山居新話》載桑哥丞相當國時事：「是時都省告狀攛箱；乃暗令人作一狀，投之箱中。至午收狀，當日省掾須一一讀而分揀之。」[28] 又《古今小說・宋四公大鬧禁魂張》：「大尹看了

26 薛兆瑞：〈元雜劇語詞考釋〉，見王鍈等《詩詞曲與辭集釋》錄，頁 392。

27 張相：《詩詞曲語詞匯釋》（臺北：華正書局據 1953 年本影印，1981），頁747。

28 楊瑀：《山居新話》（臺北：藝文印書館《百部叢書集成》影印《知不足齋叢書》本，1966），葉四。

越焦燥，朝殿回衙，即時升廳，引放民戶詞狀。詞狀人拋箱。」拋箱係告狀人將訴訟狀投入箱中。攧為「投」之意。「喝攧箱」即喝叫告狀人投狀之意。

＊ 褡護

〈救風塵〉第二折白：「我褡護上掉了一根帶兒，著他綴一綴。」褡護為元代衣服之襖子、外套。〈李逵負荊〉第一折白：「你這老人家，這衣服怎麼破了；把我這紅絹褡膊與你補這破處。」褡膊，疑即褡護。

按：《元史》七八〈輿服志〉：「質孫，漢言一色服。……服銀鼠則冠銀鼠暖帽，其上並加銀鼠比肩。」原注：「俗稱襻子荅忽。」[29] 則相當於今言披肩。翟灝《通俗編》卷二五〈服飾・褡護〉：「鄭思肖詩：『驄笠氈靴褡護衣，金牌駿馬走如飛。』自注：『元衣名。』」按：俗謂皮衣之表裡具而長者曰褡護，頗合鄭詩意。《居易錄》言：『搭護，半臂衫也，起於隋時，內官服之。』乃同名而實異。」方齡貴又引《元朝秘史》，以為荅忽，即襖子、皮襖；又引《至元譯語》：番皮做荅胡。此皆蒙古語daqu、daho、daxo、dahu 之音譯。[30]

＊ 羊羔利

〈救風塵〉第一折【寄生草】：「幹家的落取些虛名利，買虛的看取些羊羔利。」羊羔利，謂放債以收取高的利息。

29　宋濂等：《元史》卷七十八，葉十；頁 938。
30　方齡貴：《元明戲曲中的蒙古語》頁 15。

按：宋子貞〈中書令耶律公神道碑〉：「及所在官吏，取借回鶻債銀，其年則倍之；次年則并息又倍之：謂之羊羔利。積而不已。」[31] 此爲原意，即是一種高利貸。本劇則是指放債收取利息。

* 買休賣休

〈救風塵〉第二折白：「兀那婦人，我手裡有打殺的，無有買休賣休的。」又【集賢賓】：「咱收心待嫁人早引起那話頭，聽的道誰揭債誰買休。」又白：「（旦）姊姊，我有兩個壓被的銀子，嗒兩個拿著買休去來。（卜）他說來：則有打死的，無有買休賣休的。」

按：休，指休妻。宋濂等《元史》卷一〇三〈刑法志〉：「諸夫婦不相睦，買休賣休者禁之；違者罪之，和離者不坐。」「買休賣休」蓋以金錢做爲休妻條件；就出錢要求男方休妻而言曰買休，男方以獲取錢財而休妻曰賣休。顧學頡、王學奇以爲買方以娶被休之婦爲名，實際是用錢買妻。[32]

三・詞句的解釋

元雜劇情節的理解，有賴於詞語的訓解。可是，同樣的字詞，未必有相同的意義，須加分辨。譬如「大小」這兩個字，在《西廂記》第四本第三折【收尾】：「遍人間煩惱塡胸臆，量這些大小車兒如何載得起。」「這些大小」謂這麼小。同書第五本第四折白：

---

[31] 蘇天爵：《元文類》卷五十七葉十九。(臺北：臺灣商務印書館影印《文淵閣四庫全書》)第 1367 冊，頁 755。

[32] 顧學頡、王學奇：《元曲釋辭（二）》（北京：中國社會科學出版社 1984），頁 420。

「若有此事，天不蓋，地不載，害老大小疔瘡。」「老大小」為這麼大。不同語境下，「大小」之意義卻相反。此外，文學的表現技巧，會使得表面意義與實際意義有差異；有時則因版本的問題，形成不同的情境或意義。

（一）文學的技巧

文學的語言，經常含有非語言表面的意義；這並不是時下文學批評所謂的深層意義或者象徵意義，而是指某些特別的修辭功夫。試舉數例。

1. 藏詞

〈曲江池〉第一折【油葫蘆】：「妹子我又待道如今使錢的郎漢每村，謁漿的崔護又慳；他來到謝家莊、幾曾見桃花面，酩子裡揣與柳青錢。」

按：並沒有哪一種錢幣叫做「柳青錢」；這裡是用了歇後的修辭格。曲子有「柳青娘」曲，這裡的「柳青」，其實藏了「娘」字。說「柳青」，即是說「娘」。曲文末句是說：暗地裡給娘金錢。

2. 諧音

《西廂記》第三本第二折【石榴花】：「當日個晚妝樓上杏花殘，猶自怯衣單，那一片聽琴心清露月明間。昨日個向晚，不怕春寒，幾乎險被先生饌。那其間豈不胡顏。」按：《論語》：「有酒食，先生饌」。此「饌」字諧音「賺」。曲文是指崔鶯鶯聽張生彈琴，引動愛慕相憐之心，入迷了；「差一點兒被張生所賺。」

　　又如〈東堂老〉第三折白：「（揚州奴云）有人說來：揚州奴
賣炭，苦惱也；他有錢時，隔焰也似起；如今無錢也，如今塔了
也。（正末云）甚麼塔也？（揚州奴云）炭塔了。（正末云）你看
這廝。（揚州奴云）揚州奴賣菜，也有人說：有錢時伴著那柳隆
卿，今日無錢後，擔著那戶子傳。」按：「炭塔」諧音坍踏；「戶
子傳」原係人名，此諧音「瓠子轉」，指挑著瓠子等菜到處去賣。

3. 反言

　　〈東堂老〉第二折【隨煞】：「你有錢呵三千劍客由他請，(正末
云)一覺得無了錢呵，哎悶得你在十二瑤臺獨自行。(正末云)揚州
奴，你有一日典賣的家業精，把解處、本利停,房舍又無、米糧又
罄，誰支持、怎接應?……」瑤臺，瓊瑤所築之臺，原指神仙所居之
地。李商隱〈無題〉詩：「如何雪月交光夜，更在瑤臺十二層」。
神仙之境應是快樂之地，然非世人所居。曲文謂無人相伴，悶得獨
自行；不是快樂似神仙。重點是「獨」，因獨而悶。

　　「勘頭巾」第二折白：「（旦）……明日員外出城索錢去，你
跟到無人去處，將他殺了。我要兩件信物：芝麻羅頭巾、減鐵環
子。若殺了時，來回我的話。喒兩個永遠做夫妻，可不好也！
（淨）我知道！憑著俺這等好心，天也與半碗飯吃。」依王知觀—
—淨所扮——此等行為，並不是真的「好心」，將會受到天之懲；
天如何會給他飯吃？

　　〈竇娥冤〉第一齣白：「（賽盧醫上）行醫有斟酌，下藥依百
草，死的醫不活，活的醫死了。自家賽盧醫，在這荊州開個生藥
局。……」盧醫，古名醫扁鵲。賽盧醫，謂賽過名醫扁鵲，應是醫
術高明；而元雜劇中之庸醫常以此為名，自是反語。其上場詩所
言，與盧醫之醫術全然相反，亦是反語。

（二）版本造成的問題

元雜劇，除了《西廂記》，版本並不多，因此版本的異文並不難處理。可是不同本子間的差異，有時卻防礙了意義的理解。略舉數例：

1. 數目之異

《竇娥冤》第一折白：「這婆婆有些財物。小生因無盤纏，曾借了這婆婆五兩銀子。到合（當作「今」）本利對該銀拾兩。……如今將孩兒端雲送與蔡婆婆做兒媳婦──那裡是做媳婦，分明是賣與他一般。」後來蔡婆婆又與竇天章二兩銀子。竇天章是借了五兩銀子，還不起，將女兒給「賣」了；《元曲選》本作「小生因無盤纏，曾借了他二十兩銀子。到今本利對還他四十兩。」蔡婆婆送竇天章的銀子改爲十兩。在數目上差了許多。對我們了解元代的物價有所不便，對劇情的了解也有所影響。

2. 文字之異

《西廂記》第一折【元和令】：「繡鞋兒剛半拆，柳腰兒勾一搦。」王季思注：「拆字韻，俗本多作折，誤。《雍熙樂府・點絳唇》「贈麗人」套：『六幅湘裙簌絳紗，繡鞋兒剛半拆。』《董詞》：『穿對兒曲彎彎的羊（按：當作「半」）拆來大弓鞋。』謂大指與二指伸張時之距離，今徐海間語尙如此。」按：吳曉鈴注本作「折」，注云：「拇指與食指伸直間的長度叫做『扠』。『折』，借音。兩扠一尺。『半扠』，不足三寸。」王、吳二氏所言長度極是；只是文字須斟酌。今臺灣閩南語音「liak」。

又如〈東堂老〉第三折科：「淨同（當作「扮」）揚州奴同旦兒薄籃上」。《元曲選》本「薄籃」作「擡薄籃」。按：《元曲選》

本蓋以「薄籃」為容器，指草編的籃子；因揚州奴、翠歌已經一無所有，住破瓦窯中，直是乞兒。其實息機子《古今雜劇》本作「薄籃」，乃是衣衫襤褸之意；正合劇情。

又〈東堂老〉第二折【倘秀才】：「你便有左道術踢天也那弄井，楚項羽拔山也那舉鼎；這廝每向白日把泥毬兒換了眼睛。你便有那降魔手，怎施逞？你施逞這些鬼精。」「左道術」謂邪道術。《元曲選》本作「左慈術」。按：左慈，東漢末人，有法術。曹操要殺他，他使市人皆化為他的形貌；於是逃去。後又嘗化為老羝，人莫辨誰是。見《搜神記》。兩本文字不同，一泛指邪道術，一特指左慈道術；雖都指道術，表達的意義相同，但所形成的語言特色不同。

3. 詞句之異

上引〈東堂老〉【倘秀才】曲，《元曲選》本詞句略異，作：「你便有左慈術踢天弄井，項羽力拔山也那舉鼎；這廝們兩白日把泥毬兒換了眼睛。你便有那降魔咒，度人經，也出不的這廝們鬼精。」語文工整，如「左慈術」「項羽力」對偶；末三句（依格律是三句）文雅典正，意思是說：「就算你有那降魔咒，度人經，也逃不出這兩個鬼靈精家伙的手掌心」。「兩白日把泥毬兒換了眼睛」，不可解；「度人經」指可以度化救人的佛經或道經。而前引息機子本，文字較樸素，也較傳神。意思是說：「就算你有法術，有極大的力氣；這兩個家伙在白天就拿泥毬換了你的眼珠子啦。就算你有降魔的手段，你怎麼作法術？——作你個鬼！」「向白日」謂在白日，不待夜晚。末句是罵人的話。

又如〈漢宮秋〉第三折白：「（旦云）陛下！妾這一去，再何時得見陛下也？把我漢家衣服都留下，正是：忍著主衣裳，為人作

春妍。」【殿前歡】：「則甚麼舞衣裳？我則怕春風吹動舊時光，怕宮車再過青苔巷，猛到椒房，那一會想菱花鏡裡妝；風流況，兜的又橫心上。」（顧曲齋本）按：第二句，《古名家雜劇》本作「怕西風吹散舊時香」；《元曲選》本一、二兩句作「則甚麼留下舞衣裳？被西風吹散舊時香」；《酹江集》本作「則甚麼舞衣裳？我則怕被春風吹散舊時香」。四版本中，有二處值得注意：一是西風、春風之異；二是吹動舊時光、吹散舊時香之異。西風，是當下之事；春風，非當下，或取其象徵意。吹動舊時光，指引起舊日美好情事的回憶；吹散舊時香，指吹散昭君衣物上之香氣。依顧曲齋本：是漢元帝聽了昭君的話之後，從「春」「衣服」說起，怕睹衣思人，引發舊日回憶，因此下文說怕來到昭君舊宮而想起以往的「風流況」。曲文的意思、情調一致。作「吹散舊時香」諸本，則說風吹散了衣香；與下文情致不協調。

四・結語

　　戲劇的解釋，應該就劇場的演出來討論；雖然劇場的演出是本於劇本。現今元雜劇已不能演出，我們討論元雜劇，也只能討論劇本，只能當作戲劇文學來討論；當然，在理解的時候，可以盡量想像劇場演出的可能情況。

　　文學作品的理解，自然是由字而詞、而句、而篇章。元雜劇的理解當然不例外。可是，元雜劇的語言運用較多的口語，其中含有不少俗語、鄙俚語，甚至方言，還有一些非漢語如蒙古語，不是傳統的書面語；因此造成理解上的困難。加以劇作家的寫作，會運用到當時的名物，如服飾、制度、風俗、生活習慣，也會運用他熟悉的典故；這些名物、典故，可能不見於前代或傳於後代，這也會造

成理解上的困難。這些問題，有的已經可以解決，有的還無法解決。至於方言，目前的研究尚嫌不足，有待進一步的努力。

其實，只有詞語、典故、名物的訓詁，還不足以完全理解句子、篇章，如本文指出的修辭技巧的運用，版本造成的詞語、句子、曲文的差異，都可能造成意義理解的困難。這些困難的解決，實有賴於讀者的學養。解決了這些問題，才可能對劇本的語言意義有相當的體會，也才可能有令人信服的解釋。然而，劇本的全面理解，還有其它的問題，如文化問題、社會問題、經濟問題、政治問題等等。——當然，所有的作品，都容許讀者依自己的經驗去解釋，即使他的經驗不合作品的經驗；只是這樣的解釋，未必令人信服。

本文舉例指出一些元雜劇詞句解釋的問題，也只是基本問題而已。進一步的戲劇解說，則有待於充分運用語言學家、文學家、社會學家、戲劇學家及各方面學者專家的研究成果，將雜劇仔細的分析，才可能將雜劇的涵義及其藝術成就，解說得令人滿意。

——中國訓詁學會編《訓詁論叢》第三輯（臺北：文史哲出版社，1997）

張協狀元戲文的情節設計

一、前言

　　《永樂大典》卷一三九九一所錄戲文《張協狀元》，是現存較早的南曲戲文；錢南揚認為是戲文初期的作品，[1] 並且認為南宋中葉以前還盛演。[2] 莊一拂以為大致是南宋中葉前的作品；郭亮卻以為是南宋中晚期的作品；日本學者岩城秀夫認為是南宋末期作品。[3] 其實，作品的時代已經很難考證；但是就其形式與情節、語言看來，無疑是南宋時期的作品。

　　該戲文原本不分場次，錢南揚作《永樂大典戲文三種校注》時，依排場分為五十三出（同「齣」），並在目錄的出次下附齣目式的內容提要，方便讀者的閱讀與稱引。下文為了便於討論起見，

---

[1]　錢南揚：《永樂大典戲文三種校注・前言》（臺北：華正書局重印，1985）頁 1。

[2]　錢南揚：《戲文概論》（臺北：木鐸出版社重印，1988）稱：「此〈太子游四門〉一調幸而保存在梨園戲、莆仙戲中，，這就意味著戲文傳入泉州的時代相當早，應在《張協》這本戲還在盛演的時候，蓋在南宋中葉以前。」，頁 31。

[3]　莊一拂：《古典戲曲存目彙考》（上海：上海古籍出版社，1982），頁 58。
郭亮：〈早期南戲表演探源——《張協狀元》剖析〉，《戲劇藝術》（1982年第 4 期），頁 37－49。
岩城秀夫注，余崇生譯：〈溫州雜劇傳存考——宋代演劇之研究〉，《小說戲曲研究》第一集（臺北：聯經出版公司，1988），頁 185－208。

採用錢氏所分的出次。

　　據第一出末白【滿庭芳】：「《狀元張協傳》，前回曾演，汝輩搬成。這番書會，要奪魁名。」第二出【燭影搖紅】：「九山書會，近日翻騰，別是風味。」學者於是認爲《張協狀元》是九山書會依據《狀元張協傳》改編而成。[4] 後來《宦門子弟錯立身》第五出【排歌】曾提到「張協斬貧女」。[5] 此外似未見其它記錄。劉念茲曾說在福建莆仙戲中有《張洽》，實即《張協狀元》，今有演員口逑劇本；並曾據口逑本整理演出，但所演出的並不是口逑本原貌。[6] 本文據以討論的《張協狀元》，是錢氏《永樂大典戲文三種校注》本。

　　《張協狀元》描述張協遇難爲王貧女所救，結爲夫婦；張協中舉之後負心，最後又重圓的故事。王貧女的善良，張協的不義；足以感動人心。可是，並沒有成爲偉大的藝術。雖然錢南揚曾因爲它是早期南戲劇本，多加迴護，不滿青木正兒「平凡幼稚」的批評；卻也承認重圓的結局「在藝術上也具有很大的缺陷」。[7]

　　其實，只從劇本是無法判斷戲劇是否具有藝術價值的，更無法評斷是否成功。劇本必須在劇場當著觀眾表演出來，才知道是否爲優秀藝術；其中牽涉到演員表演、場景，以及觀眾的投注情況。比

4　如劉念茲：《戲文新證》（北京：中華書局，1986）頁 21。又：錢南揚，同註 2，頁 130、220。
　　又：彭飛、朱建名：《戲文敘錄・前言》（臺北：施合鄭民俗文化基金會，1993）頁 12。

5　同註 1，頁 231。

6　劉念茲，同註 4，頁 140－145。

7　同註 2，頁 126－132。

如第五出：淨伴神，末扮判官，丑扮小鬼；當張協受傷到古廟時，
神要判官與小鬼變作門。又如第十六出：淨先扮神，接受祭拜，卻
與末扮李大公、丑扮小二對話，又偷吃祭品；稍後，小二又扮桌
子。再如第四十八出：丑扮樞密使王德用，淨扮柳屯田，兩人論踢
毬，竟在場上相踢；又淨扮譚節使來見，說到有兩人相打，王德
用、譚節使兩人因此相踢倒。像這些科諢情節，對整個故事無大作
用，閱讀起來，覺得鄙陋；但是對戲劇演出，卻可能獲得觀眾大笑
的娛樂效果。何況中國許多劇種，特別重視唱工、做工；唱得好與
舞（舞蹈、武術）得妙，就能獲得觀眾激賞叫好，演出成功。因
此，僅閱讀劇本，實在無法判斷戲劇藝術成就的高下。

　　話雖如此，透過閱讀，還是可以推想戲劇的進行。因而仍然可
以進行戲劇的分析，——不過，是偏向劇本文學的分析，——可以
討論其結構、思想、主要人物。已經有學者討論過《張協狀元》的
結構與淨丑角色、諢砌。[8] 本文僅企圖討論情節設計及其相關問題。

二、情節設計及其瑕疵

　　為了方便討論，將情節概述於後；但過場或淨丑科諢無關故事
發展的戲，略過不提：
* 成都人張協要赴京考試，夢見在兩山之間被似虎非虎所傷。他在

8　劉效鵬：《永樂大典三本戲文與汲古閣本五大南戲結構之比較》（臺北：中
　　國文化大學藝術研究所碩士論文，1972）
　　于復華：《宋元南戲張協狀元之淨丑角色研究》（臺北：中國文化大學藝術
　　研究所碩士論文，1981）
　　林鶴宜：〈論張協狀元中諢砌的兩大特色〉，《大陸雜誌》75：5 （1987 年
　　11 月）頁 10－17。

風雪中來到江陵府五雞（或作「磯」）山，被強盜搶劫殺傷；土
地神教他到山下古廟投宿。因而被王貧女所救。

* 王貧女自幼父母雙亡，又沒兄弟姊妹親戚，貧苦無依，[9] 獨居荒山古廟；勤
苦緝織度日，時時得遠鄰李大公李大婆接濟提攜。她既救了張協，後來結爲
夫妻。

* 張協要赴京應考，苦無盤纏。貧女說要去向李大公典借，要剪髮
賣與李大婆，以籌措路費。李大婆留她飲酒。張協在廟中久候貧
女不歸，埋怨不已；自言：「自家不因災禍，誰肯近傍你每」。
等到貧女歸來，不容分說，就加以責打；不信剪髮即有人買髮，
不信李大婆勸酒。幸好李大公大婆來相救，說明實情。

* 張協到京師，參加考試，考中狀元。遊街時，遇到宰執樞密使王
德用之女勝花結綵樓要招狀元爲婿。勝花親執絲鞭；張協「不爲
求妻只爲名」，不接絲鞭，謝絕王府親事。同時他自己也表明：
娶貧女是不得已。

* 王勝花是王德用的獨生女，年方及笄。王夫人希望她招個狀元女
婿；勝花被說動芳心，一心一意要招狀元爲夫婿。沒料到張協不
接絲鞭；勝花以爲被嫌棄，「被人笑嫁不得一狀元」，憂憤成疾
而死。王德用發誓一定要對付張協，爲勝花報復。

* 張協赴京，貧女思念不已。貧女託李小二買登科記，知道張協中
狀元；於是上京尋夫。不料張協不但不認，還將她打出門來。貧
女失望極了，一路乞食而回。自以爲「家既貧，如何招得狀

9　貧女自述家世，相互矛盾：第六出自白：「祖無世業」；第十出【鎖南枝】
【同前】：「奴家世，本富室；只因水火家不易。」第十七出【一枝花】：
「奴住江陵府，家內多豪貴。」第四十五出：【鵝鴨滿渡船】：「論妾家豪
貴，又豈得隨人去。」不知究竟如何？

元？」於是向李大公等說尋不見狀元。

* 張協授官梓州僉判，赴任時必經五雞山。他打算「剪草除根，與它燒了古廟。」他到了五雞山，心想：如與貧女相見，「稍更無知，一劍教死；和那神廟，一時打碎。」當時，貧女約了李大婆上山採茶，遇上張協；忍不住責備張協。張協惡氣頓生，「一劍教伊死了休」，拔劍殺傷貧女手臂而去。貧女受傷，跌落深坑，遍身是血；幸得李大公大婆救回古廟。她不說張協殺人，卻說自己失腳跌倒。

* 王德用既知張協僉判梓州，於是乞判梓州。他與夫人等路經五雞山下，到古廟休息，發現受傷的王貧女酷似勝花；於是認養貧女為女，攜同赴任。

* 王德用既到梓州，拒絕僉判張協參見。張協知道是當初不接絲鞭之故，於是請王德用的至交譚節使和議。譚節使說王德用「一女已傾棄，人道卻有一女奇」。張協便請譚節使作伐求親；王德用恩許，貧女允婚。於是王貧女與張協夫妻重圓。

本劇是張協與王貧女之間的離合故事。與其它一些元明以來南戲、傳奇一樣，採取異地並時的劇情發展模式。起先是分別發展張協、貧女之事，到第十出張協在五雞山被盜劫傷入古廟投宿，兩線併為一線，纔真正展開劇情。正當張協在五雞山療傷，與貧女結婚，準備進京赴考的同時，王德用家盼望女兒勝花招贅狀元的另一線戲也在京師開展。然後，事件的重心擺在京師。——張協進京考試，張協與貧女的這一線戲就一分為二：其一是張協應試，考中狀元，遇到勝花招親，於是與京師王府的一線一起發展；其二是貧女思念張協，買登科記，上京尋夫。張、王兩線並沒有合併成功，因

爲張協沒有接勝花的絲鞭；仍然是兩線發展：一是張的自負「求名不求親」，一是勝花含憤而病而死。這時，貧女入京，又與張協一線相會，展開劇情。張協不認髮妻，逐出貧女；貧女只得黯然回五雞山。於是本戲分成三線發展：一是貧女回古廟；一是張協將赴梓州任，估量對付貧女的手段；一是王德用企圖報復張協。事件重心又回到五雞山：貧女既回，自悲自歎，不說被逐打出門，只說尋夫不著；張協赴任，經五雞山，劍殺貧女受傷；王德用赴梓州，經五雞山，認養貧女。於是貧女與王府兩線併爲一線。劇情進入結尾。地點轉到梓州：形成張、王的糾葛；張協向權勢屈服，改變先前不接王女絲鞭的態度，轉而向王府求親。於是貧女與張協重圓，劇終。

《張協狀元》具備開端、中段、結尾，是完整的戲劇行動。可是給人的感覺是戲劇性不足，震撼人心的力量不夠。最主要的原因是勉強安排貧女與張協重圓，某些重要情節的發展不合情理，交代不清，設計不妥當。如：

（一）張協遇盜受傷，被貧女所救；逐漸痊可。在沒有徵兆的情況下，向貧女求親。他說：「算來張協病，相將漸效可。雖然恁地，歸猶未得。娘子無夫協無婦，好共成比翼。」在此之前，並沒有表達愛慕之意。而貧女的表現也出人意外，先是詈罵張協：「你好不度己，你好忒容易。這言語甚張志？還嫁汝好殢人疑，惹人非。」搵淚疾走出去。可是李大公大婆說：「我公婆看時，精神恁磊落，一對好夫妻。」她就願憑神意決定：「明日恁地，神前拜跪。神還許妾嫁君時，覓一個聖杯。」其實已不反對。這樣的轉變，也沒有任何痕跡可尋。——第十四出

（二）王勝花年方及笄，並沒有追求夫婿的心理。雖然春景令

她煩惱，卻是傷感「容光漸老」，「非爲求親」。可是在她的母親
說「男大當婚，女大當嫁。今年卻是春選之年，媽媽與你選個有才
有貌底官人，共成姻契」時，她即說：「深感媽媽。」轉變太快。
——也許當時早婚的習俗，[10] 使她容易接受母親意見。張協不接絲
鞭，她深以爲恥辱，以爲容貌不如人；怕人笑話「嫁不得一狀
元」，因而病死。這樣的情節設計，不足以說服人。

　　（三）張協既和貧女結婚；爲了籌措他上京應考的路費，貧女
說明要向李大公典借，要剪髮賣與李大婆。可是張協卻在貧女晚歸
的時候，表明是因爲遇災難才與貧女結婚：「情知不是伴，事急且
相隨」。只因自家要出門，而貧女借盤纏未歸，認爲「這婦人害了
我家計。」於是責打貧女，不相信剪髮即有人買；這與他求親時說
的「一舉登科，強在廟裡；帶汝歸到吾鄉，真個好哩。」大相逕
庭。也與祭神求婚姻時所唱【終袞】：「相憐相愛，拚盡老，與相
偎。待把伊，托在心兒裡」，大不相同。更與希望貧女借盤纏時的
心態大不相同。這種心理轉變的過程，交代不清。——第十四、十六、
十八、二十出

　　（四）王德用只因張協拒絕勝花的絲鞭，認爲「它分明欺負下
官」，對勝花說：「孩兒且放心著！它那裡去受差遣，爹爹乞判此
一州；不到（道）不對付得張協。」後來勝花羞憤而病死，他報復之
心更爲急切。他到梓州，嚴峻的拒絕張協參見；「狀元張協到堦

---

[10] 法國‧謝和耐（Jacques Gernet）：“*Lavie Quotidienne en Chine a la veille de l'invasion Mongole, 1250 - 1276*”,Paris., 1959. 馬德程譯《南宋社會生活史》
（臺北：中國文化大學出版部，1982）頁126。
張樹棟、李秀領：《中國婚姻家庭的嬗變》（杭州：浙江人民出版社，1990），頁113。

庭，是我不接見，也弗請。不記爲它，害了孩兒命！孩兒命！」仍然深恨張協；縱使張協再來時，還是要禁持張協，「直待勞心千百度。」可是當張協請譚節使求親時──張協從譚節使口中得知王尙有一女，但不知是貧女──，王德用高高興興恩許了；他要爲勝花報仇的心不知跑到何處去了。這樣的轉變，令人不解。──第廿七、卅二、四十八、四十九、五十一出

（五）王貧女在困窮中救了張協，並且結爲夫婦。她設法典借盤纏協助張協上京應考；可說盡了婦道。張協中狀元，貧女上京相尋；張協不僅不認，反而說她「貌陋身卑，家貧世薄」，不認妻室，把貧女逐打出去。貧女只能忿忿說「買炷好香祝蒼天，願你虧心，長長榮貴！」的反話。她一路乞討回鄉，自忖「貌既醜，家既貧，如何招得狀元？」加以在中國社會的夫妻關係中，妻的地位相當於卑親屬，[11] 因此她不向李大公大婆訴說張協的不義，只說「尋不見張狀元」。[12] 春天來到，貧女上山採茶，遇張協經五雞山歸鄉赴梓州任，她正欣喜兩人重會；不料張協責備她上京相尋，拔劍殺傷她的手臂。幸而李大公大婆救了她，她卻不說張協行凶之過，反說自家跌在深坑。張協如此不義，爲何還要爲他迴護？難道她預知或盼望來日重圓？或者她自卑得是非不分、善惡不分？王德用經五雞山，要收貧女爲養女；面對陌生、不知底細的官府人家，貧女答應了。是她攀援富貴、貪慕富貴？抑或真的被王德用的說辭「醫好手，嫁個官人」說動了？後來張協再向王府求親，貧女答應了，卻

---

11 瞿同祖：《中國法律與中國社會》（臺南：僶勉出版社據 1944 年自序本影印，1978）頁 78－88。

12 錢南揚認爲這是貧女不願乞人憐憫，與她的堅強性格相符。同註 2，頁 128。

沒有揭露張協的負心行徑──行婚禮時才說──，她的心理，著實令人不解。──第卅五、卅七、卅九、四十五出

（六）本劇對男主角張協的性格描繪，似亦有可議之處。劇中把張協形容成一個沒有操守的書生，投機、勢利，見風使舵，沒個「讀書人」的樣子。也許本劇正是要譴責這樣的負心人，可是，在賓白、科汎、曲文之中，並不能首尾一致的表現這樣的特徵；時時有抵牾之處。比如：張協入京後，說「娶它貧女是不得已。」中舉後嫌棄貧女貌陋家貧，「不曉蘋蘩之禮」，將她逐趕出門外；這與他落難求親時大大不同，可以看出勢利、嫌貧的心理。如果真是愛富棄貧，為何又拒絕王勝花招親？勝花是樞密使之女，容貌又美，家道既富又有權勢，為甚麼要拒絕？他自己說是「只為求名不為妻」；但是，如果做了王德用的女婿，他的「名」恐怕要更高。至於他在梓州被王德用禁持，為了官宦前程，又向王府求親，也顧不得當初「只為求名不為妻」的說辭了；正是勢利的表現。

其實，《張協狀元》的情節設計，還有值得商榷之處，如第十出：廟神要判官、小鬼變化成兩片門；並不是古廟無門，而是「門破弗好看」，這在廟神的賓白與貧女的曲文、賓白中可以看出，如此則判官、小鬼變門便是多餘，只為了插科打諢而已。又如戲中，樞密使王德用權重位尊，有關他的戲份，卻是滑稽突梯；這樣的設計，或許是因為劇團演員不多，須由丑角扮演之故，但是我總覺得在本劇中，不必將他設計成這個模樣。第二十七出：王勝花招親，自己執絲鞭刺與張協，「果與奴家有宿緣，接取絲鞭去。」張不接，王又唱：「料想君家多是不曾娶，君且接取絲鞭又妨甚底？」這似乎不合樞密使女兒的身分。又有的情節似乎多餘，如第八出客商遇盜一幕，只不過表示五雞山有強人而已，縱然須要這個情節來

搭配演員出場的需要，也不必花這麼大的篇幅。不過，這牽涉到當時戲劇的環境以及書會作家的能力，可以不必太苛求。

三、問題癥結的推測

　　《張協狀元》表達張協與王貧女的婚姻事件；其戲劇性所以不強，主要因素應該是設計成貧女與張協的重圓。錢南揚曾指出：在作者的時代，找不到徹底解決張協與貧女的婚姻糾葛的辦法，只好讓他們離而復合；為了復合，就安排了張協辭婚，勝花氣死，王德用收貧女為養女的情節；這樣的結局，「破壞了人物形象的完整，削弱了劇本的現實意義，在藝術上也具有很大的缺陷。」[13] 如果劇作家讓貧女被張協用劍刺死，完成張協心願；──如同《王魁負桂英》、《趙貞女蔡二郎》戲文──再安排王德用或其他官員偵破此刑案，或者貧女冤魂復仇，或張協遭天譴，則戲劇性必定很可觀。劇作家所以不這樣設計情節，可能與當時的環境有關。因為本劇是書會的作品；書會中人雖然也讀書，大約讀得不多或不精通，可能在功名的追求上不得意或不能參加科舉，他們的思想比較平淺，比較庸俗，與普通老百姓相差不遠或相同。如果以 C.G. Jung 的精神分析學的觀點來討論文學、戲劇的活動，則故事中的人物，大致與作家有關：主角經常是作者的內我（anima 或 animus），壞角色則是影子（shadow）。即使是據現成故事編寫，人物也可以有作家的影像。當然，作家創作是一個很複雜的心理活動，不容易為第三者清楚瞭解。即如清朝曹霑在《紅樓夢》第五十四回假借賈母之口所說：編故事的人或妒人富貴或有求而不遂心，於是編書來糟蹋人

---

[13] 同註2，頁129－130。

家；或者編造人物自我滿足。他這話也不無道理。但是，不管如何解說創造人物時的心理活動，作品所表現出來的思想，必定與作家或時代有密切的關係；尤其是集體創作，更與時代息息相關。從作品所呈現的思想、觀念來推測，《張協狀元》所以如此設計，我認為主要原因是受到三個心理因素的影響：一是盼望分離後能團圓的心理；二是不忍心善良的貧女下場悲慘，即是善有善報的觀念；三是當時對功名、科舉的渴望甚至信仰，以及對狀元的崇拜。

（一）期盼團圓的心理

中國社會是以家庭為中心，然後由此向外擴展，形成同心圓的組織型態。[14] 對人的關懷程度，也是由內而外遞減。最關心的是家人，其次是親朋，然後及於他人；對他人，也會因為某種關係的疏密而有程度上的不同；對不相干的人，就很少關心，甚至於不理睬。由於以家庭為中心，對「家」就特別重視。同一家人，血親、親屬，具有禍福與共的精神，總希望經常相聚；如果不得不離家遠遊，無論如何總要設法回家，這是中國人的常態。至於夫妻，本是一體，更是以相廝守為幸福的要件。

本劇旦角一出場，她的身世、遭遇，本來就頗令觀眾憐憫、同情，加以性情善良，更令觀眾希望她有幸福的日子。他的夫婿既然考中狀元，她將可以脫離貧困，與夫婿過著和樂的日子。這固然是貧女的期待，也是觀眾的期待、關懷。縱然張協有意棄逐貧女，甚至創傷貧女，如果貧女不提出告訴，張協未必有大罪。貧女既無七

---

[14] 朱岑樓：〈社會制度－－家庭制度與社會組織〉，秦孝儀主編《中華民國社會發展史》第四章，頁 496－501。

出之罪，也沒有「義絕」的情況；張協若休妻，是犯了律令，須尋
回被逼離去之妻團圓。[15] 因此，貧女應該夫妻重圓。當然，劇情可
以不這麼安排；既然如此安排，則能滿足大家期待團圓的心理。

這是從觀眾——含讀者——的角度來討論；其實談情節設計應該從
作者的的角度來說。當然，作者的寫作意圖很難瞭解；我們只能就
作品的事件、情節來討論。前文曾指出：C. G. Jung 學派的文學批
評，把主角當作作家的內我，作家當然要賦與主角合乎自己心願的
遭遇。即使不用這種說法，我們從劇本也可看出作家塑造貧女這一
人物，至少是採取同情與關心的立場。從貧女出場後的情節來看，
她沒有自毀的傾向，因而有好下場是合理的安排。她救張協，與張
協締婚，送張協赴京考試，張協中舉，都是希望貧女幸福。可是，
一切都如人願的話，情節就沒有糾葛，沒有衝突，就失去了戲劇
性。因而再安排「富貴出妻」這種常見的事件，[16] 讓觀眾為貧女擔
心。先安排貧女尋夫至京師，被張協逐出門外；貧女的家庭、夫婦
觀念強烈，因而責備張協；張協為了「面子」，乾脆置貧女於死。
在宋代，被出或被棄的婦女，下場是極不好的。以貧女的德行，不
應該受到如此惡報；她應有好下場，有完整的婚姻。——婚姻是古
時女子的最好歸宿，最好生活。——因此要安排夫妻重圓。

　　或許有人質疑：為了貧女的重圓，何以要犧牲王勝花的性命？
這是前文所說的家庭觀念所形成親近疏遠的心理。王勝花是陌生
人，作者不會關懷她；且為了後來貧女被救，夫妻重圓，只好如此

15　同註 11，頁 99。

16　同註 10，張樹棟等，頁 139。
　　陳東原：《中國婦女生活史》（上海：文藝出版社據商務印書館 1928 年版影
　　印，1990）頁 11。

安排。另外，一定有人質疑，縱使貧女與張協重圓，她是否就能幸福？這一點，在書會作家的淺近、庸俗的觀念中是考慮不到的。一般人心中，「狀元娘子」可以受官誥，封命婦，是令人忻羨的極大榮耀；這就是幸福。我們不應該以哲學家、女性主義的觀點，來討論這個劇情設計。

（二）「善有善報」的觀念

中國早就有「善有善報，惡有惡報」的觀念。《老子》說：「天道無親，常與善人。」《周易・坤・文言》說：「積善之家，必有餘慶；積不善之家，必有餘殃。」西元一世紀時，佛教傳入中國，因果輪迴的思想，使得報應之說成為中國人心中牢不可破的觀念。古今許多故事，都傳達了這個觀念；許多小說、戲曲，也以此做為主題。

其實，善惡有報的觀念，在中國是「報」這個觀念中的一環；[17]也是天道觀念下的產物，須與天理並論。一般人講「善有善報，惡有惡報」，大抵在勸人為善，是用於教化；不是講抽象的哲學思想。就算你要講哲學，一般人也無暇細聽；就是聽，也聽不懂。倒不如當作聖人的教訓格言，容易聽進心中。至於做到多少，可以暫時不論。不過，這句話的使用，不一定用在正面情況；也不一定是整句八字或半句四字，經常是用其意不用原文。如本劇第十二出：貧女救了張協，李大公要送張協衣物，

[生] 謝荷公公！張協人非土木，必有報謝之期。　[末] 老漢且

---

[17] 楊聯陞著，段昌國譯：〈報──中國社會關係的一個基礎〉，《中國思想與制度論集》（臺北：聯經出版公司，1979），頁 349－372。

歸。衣裳著取抵寒威。 [旦] 不靠公公又靠誰。 [生] 萬事到頭
終有報，[合] 只爭來速與來遲。

則是表達感謝。有時卻是表示不滿，如：第三十五出貧女被張協逐
打出來，她唱道：「買炷好香祝蒼天，願你虧心，長長富貴。」實
際上是祝他得「惡報」之意；她又說：「人善人欺天不欺，人惡人
怕天不怕。」是就天理、天道來說的，也是表達果報的意思。

貧女的善良，當得善報。雖然尋夫受到折辱，又被張協劍殺受
傷；但被李大婆所救，被王德用所救，終於獲得尊嚴，夫妻團圓。
這就是她的善報。

可是，果真「善有善報，惡有惡報」，為何張協不義卻沒有受
惡報？連「詩的正義（poetic justice）」都沒有？這應該是劇作家九
山書會的人識見有所蔽，有所不見：也許他們以為王德用在梓州對
他的折辱，就是惡報。何況張協與貧女終究重圓；如同最後一出婚
禮時貧女指責張協負心別娶，大家的唱詞為：「既當初已得做夫
妻，今日天教重會。休要恁說，目前事不是。」他們以為重圓就可
以饒恕張協棄貧女的過失。但是比較重要的因素，可能是當時妻子
地位低落，以及對科舉的盲目心態。妻子地位低落，夫毆妻折傷，
可以減罪；妻不提告訴，可以不論。[18] 重視科舉，若考中狀元，是
極大榮耀：換著綠袍，戴襆頭、羞帽，改換門閭；因而對他的一些
過失，可以饒恕。

（三）重視科舉、崇拜狀元

「權力」是許多人之所欲。中國古時許多學說，即是就「政

---

18 同註 11，頁 82。

治」立論，講究治人、治國的道理。西元前二世紀以來中國思想主流的儒家即是如此。孔子（551?－479?B.C.）對學生與當時人問政，都詳細回答；對樊遲請學稼、學為圃，則說「吾不如老農、不如老圃」，樊遲出去後說：「小人哉！樊須也。」又說了一番為政的道理。這些都記錄在《論語》中。《論語・子張》記載孔子的學生卜商（507?－400? B.C.）的一句話：「學而優則仕，仕而優則學。」前半句是許多人宗奉的名言。儒家亞聖孟軻（372 ?－289? B.C.）更把人分成勞心、勞力兩類，說「勞心者治人，勞力者治於人」，這是天下「通義」。[19] 其它許多儒家典籍，也是教人為學，準備從政。其中《禮記・大學篇》更發展出「格物、致知、誠意、正心、修身、齊家、治國、平天下」的大道，成為許多讀書人的抱負。漢代的分科薦舉人才，使讀書人有出仕的機會。唐、宋時期的科舉考試，讀書人透過考試，就有機會出來作官，改變階級；這使得許多讀書人趨之若鶩，甚至於甘心老於場屋，直到中舉。

　　古代社會，階級分明，各有不同的服色器用，不得逾越。[20] 要改變階級，最方便的方法即是通過考試，取得官職。在宋代，讀書人的出路，如果不作官，就只能為官宦幕府的人員，或權貴高官的清客，或入官府為吏；否則就擔任館職教書塾，或為處士、高士。一般為父母的，總希望子弟讀書考進士，改換門楣，光宗耀祖。相傳北宋汪洙作後人續成的啟蒙書〈神童詩〉，把當時人的科舉心理，描述得十分透澈。如：「萬般皆下品，惟有讀書高」，「朝為田舍郎，暮登天子堂，將相本無種，男兒當自強。」「滿朝朱紫

19　《孟子・滕文公篇上》，通行本。
20　同註 11，頁 105－154。

貴，盡是讀書人」。如果能夠一舉狀元及第，所謂「十年窗下無人問，一舉成名天下知。」說不定還「十年身到鳳凰池」，至於拜相。因而對狀元十分欽仰。進士及第，皇上賜綠襴袍、白簡、黃襯衫；賜狀元等三人酒食五盞，餘四泡飯。狀元遊街，「豪家貴邸，競列綵幕縱觀；其有少年未有室家者，亦往往於此擇婿焉。」[21]《宋史・馮京傳》載：馮京（1021－1094）舉進士第一，當時未娶；張堯佐恃外戚權勢，「欲妻以女，擁至其家，束之以金帶，曰『此上意也』。」馮京力辭。本劇王德用女兒要招張協為婿，實是援前人之例。甚至於有權貴強迫狀元為婿，不論狀元是否已婚。[22]他們所以要招「狀元婿」，無非是增榮耀，增權勢，或延長政治生命；因為狀元婿是天下頂尖兒的讀書人，成為宰執的希望甚大。

　　《張協狀元》是王貧女與張協夫妻重圓的故事，最後一出的下場詩：「古廟相逢結契姻，纔登甲第沒前程，梓州重合鸞鳳偶，一段姻緣冠古今。」大抵說出梗概。其實，本劇的事件實出於「赴科舉，中狀元」一事。張協說「有意皇朝輔明主」，理由光明正大；他真正的用心是「赴舉奪魁名」，「以表平生丈夫志，身名端與居金甌」，是要「侍奉雙親食天祿」，「榮耀門閭」。因此赴京應試；才會在五雞山遇盜被傷，被貧女所救；而有婚姻之事。但他的目標還是赴京應考，於是貧女為他賣髮借錢，張羅盤纏；他才能上京，考中狀元。王勝花本來沒有待嫁之心，因她母親的說辭，想招當年狀元為夫，於是結張綵樓，送絲鞭；沒料到張協「為名不為妻」，拒絕招親。她甚覺羞愧，「被人笑嫁不得一狀元」，羞憤病

21　周密（1232?－1298）《武林舊事》卷二〈唱名〉條，《知不足齋叢書》本。
22　同註10，謝和耐，頁127，附註29注明出於《說郛》卷三二《玉匣集》。

卒。她的父親因狀元不接絲鞭，認爲張協相欺，打算報復；勝花既死，更不能放過張協。貧女既知張協中狀元，以「狀元妻子」身分上京尋夫；不料張協自認娶貧女是不得已，將貧女逐出，又在赴梓州任途經五雞山時，劍殺貧女成傷。因爲貧女貧薄，張協已登甲第而貴；「唱名了故來尋覓，都不道朱紫滿朝，還知後與阿誰？」爲了自家「面子」，「縱有鸞交，危絃怎續？」（三十六出）王德用爲對付張協，乞判梓州；在五雞山救了貧女爲養女。王德用既到任，爲難張協；張協終於知道不接絲鞭之過，便請人講和求親。於是王德用「我女復嫁張狀元」，成爲狀元的岳父，達成勝花、王夫人招狀元爲婿的心願。戲的前半是爲了考狀元，後半是爲了「狀元女婿」；可見功名在本劇情節設計上的重要性。

四、結語

　　《張協狀元》是早期的南曲戲文，還不成熟，自然不能以嚴格的標準去銓衡；但並不表示只要將它視爲戲曲發展史上形成初期的研究材料就可以。因爲任何作品，我們都可以透過批評方法分析、評論；討論成敗良窳。何況還有一些南曲戲文如《崔君瑞江天暮雪》、《張瓊蓮臨江驛》，情節與本劇類似；[23] 也有許多較晚的作品，其情節發展採取本劇異地並時的設計方式，很可能是受本劇影響。

　　由前文的討論，可知《張協狀元》的情節設計尙有可以斟酌之處。尤其是安排貧女爲王德用所救，認做義女；然後嫁與張協爲妻。王德用終於得狀元女婿，貧女卻與張協結婚兩次。以這種方式

---

[23] 同註 4，劉念茲，頁 12。

讓貧女與張協團圓，太過於生硬；減低藝術成就。也因此造成情節設計上的缺陷，如前文所說：張協赴京時對貧女態度的轉變，王勝花要招狀元夫婿的動機，都交代不清；貧女被張協所逐、所殺傷，卻不敢明言；王德用原是要為勝花報仇，卻高興的以張為婿。這樣的情節設計，並不理想；同時也使得劇中人物的性格，顯得前後不統一。

　　劇作家為何將情節如此設計，筆者認為是思想觀念的緣故。書會才人雖也讀書，沒有成就功名，他們的思想觀念比較淺俗，比較世俗。因此，在夫婦團圓、善有善報的社會觀念，以及迷戀功名，重視科舉、崇拜狀元的社會心理之下，設計了《張協狀元》的情節，塑造了張協、貧女、王德用、勝花等等人物。至於所有事件是否合乎歷史的真實客觀現象，則可以不論；因為文學藝術的真實，並不是客觀現象的真實。

　　「思想」分析也是評論戲劇作品的一項課題。本文於此並沒有討論。戲劇所表達的思想，除非有充分的提示，──劇作家直接提示，或透過人物賓白、曲文提示；不然，吾人運用各種觀點、各種主義去詮釋，一定可以獲致某種結論。這樣的解說，固然有所見，其實也是有所不見。即如劉念茲所說：本劇及某些南戲「深刻地揭露了負心者衣冠禽獸的本質。」「表達了被壓迫階級反抗封建制度的呼聲。」[24] 故固然言之有理，其實卻忽略了某些社會因素，未必是作品所要呈現的真正用意。

──宋代文學研討會論文（臺南：成功大學，1994）

24　同上註。

論劉希必金釵記

一・《金釵記》即《劉文龍菱花鏡》潮州本

　　《永樂大典・目錄》卷三十七「戲」字下著錄：「《劉文龍》，戲文九，卷一三九七二」。惜《大典》該卷已佚。徐渭（1521-1593）《南詞敘錄》「宋元舊編」著錄《劉文龍菱花鏡》。[1]清初高奕《傳奇品》卷上〈古人傳奇總目〉錄《菱花》一種，[2]佚名《傳奇匯考標目》卷上「九七」有《菱花》，[3]當係此劇。管庭芬校錄本《重訂曲海總目》「明人傳奇」無名氏條錄《菱花記》；[4]亦應是此劇。清光緒間（1875-1908）支豐宜《曲目新編》「明人傳奇」欄末錄古本無名氏有《菱花》，[5]亦當是此劇。姚燮（1805-1864）

[1]　徐渭：《南詞敘錄》，《中國古典戲曲論著集成》本（北京：中國戲劇出版社，1959 排印），冊三，頁 252。

[2]　高奕：《傳奇品》（臺北：洪氏出版社影印《錄鬼簿等五種》之一，1982）頁 334。按：中國戲曲研究院編《中國古典戲曲論著集成》冊六〈新傳奇品提要〉以爲《古人傳奇總目》「著者未詳」，非高奕之作。（北京：中國戲劇出版社，1959 排印）冊六，頁 267。

[3]　佚名：《古人傳奇總目》，《中國古典戲曲論著集成》（北京：中國戲劇出版社，1959 排印），冊七，頁 220。

[4]　黃文暘原編，管庭芬校錄，《重訂曲海總目》《中國古典戲曲論著集成》（北京：中國戲劇出版社，1959 排印），冊七，頁 348。

[5]　支豐宜：《曲目新編》，《中國古典戲曲論著集成》（北京：中國戲劇出版社，1959 排印），冊九，頁 158。按：支氏係據黃文暘《曲海總目》暨焦循增補者，以及所知者編成。

《今樂考證》著錄七〈明院本〉「無名氏」下錄《菱花》；並於附錄徐謂《南詞敘錄》「劉文龍菱花鏡」下注云：「未知即本錄明無名氏《菱花》本否。」[6] 疑當係一劇；然則姚氏已未見「宋元舊編」的《劉文龍菱花鏡》。其實該劇在歷來的論著中，未見論者評論，似乎劇本已經亡佚。僅《南九宮十三調曲譜》、《南詞定律》、《匯纂元譜南曲九宮正始》錄有部分曲文；今人錢南揚《宋元戲文輯佚》據以輯錄二十一曲。[7]

　　《劉文龍菱花鏡》的故事，《匯纂元譜南曲九宮正始》錄【女冠子】：

> 聽說文龍，總角時百事聰慧。漢朝一日，遍傳科詔，四海書生，齊赴丹墀。匆匆辭父母，水宿風餐，上國求試。正新婚蕭氏，送別囑咐，行行灑淚。　二十一載離家去，奈光陰如箭，多少爺娘慮。忽然回至，衣冠容顏，言語舉止，舊時皆異。天教回故里，畢竟是你姻緣，宋忠不是。忙郎都看，小二覷了，疑他是鬼。
>
> （冊一）

當是副末開場，總述劇情。此劇雖已佚；而據劉念茲考查：現今福建閩南七子班尚存殘本六齣，題《劉文良》，實《劉文龍》；又興化七子班亦存劇目，並於李思進光緒三十三年抄《曲策并題頭策全》發現題為《桑榆暮》原注「劉文龍」的曲子三支。[8]

6　姚燮：《今樂考證》，《中國古典戲曲論著集成》（北京：中國戲劇出版社，1959 排印），冊十，頁 237、242。

7　錢南揚：《宋元戲文輯佚》（上海：上海古典文學出版社，1956），頁 214-218。案：劉念茲謂實存曲文二十二支。見下注劉氏書。

8　劉念茲：《南戲新證》（北京：中華書局，1986）頁 152-158。案：劉書原稱「三支曲文」，實為曲子三，加前腔，合曲文六：【犯駐雲飛】【前腔】【雁兒樂（當作「落」）】【前腔】【前腔】【婁婁金】。劉氏錄有曲文。

　　西元一九七五年十二月在廣東潮州附近潮安縣發現《劉希必金釵記》。據參與整理工作的陳歷明敘述：是在一墓壙中發現的對折紙本，封面書《迎春集》，裡面題《劉希必金釵記》，卷末題《新編全相南北插科忠孝正字劉希必金釵記》。[9] 初步裝裱後，劉念茲據照相影本撰成《宣德寫本金釵記》；[10] 其後又重新裝裱，影印輯爲《明本潮州戲文五種》之一；陳歷明又據劉念茲本及出土時抄錄的資料重校，撰成《劉希必金釵記重校本》。[11]

　　《劉希必金釵記》（簡稱《金釵記》）的故事，在第一出（即「齣」，下文同）副開場曲子之後，云：

　　　（白）眾子弟每，今夜搬甚傳奇？（內應）今夜搬劉希必金釵記。（末白）怎觀得劉希必金釵記？即見那鄧州南陽縣忠孝劉文龍，父母六旬，娶妻肖（案：同「蕭」）氏三日，背琴書赴選長安，一舉手攀丹桂，奉使直下西番。單于以女妻之，一十八載不回還。公婆將肖氏改嫁，□□日夜淚偷彈；宋忠要與結緣。奈文龍□□復續絃，古（當作「吉」）公宋宗（當作「忠」）自投河，…再…團員（當作「圓」），一時為勝事，千古萬年傳。[12]

9　陳歷明：《『金釵記』及其研究》（桂林：廣西師範大學出版社，1992）頁1-4，75。

10　劉念茲校注：《宣德寫本金釵記》（廣州：廣東人民出版社，1985），145頁。

11　陳歷明：〈出土戲文《劉希必金釵記》補校敘略〉，氏《『金釵記』及其研究》，頁121-122。案：重校本收入《『金釵記』及其研究》爲下卷。

12　據陳歷明重校本，並參考劉念茲校注《宣德寫本金釵記》，楊越等編《明本潮州戲文五種》（廣州：廣東人民出版社，1985）影本。

情節（plot）與《劉文龍菱花鏡》大致相同。因此，饒宗頤以爲《金釵記》「即是劉文龍的戲文」。[13] 劉念茲以爲「應當是《永樂大典》古南戲《劉文龍》本和徐渭著錄的"宋元舊編"南戲《劉文龍菱花鏡》本的一種明初地方演出的"新編"本。」[14] 陳歷明據錢南揚所輯佚曲，及出土本封面與封底襯頁中殘曲，以及第一出前頁書「連皮五十八葉」，卷末附葉四書「通冊內有字七十五皮」，第四出夾縫書「明宣德六年六月十九日」，卷終末行書「宣德七年六月日在勝寺梨園置立」，四十六出有「福建布政使司」稱號等資料，以爲《金釵記》來自元本《劉文龍菱花鏡》，傳入潮州之後，「幾經改編，也許就是在宣德六年這次大增訂之後，才易名爲《新編全相南北插科忠孝正字劉希必金釵記》。」[15] 俞爲民則以爲該本「是一本宣德年間演員的改定本，它不僅與元《劉文龍》有出入，而且與它所依據的底本也有了差異。」[16] 吳國欽又據出土地、鄉土特徵、唱腔曲調、潮州方言俗語，以爲「戲文《劉文龍菱花鏡》估計就是從福建傳入潮州而被改編成潮州戲文《劉希必金釵記》的。」[17] 據諸學者研究，可知《金釵記》是《菱花鏡》的潮州話改編本，約改編於宣德六、七年（1431-2）間。

---

[13] 饒宗頤：〈明本潮州戲文五種說略〉，收於《明本潮州戲文五種》（廣州：廣東人民出版社，1985）頁 4-18。

[14] 劉念茲：《宣德寫本金釵記・校注後記》（廣州：廣東人民出版社，1985）頁 183-140。

[15] 陳歷明：《『金釵記』及其研究》頁 4-15。

[16] 俞爲民：〈南戲《金釵記》的版本及其流變〉，氏《宋元南戲考論》（臺北：臺灣商務印書館，1994）頁 269-288。

[17] 吳國欽：〈論明本潮州戲文《劉希必金釵記》〉，《中山人文學術論叢》第一輯（高雄：高雄復文圖書出版社，1997）頁 161-174。

劉念茲曾說：清「張大復《寒山堂新定九宮十三攝南曲譜》六冊抄本中有《蕭淑貞祭墳重會姻緣記》一種，抄本云：『一名劉文龍傳，《雍熙樂府》第一種，史敬德、馬致遠合著」。』並以為「當是另一種南戲劇本，或者是南戲《劉文龍》的一種改本。」[18] 譚正璧《話本與古劇》言及清初人所作《說唱劉文龍菱花記》述唐人劉文龍娶妻蕭淑貞的離合故事。[19] 當與戲文不同。

二‧情節設計

（一）情節發展

如大部分的戲文、傳奇一樣，《金釵記》的情節發展，也是分線並行的方式。它先由合而分，再由分而合為一線。大抵戲文、傳奇的結尾，以演員大集結作收，因而不管先前情節發展分成幾線，末了總是合為一線。

《金釵記》演出劉文龍、蕭（抄本作「肖」為俗寫）氏夫妻離合的故事。劉文龍字希必，鄧州南陽人。結婚三日，即因黃榜選士，就發興求取功名。當時父母年已六十，雖有不捨；而父親贊同他赴試求官。來到洗馬橋，妻子蕭氏發下八條大願，並付給他古記

---

[18] 劉念茲：《南戲新證》，頁 157。案：莊一拂《古典戲曲存目彙考》（上海：上海古籍出版社，1982），王進珊策畫、彭飛、朱建民等編《戲文敘錄》（臺北：財團法人施合鄭民俗化基金會，1993）皆著錄《蕭淑貞祭墳重會姻緣記》。張大復原書，筆者未見。

[19] 譚正璧：〈宋元戲文三十三種內容考〉，《話本與古劇（重訂本）》（上海：上海古籍出版社，1985），頁 238。

三件：金釵、弓鞋、菱花鏡，各執一半。於是他跟著伴當，登程上京趕考。情節因此分為兩線發展。

1. 劉文龍的際遇

劉文龍在洗馬橋亭告別妻子，（第十出）即便登程，與其他士子上京；一舉狀元及第。當時曹丞相，只有一獨生女，想招狀元為女婿；於是託官媒，結彩樓。劉文龍以父母六十，家有髮妻，拒接官媒遞送的絲鞭。（第十七出）曹丞相因此大怒，「殺人可恕，情理難容。文龍不肯接絲鞭，來日奏過，差為奉使下番邦。」（第十八出）

劉文龍奉使番邦——單國（當係單于國省稱，即匈奴）；思念家人，出發時寫了家書託人送回——不料送信的人在途中被強盜俘虜，書信落入賊人手中——然後上路。來到單于國，公主一見歡喜，招為女婿。劉文龍擬奏請辭不受，通事以「若還不肯災禍起」要脅；於是劉文龍與公主成親，「注定天生一對」。（第三十二、三十三出）

文龍既與公主成親，「暮樂朝歡」，與單于也甚相得。（第四十出）時光荏苒，一日，文龍藉著廿四孝故事向公主表達「和你十八年夫婦」而父母與妻子「音信不聞」之意；又藉操琴〈思歸引〉，表明回鄉之願；說趙氏孤兒故事，表明自己「只因詩書失了孝情」。因此感動公主「設計放他歸本鄉」。（第四十二、四十五出）

公主滿心不捨的私放夫君回鄉。文龍逃過番人的追尋，回到漢朝。聖旨賜官「二十四都州提點」，文龍懇辭回鄉，改賜「本州列土諸侯，妻封楚國夫人，……榮歸故里，走馬上任。」（第五十七出）

2. 蕭氏的處境

蕭氏自從劉文龍上京赴考後，生活在思念之中。她停針思夫；（第十二出）買卦問卜，卻得個重婚再娶的卦。她日夜憶夫，盼望文龍歸來；（第十九出）畢竟無消息，終至「恨殺薄情郎」。（第二十四出）而她的公公婆婆，也因爲思憶兒子，互相埋怨，因而厮打；卻要蕭氏來勸解。（第二十九出）

文龍離家十八年，久無消息；他的父母以爲「必定死了」，感嘆「休得只（當作「指」）望伊。」希望蕭氏招個接面兒以爲倚靠。這時宋忠託吉公來說媒；劉公、劉婆要蕭氏「把妳招宋舍爲接面兒」。蕭氏拒絕了，「生爲劉家人，死爲劉家鬼……奴家死也不嫁」。公婆再次相勸，她再次表明「奴家死也不嫁」。劉公說：「真個不嫁？我來去下河死。」蕭氏慌了，想了一計，說：「爹媽記（當作「既」）然要奴家改嫁──恐兒夫身亡，等我守孝三年……卻來商量未遲。」劉公、劉婆「且喜媳婦改了心」。（第四十一出）

三年喪滿，做法事超薦亡魂。（第四十六出）不久，媒人吉公來議婚，劉公作主，「將媳婦納聘從媒」。可是蕭氏仍然「一心行孝道」，盼望文龍歸來。劉公既納聘禮，宋忠訂臘月十八入門。婚期前夕，吉公告知蕭氏宋舍就要上門；蕭氏仍不願改嫁。公婆加以脅迫，她說：「爹媽若要奴家改嫁，等奴去洗馬橋邊改了八條大願，回來嫁未遲。」公婆以爲她改了心意要成親，其實她決定「獻紙就投江內死，不願將身嫁別人。」（第五十九出）她出門去，要丫頭小玉奉侍公婆，「我去死也不回來了」。（第六十出）

3. 夫妻團圓

蕭氏燒了紙錢，投水──太白星君化成老翁來救，「苦海無邊，回頭是岸」，阻止蕭氏投河。蕭氏告訴老翁：她的丈夫求官，

一去二十一年不回；而公婆迫她改嫁，「今夜迫定成親」，因此跳水而死。星君問知蕭氏行孝義（其實蕭氏原是仙女下凡），對她說：「妳這一份紙錢拋在水中，紙錢若沈，你丈夫還在未死；紙錢若浮，你丈夫便是死了。」拋紙錢，「呀，真個沈了！天可憐見。若是兒夫在世，早早回來。——今夜奴家死也不回去！」

正在啼哭的時候，劉文龍正好來到洗馬橋邊。他以為蕭氏——他不認得了——受了冤屈，於是自稱是「朝廷耳目官，理判民詞」。蕭氏告知情由，文龍知她是妻子，卻不敢即時相認。他勸蕭氏回家，「我勸妳嫁與他不妨」；蕭氏責備「相公剖判不公平」。文龍改口說「劉文龍與我同辭朝同來，我馬來快，他轎來慢……我勸你回去，休要這裡啼哭。」劉文龍勸轉了蕭氏，然後到吉公家投宿。（第六十三出）

劉文龍以西川都提點官身分到吉公家借宿，說與劉文龍相識，有金銀匹帛「送與劉公家媳婦佐花粉錢」，請吉公送去。（第六十四出）吉公將禮送到；劉公託吉公即請文龍赴席。劉公卻也認不出兒子來。文龍責備宋忠以兩拜禮拜父母不合禮儀，說「宋舍，你要與蕭氏女諧鴛侶，拜得鯉魚上竹竿，你便與他成親；若拜不上，你便是自死。」宋忠拜不上；文龍說：「宋忠，我若拜魚上竿，蕭氏女便是我夫婦；若拜不上，我便與你打殺不枉。」穿上公服，拜，魚上竿。宋忠與吉公逃走，投河而死。文龍「告父母得知，文龍便是孩兒」，可是劉公不信，劉婆也認不出來；蕭氏出來見了，說「此官人在洗馬橋邊問我一般，又來這裡。」以為冒認。文龍說「當初有話說」，蕭氏問起作親、成親、夫妻三日、臨行的八條大願、三般古記。文龍一一回答；拿出古記來，一一符合。於是父母、蕭氏才認他真是文龍，一家團圓。而朝廷使臣正好來臨，齎敕封贈。（第六十五出）結束劇情。

　　其實，劉文龍夫妻相認的情節若是在洗馬橋邊完成，將有很好的戲劇效果。為何不這樣設計呢？為何要多個曲折才真正團圓？是編劇者材短，還是另有所圖？為了顯示文龍的某種心理？為了製造吉公、宋忠滑稽的劇場趣味博觀眾一笑？令人費解。

（二）辯證結構

　　本劇如果當作「戲劇文學」作品來分析，則其戲劇性並不很強。

　　在劇情開端部分：劉文龍想要赴京考試，求取功名，是自我要求的。雖然他也為父母六十而擔心無人奉養，為娶妻三日而不捨；卻又想到「若是不去，又著三年」。加上父親的支持；母親希望他「待生有兒子便去」，文龍則以「大丈夫當為雲志」回應，父親叫他莫聽。妻子蕭氏也曾以《論語》「父母在，不遠遊」相勸，他則是以《孝經》「立身揚名于後世，以顯父母，孝之忠（當作「終」）也」相應。凡此皆可看出他心中的衝突不強；戲劇的衝突（conflict）也不強。

　　他的赴試求功名，拆離了圓滿的家庭生活。

　　文龍離家之後，劇情分兩線發展；可惜並未形成強烈的對比，只是各自發展，而以相思來呼應。不像《琵琶記》蔡伯喈離家後的劇情，一窮而悲，一富而貴，對比強烈，震撼人心。

1. 文龍的事與願違

　　劉文龍滿懷信心的上京應試，希望光耀門楣，榮歸故里。果真一舉狀元及第，達成心願。誰知，只因拒絕曹丞相女兒招婿的絲鞭，引起丞相報復，奏請文龍出使西番單于國。文龍衣錦榮歸的心願落空了。

文龍奉使到單于國，使命達成，正想「上表早辭歸」，誰知單于「公主喜相逢」，要招爲駙馬。文龍告通事官：「可憐我父母年老，三日夫妻；不敢受禮。」通事以「若是不肯，便殺了你」相脅。文龍要「自去見番王」，通事說「若還不肯災禍起，一霎時死在于地。」他辭歸的心願又落空了。

文龍既爲單于國駙馬，封爲賢王，過著富貴榮華的日子。他能夠回鄉嗎？——這就形成戲劇的懸疑（suspense）。

光陰荏苒，不知度過多少歲月。文龍思親之心愈來愈強烈，「急早尋歸計」。他藉著二十四孝、趙貞女的故事，司馬相如琴曲〈思歸引〉以及趙氏孤兒的故事，感動公主答應「設計放你回鄉里」。——這事件依理當有相當的戲劇衝突，誰知順利的很，並沒有強烈的衝突。

公主難以割捨的私放文龍回鄉；文龍逃過番人追拿，回到漢朝。他上表辭官，朝廷封贈官職，讓他榮歸故里。——此間有伴當差一點兒被番人捉拿，（第五十二出）略有戲劇性；不過那也只是過場而已。

2. 蕭氏的苦心等待

蕭氏在夫婿離家後，鎮日思念夫君，奉侍公婆，還要排解公婆因思念兒子引起的紛爭。她固然也典當釵梳奉公婆，畢竟年不荒歲不饑，還能溫飽度日。只是文龍久不歸來，「一十八年不知音信」，劉公、劉婆以爲「必定死了」，怕沒有依靠，要招宋忠爲接面兒。蕭氏「死也不嫁」。劉公以「我來去下河死」相要脅；這對蕭氏而言，是極大的壓力。就劇情而言，也是一大衝突：等待丈夫歸來與改嫁的衝突。蕭氏以「守孝三年」暫時解除了眼前的壓力，換取等待文龍歸來的時間；戲劇也形成了懸疑。

　　三年期滿，文龍還是沒有歸來。蕭氏作法事追薦了丈夫；馬上面臨了改嫁的威脅。宋忠要招入門了，待要不嫁，劉婆威脅「妳若不嫁，我將次討死」；蕭氏說以「等奴去洗馬橋邊改了八條大願，回來嫁未遲。」換取出門的機會。她要「獻紙就投江內死」，不是真要改願。她來到洗馬橋，先燒一陌紙錢，隨後投水——她會死嗎？就蕭氏這一線的情節而言，這是最高潮（climax）。太白星君適時化成老翁出現，阻止她投河；還以秘術讓她知道文龍沒死。她哭泣，思憶夫君苦苦哭泣，等待文龍歸來。

　　這時，文龍恰回到橋邊。他問出哭泣的正是妻子蕭氏，卻不便相認。他假意說文龍乘轎來得慢，勸蕭氏回家去。——情節轉入結尾。

3. 合——團圓

　　劉文龍以官人身分回家，斥責宋忠拜堂的兩拜禮不可。宋忠不能拜魚上竿，失去了夢寐以求的配偶；與吉公羞愧投河而死。文龍穿著公服，一拜而鯉魚上竿。——不知是公服還是太白星君的神秘力量？——然後，經歷了身世查驗，古記合符，才一家相認團圓。完成了浪漫喜劇（romantic comedy）。

　　這段團圓戲，嚴格說來只是交待分而後合的情節，沒有甚麼戲劇性可言。觀眾都知道官人是劉文龍，只有劉家的人、吉公、宋忠不知道。拜堂、拜魚，只是增添了滑稽的氣氛；甚至吉公、宋忠的投河，也激不起觀眾的同情——雖則兩人罪不至死。

三・人物刻畫

　　《金釵記》搬演劉文龍夫妻離合的故事。除了男、女主角，其他的人物都是典型人物（type characters），缺乏個性；不足一談。

即使單于公主,對劉文龍「一見喜相逢」,結爲夫婦,「情迷一點,芳心囑咐君家,休得拋離。」(第三十三出)可是後來文龍思念家鄉,思念八十歲的父母,思念新婚三日就離別的妻子,他以廿四孝、趙貞女、趙氏孤兒的故事感動公主;公主卻甘願私放文龍回鄉。(第四十二出)還說「妾之罪難逃也,誤君之父母,負君之妻房,違君之孝道,絕君之忠節。此四者,妾當死於地也。」(第四十五出)她雖然不捨文龍回鄉,「淚珠偷垂」;還是「禱告上天,保庇兒夫」,還是「願兒夫早回他故里⋯⋯待他夫妻父母團圓勝如舊日」,她只是要「盡奴一片孝心」。(第五十一出)這樣的行爲,不是常人所能的呀。怪不得漢朝的黃門官也要感歎「那裡也有這等賢會(當作「慧」)的婦人!我漢朝邦無一個這等賢孝的婦人。」——將性情刻畫得不近人情,只是個模子而已。

(一)劉文龍

劉文龍是個書生,像許多戲曲小說中的書生一樣,想要求取功名,「一舉攀仙桂」,光耀門閭。在父親支持下,執意赴考。雖則父母年六十,須人奉養;自己娶妻才三日,恩情難捨;可是爲了功名,這些都可撇下。蕭氏以《論語》「父母在不遠遊」相勸,他則以《孝經》「揚名於後世,以顯父母」來辯駁。雖然如此,他還是孝心極重的,還是顧念妻子的:他中了狀元遊街,曹丞相的官媒遞絲鞭,他拒絕了,「家有菟葫瓜葛夫妻,六旬父母望我歸故里。」官媒以丞相家的金銀富貴來勸說,他則回以「豁家有糟糠妻難撇,你把絲鞭別去攛掇。」「媒婆,你去上覆相公,不接絲鞭!」媒婆動氣了,「狀元,你真個不肯接?」狀元也生氣了:「左右,打開去!」——多麼氣壯!

　　他出使單于國，就先寫家書報信：足見其孝心。縱使被迫與單于公主成親，富貴顯極；後來他還是「暗憶椿萱雙淚垂」，還是思念妻子。於是設法感動公主放他回鄉。既回漢朝，請辭二十四都州提點的官職，「不願爲官，只願回歸奉侍父母。」這些都足以見得他孝義。

　　可是，對妻子蕭氏的情義，不免令人起疑。在高中狀元拒接絲鞭時，他口口聲聲菟絲妻、糟糠妻；單于招駙馬時，他也說「可憐我父母年老、三日夫妻，不敢受禮。」惋歎「爹娘妻小望眼穿」。一旦受不了脅迫，與公主成親了，則是歌唱「因朝廷差爲奉使，偶遇成親繾綣」，以爲「夫妻事皆前世」，「願……百歲夫妻永不相離」：

　　　【漿水令】看娘行千嬌百媚，似姮娥離月宮裡；教人心下意痴迷，雙雙共入羅幃帳裡。（合）同歡笑，同歡笑，如魚似水。天注定，注定前生一對。（第三十三出）

　　離家十八年，他思念父母，以二十四孝感動公主，公主問「可有婦人行孝？」他說起趙貞女；公主提起他的「三日之妻房」，他才又說起「思念父母、三日夫妻恩情」。——豈不是見了新人忘舊人？

　　公主說她使文龍不忠不孝，當死以謝罪；文龍感念「公主，我妻賢達無比」。（第四十五出）公主私自放歸時，他唱「拜別拜別我賢妻，割捨割捨把你輕棄」，「共娘子離別苦痛」；他卻沒有提起希望公主同歸的話語。——他是怎麼對待公主的？或許當時的社會不計較男人此等行爲？

　　當他面對曹丞相的官媒時，義正辭嚴的拒接絲鞭，拒絕做爲丞相的女婿；甚至生氣的推開官媒，毫不畏懼丞相的權勢。可是在單于國，通事官宣敕招他爲婿；他不敢受禮，請求再奏放他回朝。通

事官說：「我這裡不比你那裡；你若是不肯，便殺了你！」他還是請求再奏；通事官不許。他說：「你不與我奏，自去見番王。死便罷！」通事官說：「這狀元，你到（同「倒」）不曉事！好意招你作女婿，你敢推故，你敢要死！我勸你好。」他不敢了，只歎「入虎圍實難宛轉」，成就了親事。──勇氣不知哪兒去了？後來思歸故鄉，不敢跟公主明言，更不敢跟單于請求。這就是他的勇氣？

他回到洗馬橋，遇見蕭氏；爲何不相認呢？真是爲了圓謊嗎？──他先說是「朝廷耳目官，理判民詞」──這有何關係？他有三般古記呀！難道體諒蕭氏沒將古記帶在身上？他已問明蕭氏真心不嫁宋忠了，還要試練她的貞烈？或者是要「衣錦榮歸，光耀閭閣」以驕人？

這就是劉文龍！

（二）蕭氏

蕭氏，不知其名。父親蕭伯彝，五十歲生了她。七歲與文龍訂親，十六歲成親（第六十五出劉文龍說是十五歲）。成親三日，文龍上京赴考，她在家中奉侍公婆。盡心盡孝，勸解公婆的廝打；甚至典當釵梳以養親。

基本上她是溫順的，文龍在父親贊同下要去應舉，她只引「父母在不遠遊」來相勸。文龍既出門，思之念之，問卜求卦，只求文龍歸來。一十八年不歸，公婆以爲文龍死了，要她改嫁，招宋忠爲接面兒；她說「生爲劉家人，死爲劉家鬼……奴家死也不嫁。」公公以死相脅；她機智的說要爲文龍守喪三年，等待文龍歸來。三年滿了，劉公接納宋忠聘禮，要在腊月十八成親。她仍不願嫁。劉婆也以死要脅；她又機智的說要到當初發八條大願的洗馬橋改願，使

公婆以爲他回心轉意了。她來到洗馬河，燒了紙錢，投河而死——太白星君說她是天宮仙女，下凡行孝義，「孝名動天宮」；要「救他夫婦團圓」。蕭氏因得以不死，而與文龍重逢。

她守節義，又機智。文龍以朝廷耳目官的身分問她投水的原由，她對答如流，表明了守貞不移、不要改嫁的節操。耳目官調問她：「計（當作「既」）爲公姑主張，有媒人婚主，我勸你嫁與他不妨。」她道：「相公剖判不公平，一似農夫喝牛聲。你在朝中未辭駕，你家妻室嫁別人。」官人只得認錯，說劉文龍辭朝同來；並勸她回家。

她在家中，婆婆叫：「媳婦你出來，有一個官人說是你老公——你來看！」一看，「此官人在洗馬橋邊問我一般，又來這裡。」以爲冒認的。文龍說「當初有話說。」於是蕭氏一一詢問，問出古記，「將古記來合」，果然合符；於是父子夫婦相認、團圓。

其實蕭氏所問的，都是洗馬橋邊官人問的；就差古記實物而已。或許有人因此認爲蕭氏不夠謹慎。只是我們要了解那個時代，官府權勢極大，對答都要跪著的。何況那個官人又是「朝廷耳目官，理判民詞」的；受了冤曲，見了理判人民訟詞的官員，能忍住而不請求判理嗎？

這就是蕭氏的孝義。可惜劇本在孝養這方面著墨不足，僅用賓白，實難以明確的顯現孝養之德。——這是情節設計的問題。

四·結論

今所見《金釵記》的全名是《新編全相南北插科忠孝正字劉希必金釵記》，標明了它的主題在闡揚忠孝，一如高明（1301?-1345進士）《琵琶記》的表揚「有貞有烈趙貞女，全忠全孝蔡伯喈」。這

是許多通俗文藝、戲曲常見的主題。當然，我們就情節推敲：《金釵記》除了忠孝之外，還強調了節義——君父的忠孝，夫婦的節義。至於當時的社會、禮俗、制度以及部分政治、經濟狀況，自然在情節推展中顯現出來；並非劇作家刻意要反映甚麼經濟政策、工商產業、科舉制度、專制統治、睦鄰友好、文化束縛等現象。[20]

　　關於情節設計，劇作家是以一般戲文分線發展的方式來設計。只不過《金釵記》的張力不足。蕭氏一線的劇情上昇（rising action）階段較平緩，偏向抒發憶夫之情，糾葛（complication）甚少，也不強；直到議婚、投河才有動人的衝突。文龍一線有兩個主要的糾葛，一是拒絕曹丞相的招婿，一是欲辭單于公主的親事，雖較有衝突，可惜發展得不充分。至於感動公主放他歸鄉一事，衝突也不足，難以感動觀眾。至於他們一家人相認團圓的一場戲，（第六十五出）是主場，是大場；就他們家而言，衝突強烈；就觀眾而言，除了印證、滿足「團圓」的心理預期外，實在感受不到甚麼戲劇衝突。另有奇怪的事：公主說要私放文龍回鄉，等到放歸時，已經三年——這是要配合排場的安排。因為演到蕭氏要守喪時，也是公主同意放歸時。蕭氏守三年滿了，公主也就放文龍回鄉去團圓；好奇怪的排場、時間安排，太不合理了。

　　在人物刻畫方面，除了男、女主角較為成功外，其餘的大抵是典型人物，缺乏自我。而公主卻帶有個性化（individualized）的傾向，因為她放歸文龍後的相思，頗為感人。不過，蕭氏雖則刻畫細緻，在節義上的表現，卻有典型化的傾向。文龍由離妻時的思之念

---

20 陳歷明即以為「它具體反映出當時的社會特點……寫出了明代前期的社會實質。」並舉出上述經濟政策等六項是它所表現的。見氏《『金釵記』及其研究》頁 18-22。

之，轉到跟公主的深情纏綿；一離開公主之後，就不思念公主：這樣得心理轉折，交代不清。

　　至於語言，帶有地方色采；排場安排，也受限於演員的人數。這兩方面，本文不暇論及。另有一事值得注意：在女演員中，除了旦、貼旦（抄本作「占」）外，別有「小玉」或「玉」扮演蕭氏、曹女、公主的丫鬟；不知在行當中是哪個角色？

　　此外，在寫作上，還有一些缺點：如第四十二出，文龍以古孝行感動公主之時，公主卻「想唐崔鶯鶯與紅娘圍棋……設計暗約君瑞」的事；時代不對，劇中時代是漢朝。第五十五出：生白：「伴當緊緊行幾步，前途是漢朝南京地基。」漢朝哪來南京？第四十六出：蕭氏超薦丈夫的疏文，有「鄧州府福建布政使司鄧州府南陽縣」的地名。──不僅文字重複，且兩地相隔甚遠。不過，這個沒有改好的文字，卻可以做為考查南戲南傳路線的資料。

　　其次，第七出蕭氏已將三般古記交與文龍，卻又在第十出離別時重述一遍；這也許是為了演出時的需要。因為劇場上人來人去，怕後來的觀眾不知有三般古記一事；將來夫妻見面問起古記的情節就突兀了。再者第六十三出洗馬橋相會時，文龍問起了成親經過以及八願、三古記；第六十五出相認時，蕭氏盤問成親經過以及八願、三古記。大約是洗馬橋邊是「說出」古記，相認才「拿出」古記吧！不過，也許演出重複的這兩段時，我們可以想見觀眾那種「對，就是這樣，就是這個」的滿足表情充滿於劇場的同樂氣氛。

　　或許有人要疑怪為甚麼要安排太白星君來救蕭氏？讓他們夫妻兩個自然重逢也可以完成團圓的情節呀。就是這個太白星君，就是他的神秘力量，才使這部戲不只是通俗劇（melodrama），而成了浪漫喜劇。

──《紀念陳伯元教授榮譽退休學術研討會論文集》（臺北：洪葉文化，2000）

論張大復醉菩提傳奇

一、前言

　　濟顛僧的故事，在近代膾炙人口；不僅見之於小說，也見之於戲曲。其實佛教徒中的顛僧，早已有之，不始於濟顛。在六朝時有釋保誌（？－514）。[1]與濟顛同時的，有明顛。[2]

　　濟顛，法名道濟（1137?-1209）。釋居簡《北磵集》云：

> 叟，天台臨海李都尉文和遠孫，受度於靈隱佛海禪師。狂而疏，介而潔。著語不刊削，要未盡合準繩，往往超詣；有晉、宋名緇逸韻。信腳半天下，落魄四十年；天台、雁宕、康、廬、潛、皖，題墨尤雋永。暑寒無完衣；予之，尋付酒家保。寢食無定，勇為老病僧辦藥石。游族姓家；無故強之，不往。與蜀僧祖覺老略相類。……叟名道濟，曰湖隱，曰方圓叟，皆時人稱之。嘉定二年五月十四日死於淨慈。[3]

---

[1] 慧皎：《高僧傳》卷一〇，《高僧傳合集》本（上海：上海古籍出版社，1991）；又見陸倕：〈誌法師墓誌銘〉，歐陽詢《藝文類聚》卷七十七引。又，楊衒之《洛楊伽籃記》曾提到寶公，應是寶誌。參見陳東有《濟公系列小說》（瀋陽：遼寧教育出版社，1992）頁 87-91。

[2] 釋明河：〈二顛師傳〉，《補續高僧傳》（范景文序於 1641）卷十九，《高僧傳合集》本（上海：上海古籍出版社，1991），頁 732。

[3] 釋居簡：《北磵集》（臺北：臺灣商務印書館景印《四庫全書》本，1983）卷十。又，《卍續藏經》本《濟顛道濟禪師語錄》（即《錢塘湖隱濟顛禪師語錄》）末亦引此文。

年或云七十三。[4]

　　將道濟事蹟撰爲小說，今所見較早的作品是明代沈孟柈敍述《錢塘湖隱濟顛禪師語錄》；[5]（下文或省稱《語錄》）名爲語錄，實爲文言說部，疑係沈氏據當時流傳之故事敍述者。田汝成（1526年進士）《西湖游覽志餘》卷十四「方外玄蹤」述濟顛事；[6]　當出於

---

[4] 據田汝成《西湖游覽志餘》卷十四「方外玄蹤」、釋明河《補續高僧傳》卷十九〈二顛師傳〉；釋際祥《敕建淨慈寺志》（泰安清序於 1805 年）卷十（臺北：宗青圖書出版公司據清光緒十四年前塘嘉惠堂丁氏重刻本影印，1994）葉十一－十三。若依《錢塘湖隱濟顛禪師語錄》則應六十歲。袁賓編《禪宗詞典》則以爲生於 1148 年（武漢：湖北人民出版社，1994，頁564），不知何據。

[5] 今存較早刊本係明隆慶己巳年（1569）四香高齋平石監刻本，日本內閣文庫藏本。據此影印本有國立政治大學編《明清善本小說叢刊初編》第一輯本（臺北：天一出版社，1985）、劉世德等主編《古本小說叢刊》第八輯本（北京：中華書局，1990）。又有《古本小說集成》本（上海：上海古籍出版社，1990）。又有《卍續藏經》本，有校語；據校語，該本底本同隆慶三年刊本；書後附錄〈湖隱方圓叟舍利銘〉。——《卍續藏經》今易見者，有中國佛教會影印本（1967），新文豐出版公司 1983 年曾據藏經書院本影印；藝文印書館《禪宗集成》（1968）、文殊文化有限公司《禪宗全書》（藍吉富主編，1989）則據《卍續藏經》禪宗部分影印。《卍續藏經》本述者題「宋沈孟柈」，非是。又，河洛圖書出版社《白話中國古典小說大系・明清小說七種》（1980）收排印本，缺第一頁，又卷首附書影一，插圖三，書前〈提要〉稱明刊本；案：該本非隆慶刊本，周純一〈濟公形象之完成及其社會意義〉引大塚秀高說以爲所據係藏於中國社科學院文學研究所之清初刻本。又別有沈伯俊校點排印本（成都：巴蜀書社，1995）。

[6] 田汝成：《西湖游覽志餘》（臺北：世界書局排印本，1963）頁 275。該印本斷句有所不妥，是正於下：「濟顛者，本名道濟，風狂不飭細行，飲酒食肉，與市井浮沉；人以爲顛也，故稱濟顛。始出家靈隱寺；寺僧厭之，逐居淨慈寺。爲人誦經下火，累有果證。年七十三，端坐而逝。人有爲之贊曰：

此。[7] 又別有王夢吉《濟公全傳》三十六則，[8] 佚名《濟公傳》十二卷，[9] 與《語錄》「內容相同」。[10] 其次有題天花藏主人編《醉菩提傳》二十回（卷首題《新鐫濟顛大師醉菩提全傳》，板心題《濟顛全傳》），[11] 當係將《濟顛禪師語錄》改為章回小說：情節與《語

『非俗非僧，非凡非仙；打開荊棘門，透過金剛圈。眉毛廝結，鼻孔撩天；燒了護身符，落紙如雲煙。有時結茅宴坐荒山巔，有時長安市上酒家眠；氣吞九州，囊無一錢。時節到來，奄如蛻蟬，湧出舍利，八萬四千。贊歎不盡，而說偈言。嗚乎，此其所以為濟顛也耶！』今寺中尚塑其像。」案：贊語見《錢塘湖隱濟顛禪師語錄》卷首〈無競齋贊湖隱〉。

[7] 田汝成《西湖游覽志餘》卷二十：「杭州男女瞽者多學琵琶，唱古今小說、平話……若紅蓮、柳翠、濟顛、雷峰塔、雙魚墜等記，皆杭州異事，或近世擬作者。」頁368。

[8] 孫楷第：《中國通俗小說書目》（重訂本）謂：「《麯頭陀新本濟公全傳》三十六則。存，清康熙刊本。圖十二葉，行二十字。【大連市圖書館】。清王孟吉撰。……首康熙戊申（七年）自序，署『香嬰居士』。夢吉字長齡，杭州人。」（臺北：木鐸出版社據 1981 年重排本影印，1983）頁 199-200。案：康熙七年為西元 1668 年。筆者未見。

[9] 同上註；孫楷第云：「《濟公傳》十二卷，不標回數。存。清乾隆九年吳門仁壽堂刊小本。【日本宮內省圖書寮】。清無名氏撰。首乾隆九年王宣序。」頁 200。案：乾隆九年為西元 1744 年。筆者未見。

[10] 顧歆藝：《古本小說集成》本《濟顛大師醉菩提全傳・前言》。（上海：上海古籍出版社，1990）

[11] 今存較早刊本有乾隆四十二年（1777）金閶書業堂刊本，日本京都大學藏本；影本有劉世德等主編《古本小說叢刊》第十六輯本（北京：中華書局，1990）；又有寶仁堂刊本，影印本有《古本小說集成》本（上海：上海古籍出版社，1990）；另有王以昭主編《罕本中國通俗小說叢刊》第一輯本（臺北：天一出版社，1974），國立政治大學編《明清善本小說叢刊初編》第八輯本（臺北：天一出版社，1985），前附〈濟顛傳圖〉二十幅，原本出版、庋藏處所拭去不詳，當是據清刊本影印。此外，尚有其它刊印、排印本。

錄》大致相同而略有增損，[12] 文字則依《語錄》衍爲白話，又增入
回首、回末套語；而且仍保留相當數量的《語錄》文字。墨浪子
《西湖佳話》卷九〈南屏醉蹟〉述濟顛事，[13] 即選錄其中故事。陳
樹基《西胡拾遺》卷九〈南屏山道濟裝瘋〉，[14] 則又據《西湖佳
話》而稍微潤色。清末別有章回小說郭小亭《濟公全傳》、題王夢
吉《濟公傳》，彈詞本《濟公全傳》；題材與主題（theme）與前者
有所不同，道濟的形象也迥然有異。——關於濟公故事的演變，已
有學者專文論述，此不贅述。[15]

　　至於將道濟事蹟敷演爲戲曲，則有張大復《醉菩提》傳奇二卷
三十齣。[16] 無刊本流行，僅存抄本。[17] 今易見者有據鄭振鐸所藏清
抄本影印之《古本戲曲叢刊.第三集》本，[18] 《全明傳奇續編》本。

---

12 許媛婷：「《濟公傳》研究」第三章，（臺北：中國文化大學碩士論文，
　　1997）

13 墨浪子：《西湖佳話》（臺北：世界書局排印本，1962）作者自序於康熙十
　　二年（1673）。

14 陳樹基：《西胡拾遺》（上海：上海古籍出版社據大連市圖書館藏乾隆辛亥
　　自愧軒刻本影印）頁 193-250。

15 如周純一〈濟公形象之完成及其社會意義〉，《漢學研究》8 卷 1 期
　　（1990.06）、許媛婷「《濟公傳》研究」（臺北：中國文化大學大學碩士論
　　文，1997）。

16 或合〈開宗〉爲三十一齣。

17 據周篤平校點本〈校點說明〉：有鄭振鐸藏清鈔本、懷寧曹氏藏鈔本、傅惜
　　華藏鈔本、齊如山藏鈔本、北京圖書館藏清雍正年間鈔殘本。又，臺北故宮
　　博物院藏鈔本上卷一冊，半葉十行，行廿二字，係前北平圖書館藏本；似與
　　周篤平所見本不同。

18 《古本戲曲叢刊‧第三集》（上海：文學古籍刊行社，1957）

[19] 排印本有周鞏平校點本。[20]　本戲曲流行世間，《綴白裘》錄有〈付篦〉、〈打坐〉、〈石洞〉（即〈伏虎〉）、〈醒妓〉、〈天打〉，《與眾曲譜》錄有〈伏虎〉、〈當酒〉。該劇所顯示的相關問題，如情節構成、人物形象，以及意義，都值得探討。這是本文試圖討論之處。至於其它劇種與地方戲，也有許多以濟顛為題材的戲，如平劇、臺灣歌仔戲、皮影戲等；不過，此等戲曲大抵非自《醉菩提》傳奇來。至於羅蘭《濟公傳詩歌劇》，則是當代詩歌劇本創作。[21]

　　《醉菩提》傳奇作者張大復，字心期、心其、星期，譜名彝宣。江蘇吳縣人。[22]　生平事蹟無考。莊一拂《古典戲曲存目彙考》稱：

> 約清順治末前後在世。居閶門外寒山寺，自號寒山子，名其室曰寒山堂。精通音律，好填詞，不事生產，性淳朴，亦頗知釋典。著有《寒山堂曲譜》，考訂最精。與鈕少雅《南曲九宮正始》並稱，世號「鈕張」。《新傳奇品》稱其詞如「去病用兵，暗合孫武」。[23]

周妙中據《寒山堂曲譜》總目暨卷首〈曲話〉，考訂張氏與鈕少雅（1564-1656之後）、馮夢龍（1574-1646）為志同道合之友，行輩晚

---

[19] 《全明傳奇‧續編》（臺北：天一出版社，1996）。案：此編與《古本戲曲叢刊‧第三集》同。其中缺二葉。

[20] 張大復著，周鞏平校點：《醉菩提》（北京：中華書局，1996）。

[21] 羅蘭（本名靳佩芬）：《濟公傳詩歌劇》（臺北：現代關係出版社，1982），187頁。

[22] 莊一拂《古典戲曲存目彙考》、周妙中《清代戲曲史》為了與明代另一張大復區別，稱其譜名張彝宣。

[23] 莊一拂：《古典戲曲存目彙考》（上海：上海古籍出版社，1982），頁1219。

於鈕氏，而與馮氏年歲在伯仲間；因此認為張氏「應生於萬曆初年……卒年應在順治辛卯（1651）以後相當長的時候，享年應有八九十歲。」[24] 案：依周氏考訂，卒年應在鈕氏卒後。柳存仁稱「張心其的時代，比我們考證之下的天花藏主人早（生嘉靖三十二年，一五五四，卒於崇禎三年，見《梅花草堂集》附錢謙益撰〈張元長墓誌銘〉）。」[25] 則非本傳奇作者張大復。

張大復戲曲作品，諸家著錄不盡相同。高奕《新傳奇品》著錄十六本，佚名《傳奇彙考標目》著錄十三本，黃文暘原著無名氏訂《重訂曲海總目》著錄十六本，支豐宜《曲目新編》著錄十六本，姚燮《今樂考證》著錄十六本，[26] 王國維《曲錄》著錄二十三本，[27]《曲海總目提要》錄十四本，[28]《古本戲曲叢刊第三集》收錄十一本，《全明傳奇續編》收錄十一本。周妙中曾製表，略有不足；補正於下：（**欄內數字為著錄順序；《曲海總目提要》則為卷數**）

書名 傳奇	新傳 奇品	傳奇 彙考 標目	重訂 曲海 總目	曲目 新編	今樂 考證	曲錄	曲海 總目 提要	古本 戲曲 叢刊	全明 傳奇 續編	備註
如是觀	1	1	1	1	1	1	v.11	9	○	提要：吳玉虹

---

24 周妙中：《清代戲曲史》（鄭州：中州古籍出版社，1987），頁 25。

25 柳存仁：《倫敦所見中國小說書目提要》「醉菩提十四」（臺北：鳳凰出版社，1974）頁 222。

26 《新傳奇品》《傳奇彙考標目》《重訂曲海總目》《曲目新編》《今樂考證》，據《中國古典戲曲論著集成》（北京：中國戲劇出版社，1982）排印本。

27 王國維：《曲錄》（臺北：藝文印書館據《王忠愨公遺書》本）

28 黃文暘原著，董康等校：《曲海總目提要》（天津：天津古籍書店據 1928 大東版影印）

醉菩提	2	6	2	2	2	2	v.21	1	○	
海潮音	3		3	3	3	3	v.21	10	○	
釣魚船	4	2	4	4	4	4	v.28	8	○	提要：無名氏
天下樂	5		5	5	5	5	v.21			
井中天	6	3	6	6	6	6	v.28			提要：無名氏
快活三	7		7	7	7	7	v.28	6	○	提要：無名氏
金剛鳳	8	7	8	8	8	8	v.28	5	○	提要：無名氏
獺鏡緣	9	12	9	9	9	9	v.29			提要：無名氏
芭蕉井	10		10	10	10	10				
喜重重	11		11	11	11	11	v.46	2	○	叢刊、續編:重
龍華會	12		12	12	12	12	v.10			提要:王翔千撰
雙節孝	13		13	13	13	13				
雙福壽	14		14	14	14	14		8	○	
讀書聲	15		15	15	15	15		11	○	
娘子軍	16		16	16	16	16				
小春秋		4				17				
天有眼		5				18	v.12			提要：寒山撰
發琅釧		8				19				
龍飛報		9				20				
吉祥兆		10				21	v.29	4	○	提要：無名氏
癡情譜		11				22				
紫瓊瑤		13				23	v.29	7	○	提要：無名氏

由上表，前六種書目，凡著錄十六本者一系，大約出自一源；《傳奇彙考標目》自為一系；王國維《曲錄》則是將兩系去其重複合併而成。今傳本僅《古本戲曲叢刊.第三集》、《全明傳奇續編》所收錄十一本。

　　本文討論所據的《醉菩提》，是《全明傳奇續編》本，並參考周聱平校點本。

二、故事始末

　　《醉菩提》傳奇敷衍道濟的事蹟。從他出家，憐貧濟苦，度化眾生，以至於圓寂。種種事件，在在顯現他的修爲。就戲劇情節而言，其取材以及發展的安排，值得我們注意。

　　《醉菩提》傳奇除了〈家門〉，計有三十折。（《全明傳奇續編》影本原作「折」；周羣平校點本據其他各本改作「齣」。）——故宮所藏殘抄本，[29]〈家門〉前尚有〈憫世〉一齣，藉佛菩薩開示，以爲須有大願力，才能度化大眾。此於本劇，似爲贅餘。不列入討論。

　　顧歆藝在《古本小說集成》本《濟顛大師醉菩提全傳》的出版〈前言〉中，以爲「《濟顛大師醉菩提全傳》大約是直接取材於張大復的《醉菩提》傳奇」，[30] 其實，就故事中的事件考察，《醉菩提全傳》小說出自《濟顛禪師語錄》，並未受到傳奇的影響；《醉菩提》傳奇則是據《語錄》的部分情節改編而成。

　　《醉菩提》傳奇的事件，已列爲「情節大要表」，詳見附錄。其中的事件出自《語錄》的，有〈打坐〉〈吃齋〉〈度蟲〉〈天打〉〈當酒〉〈散絹〉〈夢化〉〈進香〉等八折。而〈託募〉道濟送筍，〈遇溜〉王阿溜捉得赤練蛇頭上的促織，〈伏虎〉道濟引猴猿、翻觔斗，〈亂禪〉諸人說道濟顛狂亂清規，道濟自言飲酒食肉宿娼，〈鬥蟀〉鬥促織，等等，也出自《語錄》。〈佛圓〉道濟火化時顯像開示，是因襲《語錄》中法空長老、遠瞎堂長老下火時的

---

29 該本原係中央圖書館（今改名國家圖書館）代藏原北平圖書館圖書，僅存上卷。齣目依序爲：憫世、開宗、敘親、神鬧、遇妓、說法、披剃、認僧、付箪、參禪、解懷、晤道、述剃、遊冥、幻化、覓蟲、觀鬥。（微捲編目：no. 2442）

30 同注10。

顯像留言。我們可以說：除了毛太尉、蘭英月英的故事，乞兒教唱，以及道濟出家因緣等事件之外，都出自《語錄》。當然，戲曲不是小說，編劇時不能照小說抄；必須增損潤色，以適合戲曲演出之所須。因此，戲曲作者改變了道濟與毛子實、沈提點的關係；[31] 也把人名職稱略改：改毛君實為毛子實，遠瞎堂為遠豁堂。[32] 此外，戲曲中月英、蘭英兩人，應是因《語錄》中沈提點有所愛王行首，道濟曾為抱劍營街行首藍月英下火，依此編造而來。就以上所述看來，傳奇之自《語錄》出，自是無疑。何況還有語言上的相同：一是〈度蟲〉的頌語，〈進香〉道濟遺世頌，〈佛圓〉德輝長老頌語，皆出自《語錄》，或略刪削、重組。〈亂禪〉諸人來告道濟不守清規，要逐他出去；長老說「佛門廣大，怎容不得一個顛僧？」而《語錄》中道濟出家不久，顛狂亂雲堂，監寺等來告長老該責道濟，長老批云「禪門廣大，豈不容一顛僧」，語實相同。〈佛圓〉監寺所念「來時無一物，去時無一物，若遇問衣鉢，兩個大卵核」偈語，是《語錄》中道濟臨終前寫給弟子沈萬法的話。另外，〈打坐〉中有一段話，在劇本中沒有著落：道濟說：「想我在表兄家中，非酒不飲，非肉不飽。」在本戲裡，他的表兄是太監毛子實；可是李修元出家前並不住在毛府。這是改自《語錄》的痕跡：《語錄》記修元與表兄王全一起念書，父母往生後，大約依靠母舅王安世，住表兄家——後來道濟曾自靈隱回家鄉，即住舅舅

31　〈親敘〉作「沈提典」，而〈情懷〉〈寄跡〉作「沈提點」，後者是。案：
　　「提點」是職銜，《濟顛禪師語錄》正作「沈提點」。

32　道濟剃度師父慧遠，號瞎堂，乾道八年（1172）賜號佛海禪師；有《佛海慧
　　遠禪師廣錄》四卷，收錄於《卍續藏經》。應作「遠瞎堂」；作「遠豁堂」
　　係音近、同，或故意而改。

家。

　　故事就從這裡開始：有一天，趙宋南渡時保護太后駕的太監毛子實，宴請其父盟姪沈提點與表弟李修元；[33] 談及渡江時曾立願剃度一僧，奏請太后懿旨准到靈隱寺酬願；邀請李、沈二人同去禮佛。沈、李出了錢塘門，造訪西湖教坊上首月英、蘭英；因為要去拈香，約定明天宴會。到了靈隱寺，住持遠豁堂長老誦偈語選剃度僧人；佛子道人侍者等俱不省得。又問「砍得高山一枝木，你道將來何所欲」，也無人省得。李修元答道：「棄了這間茅草庵，再向靈山別築屋」。

　　（外）那裡來的匠人？（生指心介）不是麼？（外）斧子在那裡？（生對外劈介）看我劈碎你的天靈蓋。（外拍木立起介）咄，大眾在此，不好與你理會，另日再講。……

修元悟得禪機：「方纔那和尚，連喝三聲，擊桌三下。又道大眾在此，不好與你說得。呀，分明暗藏啞謎在內。」當晚三更到方丈內，懇請禪師剃度出家，法名道濟。（〈講經〉）

　　故事自此分三線發展：道濟本身自是主線，毛太尉、蘭英是兩條副線。兩副線都突顯道濟出家的決心，以及修為、神通；同時也在排場安排上做搭配。

　　毛太尉一聽到修元做了和尚，「兀的不痛殺我也！……教我寸心如割。」希望他做不成和尚。沈提點則以為是「和尚哄騙，表弟一時沒了主意」，還慫恿太尉「奏過太后，重處那些和尚」；甚至長老要送客時，太尉說：「咄，送甚麼！少不得一一重處。」（〈驚訝〉）太尉回去之後，還是鬱鬱不樂，諸官為他置酒解悶；南屏晚鐘

---

33 沈氏與毛氏、李修元並無親戚關係，而劇中毛氏或稱沈為表弟，沈也或稱修元為表弟。

響起，毛氏叫「把撞鐘的和尚鎖了」，和尚、道人來抄化，毛氏說「與我鎖了，送到縣裡去，重責三十板，枷號一月。」宋公公勸解，他說：「咱家平昔間是喜布施僧道，近來才曉得沒個好和尚呀！」（〈湖宴〉）可見他是如何的不認可修元的出家。他雖不願，道濟則確然出家了。後來，太尉還因道濟出家而病，一病垂危，昏迷過去。沈提點找來道濟商議後事；道濟說：「不死的，……包你不死。……自我做了和尚，學得一個起死回生的妙術。」他要了酒，大醉睡倒。（〈冥勾〉）然後施顯神秘能力，在陰司地府以金身羅漢的身分救了太尉，「送歸陽世」。（〈魂遊〉）此後本線沒事件，直到道濟圓寂拈香。在毛太尉的戲裡，〈驚訝〉〈湖宴〉兩齣，戲劇性——衝突（conflict）不高：只看出他不願修元出家，而修元竟已出家，兩相對比。〈冥勾〉〈魂遊〉兩折，是顯現道濟的神通。

蘭英初見李修元，即有愛慕之意；（〈遊春〉）定下了約會，修元不來，蘭英思念不已，爲之消瘦。聽到修元出家，連說「辜奴一片心，辜奴一片心」。（〈情懷〉）暮泣朝思，無心應酬。（〈秋思〉）後來，她被道濟度化，皈依了。（〈醒妓〉）這一發展線，偏向於蘭英的內心轉變；戲劇性弱，也不太能引起懸念（suspense）。倒是〈醒妓〉折中，機鋒相對，較有衝突性。

關於道濟的戲，可以依出家開悟分成前後兩個階段。他到靈隱寺隨喜，聽了長老的偈語，參破禪機。（〈講經〉）與長老一席話，有所悟而要出家。長老說「自古出家容易還俗難，不是我退你道心，出家有許多不便之處。」可是他說：「一定要出家！」於是連夜剃頭，作了和尚。（〈披剃〉）其實他「頑性猶然未退」，全不像出家人，不知規矩。於是長老交付監寺竹篦，「著他隨衆上蒲團打坐，若是瞌睡就打」。（〈付篦〉）修元原是「非酒不飲，非肉不

飽」的，哪受得了「粗飯白粥」？加上打坐不來，再三從禪床跌下，吃監寺幾下竹篦，「頭上跌得高高低低，塊塊壘壘」，因此「扯下了僧伽亂撤，脫了緇衣直裰」，要跑下山去。長老責他「打坐參禪，是和尚本等；你為何攪我清規？」「師父呀，其實熬不得口淡身虛。」長老要說：「隨我到方丈，陪我吃，何如？」道濟以為有酒肉，就「再住幾日」。（〈打坐〉）可是長老也只是一碗齋飯，無肉無酒無魚無雞鴨，

> （生）師父，弟子平日無酒不飯，非肉不飽。這飯其實吃不慣。
> （外）你酒肉心上要吃？口內要吃？（生）心上要吃。（外）味在口？還在心？（生）味在口。（外）既在口，為何心上要吃？下了三寸喉嚨，究竟味在那裡？（生）味——（外）來，吃我一掌！（打介）
> 【撲燈蛾】鹽從何處鹽？厭豈容伊厭！酒肉共酸虀，誰去將來作念也。（生雙手推外介）在這裡了。（外）唉！誰要你葛藤斬藂，卻原來只在簷前。（撞介）（生）偷穿過黃河天塹，好快活呀。（外）不好了，方丈有賊。（生）賊快活，如今不怕再拈苦。

他跑了，長老說「佛家寶傾囊盜去竟逃潛」。（〈吃齋〉）從〈講經〉〈披剃〉他要出家，到〈打坐〉〈吃齋〉要還俗、開悟，在在顯示他內心的衝突。這兩段戲，頗有戲劇性。

　　此後的情節，前後大抵沒有緊密的因果關係；是將道濟的一些拔苦予樂、度人勸募的事蹟串連起來的。〈伏虎〉述道濟從靈隱寺出來之後，住在飛來峰石洞裡；引猴猿、翻觔斗、爬樹、唱歌，吃酒、食肉，成了個「顛和尚」。沈提點差人送來鹿脯醇酒，擺開便吃；問他還俗，「亦好。」突然老虎來了，他「憑著你呼風嘯月，赤手我能降。」降伏了虎，就騎虎。既顯他顛狂，更顯他的能為。師父來勸他「須存和尚的品。……還該學些經，禮些佛……放出正

經來，仗三寶力立些功德也好。」勸他去淨慈寺做一段功德；他說「謹遵師父法旨，弟子從今洗心懺悔了。」然後跟隨師父回靈隱寺。這段戲除了翻觔斗、伏虎有些特別外，平鋪直敘。〈冥勾〉〈魂遊〉演他以神通、神秘力量救回毛太尉。〈遇溜〉演他憐苦，將頭上蝨子化做促織，讓曾買酒請他的恩人王阿溜捉去賣錢。〈得寶〉演王阿溜的促織，後來轉到公公宋保手裡；阿溜得了五百頭寶鈔。這隻促織在相鬥時連連勝利，太后賜名王彥章將軍；（〈鬥蟀〉）秋天到了，促織死了，道濟說：「這蟲兒與我有些瓜葛，我與你下火超度他。」——那原是他的蝨子（其實是舍利）。這段寫他的慈悲。〈亂禪〉說他的顛狂：僧眾將道濟的種種不守清規的行為告新住持昌長老，要「逐了他去」。這就道濟而言是個危機。恰好淨慈寺德輝長老要道濟作募緣疏，昌長老就借這機會將道濟推薦到淨慈寺。於是危機化解了，卻不是道濟自己的力量。〈天打〉鋪敘道濟以神秘能力，為解救因夙孽將遭雷殛的孝子黃小乙，而與雷公、電母、風伯、雨師抗衡。諸神皆退，雷神不退；道濟乃召請韋馱打退雷神。這是道濟的救苦救難。〈當酒〉演道濟的顛狂：天冷，為驅寒而到酒店吃酒，沒銅錢，當了唯一的「齷齪衣服」。醉了，要店小哥多給幾壺酒；小哥不肯，爭執起來，趕他走，「還不走？拿柴棍來打你腳骨拐。」「我不管，只要吃酒。」「打打打」，道濟吃虧了。正危急，小哥的媽媽出來了。一問，「罷罷罷！只算布施與他吃了。天氣寒冷，把這衣服還他吧。」化解了危機，卻又不是道濟之力。〈散絹〉接上一折戲：道濟吃酒出來，醉倒跌入泥坑，被經過的宋保救了；還送他生絹五疋，響鈔五貫。他雪中歸去，遇見一群受餓凍的乞兒；就將絹、鈔全數送了乞兒。這是道濟濟貧——雖則他也是無衣無錢。〈託募〉演道濟從宋太尉處回來，帶了多筍給德輝長老；看到長老悶悶不樂，問起緣由。原

來淨慈寺遭回祿,殿宇成灰;募化三年,緣法未到。道濟問知需錢十萬,「長老若肯請我一醉,在三日之內,包你送到府中。」然後他去找毛太尉;不管太尉答應不,即將緣簿丟與他。而夜裡,太后夢見金身羅漢爲淨慈寺來募化十萬金錢,說緣簿在毛子實處。(〈夢化〉)三日了,「並無一些影響,多因是瘋話,亦作不得準」,長老已不存希望。這時僧人來報說道濟「到鐘樓上把鐘亂撞,又到法鼓堂上把鼓亂敲」,長老命「喚他來見我。」忽然僧人來報:「山門外解到十萬金錢,太后娘娘親到寺中來拈香了。」太后宣道濟來見;道濟正吃酒,攜罈見駕。

> (老旦)呀,正是夢中所見的。求活佛超度弟子則個。(生)阿
> 呀,被他說破了。我去也。(滾下)

他連翻三個觔斗去了。太后既返駕,長老正疑怪道濟「如今不知跑到那裡去了」,僧人來報:「濟公方纔各處不見,卻跑在羅漢香桌上,盤膝坐化了。」(〈進香〉)這連續三齣,以一連串的懸疑,進行募化重修淨慈寺的情節。指出道濟的出身,也顯示道濟的神通。〈寄跡〉是道濟顯神來跟他的皈依弟子交代「又要別處去了」;同時要蘭英將「書一封,寄與德輝長老,鞋子一雙、畫一軸,寄與毛太尉、沈提點。」〈佛圓〉則是收尾。

大致看來,《醉菩提》的情節結構大抵是較鬆散的;展現道濟之顛狂行徑及其神通,主要是以道濟貫串各事件。因此,事件與事件之間比較不能嚴守因果律;而有較多的「巧合」。這是以人爲主的喜劇傳奇常見的處理方式。

三、道濟的顛狂

道濟,〈家門〉對他的描述如下:

> 和尚濟顛,奪舍多年。喝佛罵祖,喚死如眠。乃天台李駙馬之

裔，得靈隱遠豁堂之禪。飲酒食肉不礙道，打拳踢斗總皆禪。也
曾娼家被裡宿，也曾市上酒家眠。皮子隊裡，逆行順化；散聖門
前，掘地撩天。撒開手時，萬緣皆淨；火光生處，一徑西天。

將他的事跡行誼，概括盡了。當今論文，如周純一、張忠良、許媛
婷、羅欽賢等人，都對道濟的形象，有所描述。[34] 他們注重濟公形
象的演化，尤其關注形象完成後的特質。濟公，在十六世紀中到十
八世紀中期，《濟顛禪師語錄》、《醉菩提》傳奇、《醉菩提全
傳》等作品中的形象，與十九世紀《濟公全傳》、《濟公傳》是迥
然不同的。本文僅關注戲曲《醉菩提》中的道濟。

　　道濟，俗名李修元，浙江天台人；父親李氏，是駙馬之後，曾
爲贊善。故事開端，他「讀書十載未騰飛」，沒有考取功名，父母
俱已亡逝，尚未娶婦；「既不獲仕進，家世只怕涼薄了」。宋保說
他「好個人才，詩詞歌賦立地做將出來」。（〈湖宴〉）蘭英說他
「風流瀟灑，談笑滑稽，事事可人。又聞得他善酒能詩，看他必非
俗品，定是風流公子。」（〈情懷〉）德輝長老也知他「作得好詩
文」。（〈亂禪〉）其實，他是金身羅漢投世，護法韋馱隨時護持；
（〈爭護〉）他在太后夢中化緣，太后要他「留名」，他自述「五百
羅漢，同住天台寺。前是彌勒尊者，今是道濟和尚」。（〈夢化〉）

　　他機敏聰慧，頗識禪機。靈隱寺遠豁堂長老的偈語，僧眾不能
答；他能答。又悟得長老「連喝三聲，擊桌三下。又道大眾在此，
不好與你說得」的用心，三更半夜叩方丈之門，

　　（外）門外漢子聽者：有話明日講。（生）阿呀，光陰迅速，寸

34　周純一、許媛婷，參註 12、15；張忠良：〈濟公故事及其在小說戲曲中之表
　　現研究〉、〈濟公滑稽屬性的分析研究〉，刊《臺南家專學報》第十、十三
　　期（1991.6、1994.6）。羅欽賢「傳統中國佯狂故事之研究」第五章（臺中：
　　靜宜大學碩士論文，2000.6）

息難延。可憐誤我半夜。（外）我善門不開，不怕你旁門能走。
（生）門外風露，難以容身，望和尚慈悲，開門則個。……
（外）咳，我若不開門，又道我和尚拒絕你了。我如今只看你入
我門來，做甚生活？（開門，生進笑介）呀，哈哈！唪，我入門
來，只得一步，為何要費這許多唇舌？（外）吓，你要到堂
上，只怕還要費些兒唇舌哩。（生）望和尚慈悲開示。

禪機之語，同道能知。長老：「問今宵你是誰？」「哈哈，問今宵
我是誰？」

【尾聲】（外）一宵頓悟西來意，喜勇猛回頭是你。（生）忽地
裡霜送雞鳴人不迷。

（外）有利有名，（生）無貴無賤，（外）苦海無邊，（生）回
頭是岸。（外）呀，好了，好個回頭是岸。

這樣，道濟「從今後三寶飯依」，做和尚了。（〈披剃〉）

可是，道濟出家後，卻亂了佛堂規矩，「全不像出家人」。監
寺說他

未晚先圖昏睡，日高猶自安眠。禪堂吃飯語聲喧，佛殿竟來方
便。嘗向茶寮暖酒，還來香積求羶。聽人念佛叫胡言，戲耍掀翻
經案。（〈付篦〉）──案：此【西江月】詞）

這是樁奇怪的事，他不是要出家嗎？原來他當初想法錯了：

我只道做和尚也與俗人一般。阿呀呀，原來大不相同。每日裡吃
的是粗飯白粥，口裡淡出水來。想我在表兄家中，非酒不飲，非
肉不飽；何曾受這般苦楚。……

他一時出家，還免不了公子爺的習氣，受不了打坐的苦。從禪床跌
下，頭上跌出大疙瘩；監寺竹篦打下，打出大疙瘩。因此要還俗跑
下山去。長老問「你為沒有東西吃要去的麼？」「正是。」長老於
是要他到方丈「陪我吃」。（〈打坐〉）長老也只是齋飯一碗；還問
他「味在口還在心」的問題。師父說：「既在口，為何心上要吃？
下了三寸喉嚨，究竟味在那裡？……鹽從何處鹽，厭豈容伊厭；酒

肉共酸齏,誰去將來作念也。」長老打他一掌,他悟了,推撞長老出方丈,(〈吃齋〉)到飛來峰石洞中居住下;過著酒肉不忌的日子。

在飛來峰,他引猿猴,打觔斗,豎蜻蜓,緣木杖,舞劍掄槍。「我的觔斗,非同小可。……只教那阿彌尊者哈哈笑;則我這穢跡金剛狠狠妝,俺與你打殺無常。」沈提點差人送來的鹿脯醇酒,當然吃得盡淨。還伏虎,騎虎。這就是他的「顛」;這就是濟顛僧。他的師父聽人報說「道濟在飛來峰石洞裡,顛狂特甚;痛哭狂笑,垢面蓬頭」,特地前去指示他「須存和尚的品」,學經禮佛,「放出正經來,仗三寶力立些功德」。他「謹遵師父法旨」,懺悔了,要「棄顛狂,立主張,建功德,佛有光。從今把香湯洗淨身心胖,把那南北高峰佛事廣。」(〈伏虎〉)

其實,他回靈隱後,似乎沒有斷葷,尤其是酒。「我道濟蒙遠豁堂長老開示,瘋病去了五分,留下五分取樂。」賣豆腐的王公請他吃酒,吃七、八壺;遇人來請商議毛太尉後事,他說能起死回生,要了一大罈好酒及葷菜。(〈冥勾〉)他自己說「我是葷素都吃,也不戒酒」。(〈度蟲〉)度化蘭英時,也是吃醉了。後來靈隱僧人要逐他,說他不守清規,攪亂法堂:

> 他撕狗肉供菩薩,尋老道搶鍋巴。禪床上撒尿撒屎,偷經典當酒當肉。悶來劈碎齋飯桶,夜來吐酒污香爐。

不知有沒有過度夸張?昌長老問他行蹤:

> (淨)道濟,你兩日在那裡?(生)前日呢,在毛太尉府中飲醉了。(淨)昨日呢?(生)昨日在響水閘蘭英姐家宿娼。今朝正欲早回,見陳屠家煮得好爛狗肉,儘量吃一飽。　(〈亂禪〉)

這就是濟顛的行止。他為吃酒,還典當直裰換酒,跟店家爭,要求多給幾壺;店小哥不肯,爭吵起來,吃小哥拿柴棍打了。(〈當

酒〉）甚至爲淨慈寺募化重建功德，還向德輝長老要五十斤大罈老酒。太后召見，他還醉酒、「攜酒罈」見駕。他就是如此好酒，所以本劇稱「醉菩提」。

　　遠豁堂到飛來峰尋道濟，說他「蓬首垢面」；勸回道濟，「隨我去香湯沐浴」。回靈隱寺後，他自己說「瘋病去了五分」；其實還是「赤著腳，腌腌臢臢」。（〈醒妓〉）大雪天，他「破衣巾，風亂鑽」；「周身只一著，只有這罩體方袍」，要典當直裰換酒喝，店小哥說那是「齷齪衣服」。（〈當酒〉）醉酒跌在泥坑裡；宋太尉救了他，感歎說道：「可笑毛太尉，一個表弟做了和尙，連衣服都不周備。」「身上如此單薄藍褸」。即此可見。

　　他雖是藍褸，宋太尉送他絹、鈔，卻不吝惜的布施給窮苦沒處叫化的乞兒。眾乞兒贊他：「何來醉和尙，慈悲發善心；錢財如糞土，仁義值千金。」（〈散絹〉）他憐貧濟苦、拔苦予樂。黃小乙因夙孽，遇大雨入龍王廟避雨，被道濟看出頭上隱有招旗，將遭雷劈。道濟問他的行止；知他是孝子，不做沒天理的事。就設法拯救，退了雷神。小乙「請問師父住在那裡？明天好同母親來拜謝。」他說：「不必來謝。你孝敬母親，謝我一般。」（〈天打〉）可見他的勸人行孝。王阿溜貧困，「做生意沒本錢，老頭兒還在屋裡要飯吃，不如錢塘一跳倒乾淨」；他對道濟說：「我在飛來峰，同你翻觔斗頑耍的。……你要吃酒，我店裡提一壺酒請你。」道濟想起他來，將頭上的一隻蝨子吹去，「蝨兒蝨兒，成你功行，還你超生。用力用力，頃刻幻形。」然後對阿溜說：「快到萬松嶺南方，有五百頭鈔，你去取來。」阿溜尋得一隻促織，賣掉，得了五百頭鈔。（〈遇溜〉）這一者是他憫貧，再者也是感恩。毛太尉鬱鬱成病，至於昏迷，「太醫院說，恐朝夕不保」。道濟卻說：「沒原沒故，爲何就要死？」他要了酒，醉酒睡倒；而後太尉起死回生

了。道濟後來說：「我道濟爲毛太尉棄世，被我在定中奪回生命……我在這陰司地府，費了許多唇舌。」固然是因太尉是他的表兄；主要還是太尉「樂善好施」。（〈冥勾、魂遊〉）這是勸人行善。蘭英妓者，鍾情於李修元，卻沒有緣分。一次，道濟喝醉了，打西湖邊回寺；被蘭英、月英見著了，說他沒正經。道濟說：「你門兩個沒正經，倒說起我來。」蘭英等「叫後生出來，打這和尙」。正鬧時，沈提點來到，二女才知他是「靈隱寺出家的李相公」；於是擺酒席，吃酪酊。蘭英要扶道濟房裡睡。到蘭英房裡，道濟叫「拿刀來」，要殺蘭英。「怎麼殺起我來？」「我不殺你，你要殺我。」蘭英說道濟是酒徒；道濟說蘭英是「色鬼」，「迷了真性……不學清淨，玷汙父母宗族，青樓高處做生涯。」

（生）你掉轉頭，人老珠黃，淒淒惶惶，掩上門兒愁聽別院笙歌。（旦）我穿羅錦，吃珍羞，情愛關心；樂阿，鮫綃帳裡駕鴛夢。（生）你頭髮白，面皮黃，年紀上身；苦呀，草荐卷來豬狗吞。（旦）呀！【南僥僥令】劈頭驚一棒，刺骨冷冰冰。（旦跪介）呀，師父，弟子省得了，望慈悲超度則個。眼見得漏盡鐘鳴無人救，願在火坑把身早抽。【北收江南】（生）起來，你道是火坑中及早把身抽，少不得綺羅叢裡還是粉骷髏。只怕鴛鴦被底、撇不下舊風流。你不如早休、怎不能免休，須知道黃金鎖骨是好根由。

就這樣，勸化妓女洗心皈依。（〈醒妓〉）這是勸善度化。宋太尉的促織死了，傷心而哭；道濟下火超度他。（〈度蟲〉）這是拔苦。淨慈寺德輝長老爲了寺裡遭回祿，三年不能重建，煩悶不已。道濟得知，自請三日內化得重建所需十萬金錢。這固然是僧家本分，自己功德；卻消除了長老的苦。

道濟吃酒食肉，蘭英說他「你如此光景，不思量犯了戒律」。他不拘禮法；有一次在毛太尉府，宋太尉來了，相見：

　　（副）久慕久慕。令表兄時常道及，好個羅漢相兒。（生）老太
　　尉大富大貴，只是無子無孫；最好為善施仁，還你多福多壽。
　　（小生）這個表弟有些瘋癲，言語冒犯，休怪休怪。　　（〈度
　　蟲〉）

太后進香淨慈寺，召見道濟；道濟正吃酒，攜罈見駕。太后認出他
是夢中所見的金身羅漢，「求活佛超度弟子則個。」

　　（生）阿呀，被他說破了——我去也。（滾下）（末）此僧有些
　　瘋顛之症，合寺眾僧，罪該萬死。（老旦）禪機深奧，或是隱
　　語，不必拘禮。恕爾等無罪。……他這番舉動，乃是願我轉女成
　　男之意，實是禪機，不是無禮。

原來道濟連翻三個觔斗。（〈進香〉）這自然是無禮的。

　　道濟的種種顛狂，其實有真意。他自己說：「我道濟借色身而
度世，仗痴顛而說法；叵耐肉眼頑鈍，認以為真。」（〈天打〉）他
並不是真的瘋顛，他看透人生：「笑人間萬物，笑人間萬物，無常
定理，生死成敗何驚悸？」（〈遇溜〉）「你須知人世上浮財莫爭
較，一似往來潮。」（〈當酒〉）就算衣裳不周，天寒凍殺；人家問
他：「你身上可不寒冷麼？」他卻說：「咳，這皮袋子兒，凍他去
罷！」不以為意。德輝長老以為他有能為，能成就重建淨慈寺的功
德：

　　（末）濟公，我久聞你是太尉毛公公之表弟，結識十六所朝臣，
　　二十四路太尉，一十八行財主；你若肯做個化主，成就了這場功
　　德……若得殿工有成，濟公功德無量矣。（生）我是個顛子，那
　　裡化得錢來？（末）不必太謙。【三段子】（生）言癲行癲，只
　　好打呼呼吃飯過日，（末）濟公文字交游亦不少。（生）文奇字
　　奇，只好學糊塗糊墻粘壁……（〈託募〉）

他如此自謙，還是成就了重建淨慈的募化。臨終留下一頌：

　　六十年來狼籍，東壁打到西壁，如今收拾歸來，依舊水連天碧。

火化時，他顯像，眾人問他：「吾師既是西方活佛，為何奪舍東

遊？」他說：

　　【混江龍】只為那塵緣一線，把八功池七寶座暗勾牽。因此上喝
　　開獅子，鑽入猴圈；猛見了花香酒麗，險些兒跌下了黑獄黃泉。
　　感得遠豁堂老和尚，一味的婆心度世，鼻孔撩天。見俺塵迷阿，
　　劈頭便喝，當面加拳。喜得俺一聲竹篦子，觸動了半偈悟從前。
　　（眾）既悟大道，何不持齋？（生）說不得海棠花不依蓮座，我
　　祇道杜康城邇近祇園。你道是尋常不費酒家錢，卻不道因由難脫
　　葫蘆縛，也是塵緣未了，暫時間夙孽牽纏。　　（〈佛圓〉）

這就是他喜劇生命的一生。

四、慈悲與智慧

　　《醉菩提》一劇，藉道濟的行誼說法勸世。〈家門〉明白說：
「今日讕言濟公禪師玩世因緣，聊借瓶缽以為說法」。〈佛圓〉道
濟說：

　　早精修，能相見，回首西方路不遠。這一答七寶金蓮，這一答給
　　孤祇園。大眾行善者，道濟問訊了。（眾）阿彌陀佛。（生）留
　　心聽我言：為人要忠孝當先，還要積德行善，包你西方只在眼兒
　　前。

勸人「忠孝、積德行善」，就是本劇的用心。如：毛太尉「樂善好
施」，道濟將他從陰司救回，還「壽添二紀」；王阿溜曾濟助道
濟，道濟設法助他獲得五百頭鈔；黃小乙孝順母親，道濟解除了他
的天災，「傳示你孝敬雙親，自能勾去保生全；宋太尉因促織之死
而傷心，道濟為促織下火，解除太尉的傷感；他募化十萬金錢，重
建淨慈寺，一了德輝長老的憂煩：凡此，都可以看出道濟的拔苦予
樂，這就是慈悲。行善救苦，可以增長智慧，也依於智慧；自覺，
是智慧。覺他，如勸化蘭英從青樓抽身，洗心學道，也是智慧。大
抵而言：佛家所努力的，只在慈悲與智慧而已。周妙中說張大復的

劇本，貫串著「善有善報，惡有惡報」的思想，情節大都離不開神佛鬼怪；「正因爲佛家思想禁錮著他的頭腦，使他的作品遠遜于和他同時的大作家李玉等人，達不到較高的意境，卻成了封建迷信思想的工具。」[35] 周氏所說的善惡有報，是對的；至於其它諸項，還可商榷。

　　大凡正信的宗教都勸人爲善，都主張「善有善報，惡有惡報」；這並不是迷信，是宗教情操。只是善惡報應之說，在佛家而言，卻有特別之處。〈魂遊〉五殿閻羅天子云：

> 今有宋朝太尉毛子實，祿盡命終。聞此人半生行善，晚年退了道心，打僧罵道，殺命開葷。不免先行旛幢接待，然後治罪施行。……

勾魂使者說：

> 只怕一生行事，卻不道陸道輪迴，唯心所造。

則是表明：行善須有始有終，若中途退轉道心，以前的一切善行，盡皆勾消。如能改過，所謂「佛門廣大，無所不容；一念若真，入道如箭。」（〈醒妓〉）就如月英：

> 【天下樂】……（貼前立介）賤妾沉冤山積，孽障海深；求活佛慈悲，可能超度否？（生）既肯懺悔，何在孽冤。只問你孽因那里生，緣從若個牽；只要你肯回頭緣不淺。　（〈佛圓〉）

其實善惡有報，只是果報說的一部分；佛家還說三世因果，說前世、今生、來世。即如〈佛圓〉中，道濟顯像對諸人說因果：

> （丑前立介）濟師父，俺王溜兒蒙師父指教，捉得個促織兒，賣了五百貫寶鈔。若然再窮起來，那裡尋師父救苦？【哪吒令】（生）休道宋公公有緣，厚賜你價錢。休道促織兒有緣，掙與你孽錢。（丑退介）（副前立介）本監亦虧殺了這個蟲兒，不但爭了一番惡氣，又得了一注金錢；不知是何因果？（生）休道王溜

35　周妙中：《清代戲曲史》，頁 29。

兒有緣，得這注金錢。這段因果，說亦話長。當初太后諸人，乃是一寺僧人；你卻是施主。眾僧受了你許多金銀，許做道場；眾僧不肯虔心禮誦，該今世加利倍還。那王溜兒亦是僧人，你卻該他五十貫寶鈔，不曾還得；該今世十倍還他。我見你等一個個你還我欠，我欠你還，翻來覆去，沒個了期；故將這顆舍利子化為促織兒，與你們消除了這場因果也。（眾）阿彌陀佛。（生）今世裡不見償，再世裡成仇怨;我與你解釋了冤怨。

至於黃小乙，「不知我前世裡作何罪孽？」

你前世使用假銀，該受天嗔而死；前世裡曾造一大士金像，有此佛緣，故遇我來救你也。

這種果報之說，在佛教信仰裡是必然的；雖然其中或許有令人不解之處。

　　其次，「出家」也是一個值得關注的問題。〈親敘〉折：毛子實說他五歲閹割入宮，後來侍奉太后。靖康之難，保駕南度；很受太后寵信，升任太尉。他說：「十年前從駕南遷，過江之時，立一誓願：要剃度一僧。……已曾奏知太后」。

　　（副）太后懿旨：毛子實所奏，披剃了願；利國佑民，實為善事。著禮部取度牒一紙，衣單一具，齋僧錢五百貫；令毛子實靈隱寺酬願回奏。

在〈講經〉中也說他「向有誓願，披剃一僧，代為焚修；留此色身，聊以報國」。試問：焚修豈可替代？功德是自己修來的；恐怕無從替代。毛太尉剃度一僧，我們可以解釋為護持佛法，布施僧人；這也是功德。其實修行，也不一定要出家。〈佛圓〉折：毛子實說自己「一向昏昧不知，祈求懺悔，以釋前愆」，濟公說：「則無過修身報國勤行善」。沈提點也有所求：

【油葫蘆】……（末前立介）今日眼見活佛度世，沈某不願為官，亦願出家修行了。（生）既要修行，那在出家？則須看俺今日過，誰保得明朝健？這靈光莫苦被那妻兒騙，好向龍華會上結

良緣。

修行要保住靈光，不被情欲等蒙蔽即是；也就是說：處處都是道場，都可修行。僧人出家，是全心全意的為人類，為有情，無所求的付出；而不是誦經自度。[36] 蘭英則提出另一個要求：「今已洗心向道，如何了此殘生？」道濟的回答是：

> 【天下樂】說甚麼死死生生實可憐，冤也麼怨，孽債纏，只一句阿彌陀佛六字禪。……

「解脫生死」並不是「了此殘生」，而是要體會生死乃自然之事，無可畏懼。達賴喇嘛（1935- ）說：「死亡像換掉破舊的衣服。」[37]至於「阿彌陀佛六字禪」，即是稱名念佛修行，是修習禪定的方便法門。印順法師（1906-2005）謂以佛為所念境界，心在佛境上轉，依此得定。依名起念，依相起念，唯心念佛；進而達到念佛法身，悟入法性境界。[38] 不是口稱佛名而已。

在本劇中，比較有趣的問題是齋戒。道濟已披剃，「頭上頂僧伽，身兒上穿直裰。吃素持齋，粥飯持一鉢，此情怎說。無酒無餚，熬得人乾瘦」。「那葷腥味、那葷腥味，沒些答答。淡白酒、淡白酒，沒些呷呷。」受不得這般苦，就想跑下山。（〈打坐〉）長老問他：「味在口，還在心？」又問：「既在口，為何心上要吃？下了三寸喉嚨，究竟味在那裡？」打了道濟一掌，「酒肉共酸鹹，誰去將來作念也？」他因此悟了，跑去飛來峰；後來長老勸他回寺。他還是常常吃酒吃肉。蘭英說他是酒徒，犯了戒律，不修本

---

36 此依證嚴法師（1937- ）之說。

37 達賴喇嘛著、江支地譯：《生命之不可思議》（臺北：立緒出版社，1986）頁 2。

38 印順法師：〈念佛淺說〉，《淨土與禪》（新竹：正聞出版社，1998）頁 77-122。

業，「昏昏沉沉，倒在街頭，受著行人打罵」；這樣的僧人，怎能是金身羅漢？

　　（眾）如此說來，出家人亦不消斷酒除葷了？（生）咳，是何言哉！千百年劫中，只有道濟一人。大眾休錯了念頭。葷、酒雖是我的玩世，亦是俺的風聲。大眾從今一心持齋戒精進，切勿以道濟為藉口；正所謂「畫虎不成反類狗」也。【寄生草】戒律是如來造，修行人當奉言。有一個劉伶好酒遭刑憲，有一個青蓮好酒窮荒賤，有一個畢卓好酒官箴譴。若悟得、糟丘麴嶺也是金仙，不悟的、三杯五盞禪心亂。

素食斷酒，只是要阻絕亂性之根源而已。

　　道濟說葷、酒是他的玩世，他「仗癡顛而說法」；原來他的顛，是為了說法。他何以不像一般比丘一樣的坐禪誦經？我們可以從三段戲看出來。

　　（老）歷代祖師都是從蒲團上打坐出來的。……（生）呀，原來打坐參禪便可成佛作祖的。（老）正是。　　（〈打坐〉）

　　【北端正好】祖師禪，如來藏。兀突賬祖師禪，葫蘆提如來藏。好一個世界也，山與水亦不弱西方。（內鳴鐘介）那些和尚都去吃齋飯了。他們掛緇衣，剃光頭，都學那僧伽樣。咳，想你們好不苦也。少不得披毛戴角，做一個眾生相。　　（〈伏虎〉）

　　（生）我不同他們這些和尚。（淨）怎麼樣？（生）他們呵，

　　【金蕉葉】一個個持齋戒，茶包飯包。俺則是會脫套的詩豪酒豪。（淨）他們都是參禪悟道的。（生）怎道他悟道參禪，逞一味擔煩受惱。　　（〈當酒〉）

他以為一般僧人打坐參禪，甚麼祖師禪如來藏，其實都是兀突（同「糊塗」）賬、葫蘆提，不是真正了解佛藏真意；到頭來還是擔煩受惱，還是披毛戴角做一個眾生相。那麼他體會的佛法是如何？劇本中沒有明白交代。我們可以從他的作為推想：應是以救苦濟貧、度化眾生為主的修行。大約就是當今的人間佛教，應是慈悲濟世，淨

化人心，救苦救難，憐貧教富，拔苦予樂。當今證嚴法師（1937- ）領導常住僧、在家眾之所作所為，即是最好典範。

此外，劇本中還提到神秘能力或神通。〈披剃〉折遠豁堂長老說：

> 今日為毛太尉邊（當作「選」）度僧人，猛遇小子狂言罵座；老僧也放（當作「不放」）他氣喘，劈面下槌，他亦定然省悟。老僧下座入定，定中所見，原來卻是這段因緣；數該老僧與他證明。他乃夙有根基，不費十分磨煉。

此長老所以不嚴厲要求道濟之故。長老有神通，定中見因緣。而道濟在飛來峰伏虎，應是有神秘能力。他說：「我道濟為毛太尉棄世，被我在定中奪回生命。」他所謂定中，即是醉酒睡著之時。他覷見黃小乙將被雷劈，以神通退諸神。在太后夢中化緣，說「緣簿在毛子實處」以為驗證。〈佛圓〉折又歷數諸人因果。凡此種種，皆可見道濟的神通。印順法師以為神通是禪定所引發的常人所不能的超常經驗；這不是佛法的特色，是外道所共有的。佛弟子能身入禪定的，即有神通；非特殊情形，不能隨便表現。[39] 太后說破道濟是金身菩薩，道濟就坐化了；這也是神秘能力。[40]

五、結語

《醉菩提》是呈現道濟顛狂的人物喜劇。透過他的顛狂——飲

---

[39] 印順法師：《佛法概論》（新竹：正聞出版社，1998）頁 233-234。

[40] 此等坐化事件，如《濟顛儈師語錄》述遠瞎堂長老正月半與臨安知府下棋，諸山長老、十六廳朝官齊來；長老問緣故，侍者道：「我師只因去年正月半升法坐，道：『相呼相喚去來休，看取明年正月半。』語錄抄了告報諸山大剎；今日都來相送。」長老道：「我又不死里（同「哩」）——罷了，既是眾人都來了，豈可教他空回。」坐化而去。

酒食肉、衣衫藍縷、不拘禮法，展現了喜劇情感的藝術形式。劇中有許多滑稽的言談，超常的行徑，引逗觀覽者的歡笑。在喜劇中，蘊含了勸善的主題，同時也傳達了一些佛教的觀念與修為。

劇本從道濟要出家開始，直到他坐化。漫長的時間，事件與事件間的關聯性不很緊密；有時一個獨立事件就構成一折戲，如〈天打〉〈當酒〉〈散絹〉，與其他諸折的關聯性只是時間的延續。有時甚至於插入與道濟無關的戲，如〈教歌〉——此折戲是過場。大體說來，整本戲的情節安排顯得不很緊湊。同時，本戲的戲劇性——衝突，也稍嫌薄弱；這也使得該劇不能成為名作。當然，本戲中的某幾折，趣味性足，如〈當酒〉；有些顯現道濟的神秘能為，如〈天打〉〈伏虎〉，也能引發觀覽者的興味。

關於道濟，從一個簪纓家世，「學詩學禮，定有個登科及第」，風流瀟灑的書生，一變而披剃為沙門，忍不住打坐素食之苦想還俗，進而參悟，而為顛僧；然後「借色身而度世，仗癡顛而說法」。他與遠豁堂長老的禪機相對，〈打坐〉〈吃齋〉的滑稽；〈伏虎〉的狂態；〈當酒〉的酒徒模樣；〈度蟲〉〈天打〉〈散絹〉的慈悲；〈醒妓〉的棒喝度人；〈魂遊〉〈天打〉〈夢化〉的神秘能為；〈進香〉的不拘禮法、無視於太后威嚴；〈佛圓〉的羅漢莊嚴：在在呈顯了道濟的種種形象。只要演員得人，一定可以將道濟顛僧的精神，活靈活現的展現於眼前。

《醉菩提》的語言，樸素而明快，少用典故，不掉書袋；給人清新的感覺。就是要表現顛僧的行為舉止，用語自然不宜典雅，而是充滿顛狂的聲氣。〈驚訝〉一折，將毛太尉不能接受表弟出家的心情，刻畫極好；〈醒妓〉的針鋒相對，將當時的氣氛活生生的呈現出來。本劇有些戲，如〈情懷〉〈秋思〉，其實也情韻甚美，具有文士傳奇的聲調。周鞏平說本劇「音律和諧，排場生動，極易於

舞臺搬演」。[41] 劇本的成功與否，其實不能以閱讀來判斷；而是要實際演出。當然要有合適的演員，才可能將劇本的好演出來；也才能判定是不是一部好戲。

本劇的排場安排，大體不差；可是如果全本演出，某些排場的安排就不十分理想。如〈鬥蟀〉接〈度蟲〉，〈夢化〉連〈進香〉，前後都是大場面，並不妥善。當然，選擇其中任何一折單獨演出，就沒有這個問題。

另一問題是腳色安排。其中「生」，許多相連的排場都有戲分，〈當酒〉以後各折，都要出場；負擔甚重。有的腳色甚至在一折中要扮演兩個人物，如〈魂遊〉：開頭淨扮閻羅天子，唱完【點絳唇】【油葫蘆】兩曲即下場；第三支曲子【月雲高】，小生才唱六句，講幾句說白，淨又要扮勾魂使者上場。這如何趕得過來？〈佛圓〉折，末先出場扮長老，話還沒說完，又有末扮沈提點上場：兩「末」其中必有一誤，可能扮長老的是老末——可是本劇並沒有老末。又，〈吃齋〉折，淨扮長老；接著〈情懷〉折，外、淨扮沈提點的從人，末扮沈提點；沈命外、淨送鹿脯與醇酒去試探道濟是否可能還俗。緊接著〈伏虎〉折，淨、末扮送鹿脯與醇酒的差人；外改扮長老。接著〈冥勾〉折，末又扮沈提點。這樣子扮來扮去，演員改裝似乎有些兒麻煩。

此外，〈遊春〉折有一些問題：

> （旦、貼同上）（貼）妾身月英，妹子蘭英。⋯⋯（旦）姐姐，今日天氣晴和⋯⋯（末挽旦手，生挽貼手下）

案：依〈情懷〉〈秋思〉〈醒妓〉〈寄跡〉〈佛圓〉情節，當是「生挽旦手，末挽貼手」；又，同折末尾：

41　周肇平：《醉菩提·校點說明》。

（旦）妹子，李相公去遠了。（貼）啐。（旦）進去罷，妹子——
——我看那李相公豪興不淺。（貼）貴家公子，自是不同。（旦）
便是。明日來時，你要小心相待，不可怠慢。（貼）這個自然。

案：此段旦、貼應互換才是。又：〈秋思〉折：

（旦上）……奴家月英，自從那日聞知李相公披剃……

「月英」應是「蘭英」之誤。此等疏漏，疑原作已然。[42]

附錄　　《醉菩提》傳奇情節大要

說明	除生扮道濟外，其它腳色隨劇情扮演不同人物，均以括弧注明，其後扮同人物則不注；若更扮他人則另注明。又：副為副末，老為老旦。	
齣目	事　　　　　　　件	腳　色
家門	副末開場，述說大意。	副
1.親敘	毛子實太尉約敘其父盟姪沈提典（當作「點」），與表弟李修元。 毛氏奏請太后准剃度一僧於靈隱寺，邀二人同往。	小生. 外（僕）.末（沈）.生副（宋保）
2.爭護	靈隱寺、淨慈寺土地爭相隨侍金身羅漢到遠豁堂禪師座下披剃；韋馱勸二人同往迎接。	淨（章）.丑（土地）.副（土地）
3.游春	毛太尉奉旨往靈隱寺打齋，邀李、沈二人隨喜；李、沈出錢塘門外名妓居所，往訪月英、蘭英，飲茶。 毛太尉到靈隱寺，等候李、沈來行香。	生. 末.貼（月英）.旦（蘭英）
4.講經	長老說偈試眾選僧人，無人省得；又問「砍得高山一枝木，你道將來何所欲」，也無人省得。李修元回答「棄了這間茅草庵，再向靈山別築屋」，與長老應對。長老下座，修元悟知長老喝三聲、擊桌三下之意。	老（侍者）.外（長老）.小生. 末. 生
5.披剃	遠豁堂入定中知李生因緣，在方丈等候。李氏夜間至方丈叩門，情願拜長老為僧，不退悔。長老為他取法名「道濟」，當夜剃頭皈依。	外. 生. 老

42　本處旦、貼之誤，周鞏平校點本未出校；則數種抄本應相同，非鄭氏藏本有誤而已。

6.驚訝	毛、沈抱怨昨日未得其人，今須另設一齋。未見李生，沈去尋找；毛往謁長老。長老告知已披剃道濟；原是李生。毛、沈驚訝，苦勸道濟；道濟表明出家決心。	小生.末.生.外
7.付篦	監寺向長老說道濟在禪房不像出家的體統。長老交付竹篦，責成道濟蒲團打坐。若磕睡就打；但是要求監寺「從寬簡簡」。	外老（監寺）
8.打坐	道濟不知打坐，監寺教導他。道濟再三跌下禪床，被監寺竹篦鞭打。道濟苦惱，要跑下山。長老責他攪清規；道濟答以「熬不得口淡身虛」。長老要道濟相陪吃齋；道濟以爲有酒肉，乃留下。	生.老.外
9.湖宴	毛氏因道濟出家，快快不樂；宋保等人在湖心亭治酒爲他解悶。南屏晚鐘響起，毛氏叫「把撞鐘的和尚鎖了」，和尚、道人來抄化，毛氏說「與我鎖了，送到縣裡去，重責三十板，枷號一月。」眾人勸解，才饒恕二人。	小生.丑.副（宋保）末（苗應）淨（趙守謙）.外（僧）
10.吃齋	道濟以爲長老「必定有些葷菜酒肉吃」，豈知僅是齋飯一碗，無肉魚酒雞鴨。長老告戒道濟吃齋；道濟：「這飯其實吃不慣。」長老：「味在口，還在心？」「味在口。」「既在口，爲何心上要吃？⋯⋯吃我一掌。」道濟推撞倒長老走了；長老喊「方丈有賊！」「佛家寶傾囊盜去竟潛逃！」	雜.生.外（長老）.老.末＆丑（僧人）
11.情懷	蘭英自見李修元後思念成愁，因愁成病。沈提點來訪。告知李氏已出家。沈出主意，差人送鹿脯、醇酒與李，「說我在二位姑娘家飲酒。」試探李是否有還俗之機。	旦.貼.末（沈）.外＆淨（隨從）
12.伏虎	道濟在飛來峰與白猿、玩伴游玩，打觔斗。玩伴予他肉餅等。毛、沈所差人送來鹿脯美酒，待道濟飲酒吃畢，說蘭英相思不已，「留髮還俗如何？」「亦好⋯⋯虎來了！」道濟伏虎、騎虎。 長老看道濟顛狂，勸他「須存和尚的品」，要他去做淨慈寺興大工的功德；道濟「謹遵師父法旨。弟子從今洗心懺悔了。」	生.丑副（玩伴）.淨＆末（毛沈差人）.外（長老）
13.冥勾	毛太尉因道濟出家，鬱鬱成病；太后賚賜金珠玉帛以供調養。沈提點來，告知道濟事；而毛氏昏迷。道濟路遇沈氏差人來請商議毛氏後事。道濟說「不死的」，可以起死回生；要一罎酒、葷菜，大醉睡倒。	副（公公）.小生.末（沈）.丑（幹辦）.生

14.魂遊	毛太尉魂魄被勾魂使勾至陰司，經鬼門關、奈何橋，看見枉死城、惡犬村，忽被眾鬼持刀仗劍來捉。正危急之際，道濟（金身羅漢）來相救：「毛子實樂善好施，添壽二紀……送還陽世。」	淨（閻王）．（勾魂使）．判使.小生.二旦（童子）.小鬼生
15.遇溜	道濟住毛太尉府中不奈煩，出門閒步；遇曾買酒請他的王阿溜。阿溜貧困已極，發現道濟頭上有一蝨子，想當點心。道濟說那是恩人，「頃刻幻形……做了王彥章將軍。」叫阿溜到萬松嶺南方尋寶鈔。阿溜只捉回赤練蛇頭上的促織，要賣與晃張三、要李四。	丑（王阿溜）.生
16.得寶	公公宋保因買的促織不好，責罵晃張三、要李四，要三日內買好促織。二人發愁，遇王阿溜來賣促織。王阿溜實得五百寶鈔。	淨（張三）末（李四）副（宋保）.丑
17.鬥蟀	端王、肅王奏請隆佑太后觀賞鬥蟋蟀之戲；宣太尉宋保、王元鬥蟋蟀。二昭儀把綵，王爺監局；有彩頭。宋保贏了王元，再贏鄭信，又贏賈元。太后以爲宋保的蟋蟀「真乃無價之寶，賜名王彥章將軍」。	二雜旦（昭儀）.老（太后）小生末（王爺）副.丑（王元）.外（鄭信）.淨（賈元）
18.度蟲	毛太尉病癒，道濟、沈提點來探視。毛說病中魂遊冥地，有金身羅漢相救。宋公公來賀；並說鬥蟋蟀連勝三局，太后賜名事。毛氏要借觀蟋蟀；而蟋蟀已死。道濟說這蟲與他「有些瓜葛」，下火超度。	外（侍者）.小生（毛）.末（沈）.生.副（宋保）
19.秋思	月英（當作「蘭英」）秋日思念李修元，不去參加諸老爺的西湖盛會。	旦.淨（鴇兒）
20.醒妓	月英、蘭英在門前閒眺，見一個醉酒和尚來。言語中，和尚觸怒了蘭英二人，被鴇兒打了。正好沈提點來到，才知和尚原是李修元；於是置酒。道濟大醉，趁機點醒蘭英皈依修道。	生.旦.貼（月英）.末外（僕）
21.亂禪	遠豁堂圓寂，昌長老住持靈隱寺；眾僧告道濟不守清規，酒肉亂法堂。適道濟歸來，長老問他行止；他道飲酒宿娼，且帶狗腿肉回來要與諸僧開葷。眾僧要求逐出道濟，否則起單。適淨慈寺德輝長老請道濟作募緣疏引；昌長老乃寫書薦道濟到淨慈寺執事。	淨（昌長老）.眾僧.生.副（知事僧）
22.天打	道濟往淨慈寺，大雨，入龍王廟避雨。黃小乙也來避雨；道濟見他頭上有招旗，將遭雷打死。道濟探知他真是孝子，設法解救，免於雷霹。	生.淨（黃小乙）眾

23.教歌	叫化子教眾乞兒唱蓮花落，以便乞討。	丑（叫化）.眾
24.當酒	天寒大雪，道濟到小酒店吃酒；沒銅錢，脫下僧衣當酒兩壺。道濟醉了要更多酒，引起小二惱怒；拿柴棍打人。吵鬧中，媽媽要小二「算布施與他吃了」，還把衣服還他。雪中，道濟跌入泥坑。	生.淨（店小二）.老（媽媽）
25.散絹	宋公公救起跌在坑中的道濟，請他喝酒，送他五疋絹、五貫錢。道濟回淨慈寺，路見一群挨餓受凍的叫化子，於是將絹、錢送予他們。	副（宋保）生.眾
26.託募	德輝長老為淨慈寺遭回祿已經三年，殿宇成灰，化緣已久，不敷重建，正自煩腦。道濟自宋公公所得來多筍，帶回與長老嘗新。問知長老心事，願於三日內化得十萬金錢；但要求買來五十斤大罈酒。	淨（化主）末（德輝）生
27.夢化	天未明，毛太尉上朝房；道濟攔路，化緣十萬金錢修建淨慈寺，將緣簿交與太尉，「三日內在你身上討要。」原來夜間太后夢中，道濟已化緣十萬金，並說緣簿在毛子實處。太后一早宣毛氏進宮，問淨慈寺修建事。	小生.生.老（太后）二侍女.韋馱
28.進香	德輝長老見道濟說三日內要化十萬金錢，今無蹤影，以為是瘋話。僧人來報道濟撞鐘、敲鼓；以為顛狂。忽傳山門外解到十萬金錢，太后進香。太后宣道濟，道濟正吃酒，抱罈見駕；太后見是夢中羅漢，要求超度。道濟朝太后連翻三個觔斗跑了。太后既返；長老怪道濟「不知跑到那裡去了」，僧人來報：「在羅漢香積桌上盤膝坐化了。」	末.淨丑（僧人）二太監二宮女.小生老.生
29.寄跡	月英正勸蘭英不要修行；道濟來說「又要到別處去了……有書一封，寄與德輝長老，鞋子一雙、畫一軸寄與毛太尉、沈提點。」並說八月二十六日到淨慈寺，便知他的去向。	貼.旦.生.
30.佛圓	道濟百日下火，太后賜御祭一壇，金珠五萬營葬建塔；朝官、太尉、財主，多來拈香弔送。下火，火中現出金身羅漢濟公，致謝大眾供養，並向毛太尉、沈提點、宋保、月英、蘭英、黃小乙、王阿溜開示因果。	末（德輝沈）.小生.貼旦.丑（阿溜）淨（小乙）.副生.韋馱.二童

蔣士銓臨川夢對湯顯祖牡丹亭主題的體會

一‧前言

　　蔣士銓（1725-1785）字心餘，一字苕生，號清容，江西鉛山人；是清代乾隆年間（1736-1795）著名的文學家。雖曾入仕為官，而官位不顯。能詩文，有詩集、文集、詞集傳世。又能戲曲，著有雜劇、傳奇十餘種：

> 《西江祝嘏》雜劇四種：〈康衢樂〉、〈忉利天〉、〈長生籙〉、〈昇平瑞〉
>
> 《紅雪樓九種曲》（又名《藏園九種曲》）：有雜劇三種：〈一片石〉、〈四絃秋〉、〈第二碑〉，傳奇六種：《冬青樹》、《空谷香》、《香祖樓》、《桂林霜》、《雪中人》、《臨川夢》。
>
> 《紅雪樓逸稿》：有雜劇〈采石磯〉、〈廬山會〉；傳奇《採樵圖》。[1]

此外，李調元曾說：「聞其疾中尚有左手所撰十五種曲，未刊。」[2] 不知確否？

---

[1] 邵海清校注《臨川夢‧前言》，（上海：古籍出版社，1989），頁2。又，莊一拂，《古典戲曲存目彙考》（上海：古籍出版社，1982），頁729-741；頁1328-1331，所謂《紅雪樓逸稿》，莊氏皆謂「乾隆間刊本」。

[2] 李調元：《雨村曲話》卷下，《中國古典戲曲論著集成》（北京：中國戲劇出版社，1959）。又，《歷代詩史長篇第二輯》（臺北：鼎文書局據《中國古典戲曲論著集成》重印本，1974）。又見邵海清校注《臨川夢‧附錄三》引，頁224。

　　蔣氏戲曲，在當時已負盛名，甚至稱爲當時第一。[3] 或稱許《冬青樹》，[4] 或稱許《臨川夢》，[5] 各有好尙，不必強同。

　　蔣氏之所以作《臨川夢》，據他自己在《臨川夢‧自序》所言，是仰慕鄉先輩湯顯祖（1550-1616）的大節，不忍他被人視爲「詞人」，因此，「乃採各書及《玉茗集》中所載種種情事，譜爲《臨川夢》一劇，摹繪先生人品，現身場上；庶幾癡人不以先生爲詞人也歟！」用心可謂良苦。湯氏的行誼志節，大抵可在劇中顯現；至於與史實不合之處，尙不可免。畢竟要將一個人的生平事蹟，藉戲曲表達，自然不是容易的事；因爲戲曲文學到底不是歷史著作，戲曲文學要考慮的是「戲」，是藝術，而不是個別事件的記錄。

　　湯顯祖撰《紫簫記》，改訂爲《紫釵記》，以及《牡丹亭》、《南柯記》、《邯鄲記》，蘊含了湯氏的理想，以及人生觀的轉變；他對愛情與功名，皆可在傳奇作品中看出他的態度。這與他一生的際遇、社會環境、學術思想潮流，自然有密切的關係。[6] 蔣氏《臨川夢》將《玉茗堂四夢》的重要觀念納入，並藉其中主要人物（《牡丹亭》除外）及俞二姑，在戲中現身說法。此等寫作方式，是否達到戲劇效果，

3　同註2。又，梁廷枏《曲話》卷三：「蔣心餘太史士銓九種曲，吐屬清婉，自是詩人本色。不以矜才使氣爲能，故近數十年作者，無以尙之。（臺北：鼎文書局《歷代詩史長編第二輯》本），又見邵海清校注《臨川夢‧附錄三》引，頁223。

4　蔣瑞藻：《小說考證》續編卷三引《曲欄閑話》：「蔣心餘《藏園九種曲》，爲乾隆時一大著作，尤以《冬青樹》爲最。」（臺北：萬年青書局，1971）頁409。又見註1邵氏書引，頁231。

5　吳梅：《顧曲塵談》第四章〈談曲〉，（臺北：廣文書局，1962），頁186。

6　如夏寫時〈牡丹亭曲意滄桑史〉，《論中國戲劇批評》（濟南：齊魯，1988），頁271-287。

是否達到蔣氏自己宣稱的寫作企圖；並不是本文要討論的問題。本文只是要考察蔣氏《臨川夢》一劇對《牡丹亭》的主題（theme）是否充分發揮；蔣氏對《牡丹亭》的主題，體會情況如何？其他問題，本文無暇論及。

　　當然，每一讀者閱讀作品的體會，因經驗的差異，必有不同的結果。以我閱讀之所得，來評論蔣氏閱讀之所得，自然不夠客觀而且有欠公允。然而，文學批評的工作，本來就容許讀者從各種觀點，用不同的方法，來探討作品。同時，筆者是把《牡丹亭》與《臨川夢》當作戲劇文學來處理，而不是當作「戲劇」來討論。

二·《臨川夢》所呈現的《牡丹亭》主題

　　近時學者大抵考知湯顯祖的《牡丹亭還魂記》（簡稱《牡丹亭》或《還魂記》）是鋪衍〈杜麗娘慕色還魂〉話本而成；[7] 但是，前人不知，以為是諷刺他人而作。其中以諷刺曇陽子之說流傳最廣。蔣士銓在《臨川夢》中，假借劇中人物之口，指出《牡丹亭》乃因曇陽子而作。〈第十七齣·集夢〉：

　　　（貼）這本曲詞，是他第一得意之筆，名曰《牡丹亭》，乃杜麗娘還魂之事。

　　　（小生）我和你唐朝，沒有什麼杜麗娘呀！

　　　（貼）非也，此莊生寓言也。蓋為太倉王氏曇陽子而作。

蔣氏借演員貼（霍小玉）、小生（淳于棼）對話，指出湯氏創作動機。〈第十九齣·說夢〉又借淨（覺華宮自在天王）之口，對小旦（俞二姑）

7　如胡士瑩《話本小說概論》（臺北：丹青，據 1979 年版重排印，1984），頁509-515。又徐朔方、楊笑梅校注《牡丹亭》前言；周育德《湯顯祖論稿》（北京：文化藝術出社，1991）；楊振良《牡丹亭研究》（臺北：臺灣學生書局，1992），頁 26-35。其他尚多，不贅舉。

唱：

> 【油葫蘆】可記得蜀國相如短行來，把文君連夜拐。雖則是僧祇
> 劫裡業緣該，畢竟你龍華會上真身壞。因此把蠶絲燭淚還前債。
> 累了他鵷鵠翁筆興飛，不顧那曇陽子情淚篩，留下這奇文一卷將
> 伊害；怎能不憐薄命惜多才。

這是覺華自在天王對俞二姑說明俞氏所以短折之故；卻也指明鵷鵠翁
——湯顯祖為曇陽子而作《牡丹亭》。又：〈第二十齣‧了夢〉云：

> （末、小生、貼同上）
>
> 【羅袍歌】真見，文詞奇妙，把曇陽往事隱誚旁嘲。說仙說佛度
> 吾曹，如嗔如喜承君教。……

末扮《邯鄲記》中之盧生；小生扮《南柯記》之淳于棼，貼扮《紫釵
記》中的霍小玉。三人皆以為《牡丹亭》係譜曇陽子事。這實在是蔣
士銓的意見，他聽信傳言，才有此說。按：明代徐樹丕《活埋庵識小
錄》云：

> 湯若士文章，在我朝指不多屈；出其緒餘為傳奇，驚才絕豔，《牡
> 丹亭》尤為膾炙。往歲聞之文中翰啟嫩云：「若士素恨太倉公，
> 此傳奇杜麗娘之死而更生，以況曇陽子；而平章則暗景相公也。」
> 按曇陽仙蹟，王元美為之作傳，亦既彰影矣。其後，太倉人更有
> 異議云：曇陽入龕後復生，至嫁為徽人婦。其說曖昧不可知；若
> 士則以為實然耳。[8]

「太倉公」為王錫爵（1534-1610）；曇陽子為王氏女，名桂，年十七
許嫁徐景詔；將嫁，奉觀世音像，長齋受戒，禪居三月，徐氏卒；女
縞服，夢見朱真君，命王氏名熹貞，號曇陽，醒而却食，唯進桃杏汁，
年廿三卒。[9]據徐樹丕之說，以《牡丹亭》為刺曇陽而作，實為文啟
嫩之言。蔣氏《臨川夢》信用其說，並以為湯氏有憾於王錫爵，第一

8　同註4蔣瑞藻引，頁542。

9　王世貞：《弇州山人四部稿續稿》卷七十八〈曇陽大師傳〉。

齣〈拒弋〉中，外末扮李三才云：「兄前次會試，不合罵了陳眉公，以致太倉見抑。」以為陳繼儒（1558-1639）在王氏前說壞話，遂使湯氏會試不第。[10] 其說尚待斟酌。

至於《牡丹亭》傳奇所要表達的主要思想，蔣氏曾借湯顯祖之口，在〈譜夢〉一齣中，表明寫作《牡丹亭》之用心，即《牡丹亭‧題詞》中所言的「情」字，又借劇中人物俞二姑來表明：〈第四齣‧想夢〉：

（小旦持曲本上）

【青玉案】心頭憨地添留戀，沒理會愁千片。幾度尋愁尋不見，疑真認假，從因生現；空際思量遍。（坐介）……奴家俞氏，小名二姑……前日購得《牡丹亭》曲本，乃是江西湯顯祖所著，看他文字之中，意旨之外，情絲結網，恨淚成河。我想此君胸次，必有萬分感嘆，各種傷懷，乃以美人香草，寄託幽情。所謂嘻笑怒罵，皆是微詞。咳，非我佳人，莫之能解。湯君哪湯君，你有這等性情了悟，豈是雕蟲篆刻之輩！世上那些蠢才，看了此曲，不以為淫，必譏其豔；說你不過一個詞章之士，何異癡人說夢。……

【梁州新郎】春雲無著，微風舒卷，搖曳文心幽倩。發揮奇妙，中藏萬古情天。是你參尋知覺，打破虛空，筆下開生面。……〔即以事迹而論，這杜麗娘畢竟是個癡人，方才生出種種情境來呦！〕

（小旦）大凡人之性情氣節，文字中再掩不住。我看這本詞曲，雖是他遊戲之文；然其中感慨激昂，是一個有血性的丈夫。他寫杜女癡情，至死不變；正是借以自況；所謂其愚不可及也。

【錦後拍】〔湯先生自有千古者在。一個甲科，何足為先生重乎！可笑那杜麗娘呵，〕識見淺，要夫婿宮花雙顫，險些兒被桃條打散夢中緣。

又〈第十齣‧殉夢〉：

---

10 蔣士銓〈玉茗先生傳〉：「年二十一，舉於鄉；忤陳繼儒，遂以媒藥下等。」見註 1 邵氏書引，頁 214-215。

【巫山十二峯】……〔（老旦）這本《牡丹亭》畢竟如何作怪，
把你害得如此？（小旦）咳，養娘，這是他自寫情懷之作，何曾
有什麼杜小姐！若論那柳郎君，不過是一個貪名好色之人；雖極
力寫他，卻是極力罵他呢！〕求名看寶無身分，秋風一棍。縱然
帽壓宮花，被桃條敲的狠。〔至於遇鬼開墳，無非可發一笑。……
人生所貴相知者，此心耳。古人云：得一知己，死可不恨。何必
訂成眷屬乎！〕……（老旦）

【尾聲】人間只有情難盡，他情外生情特認真。咳、湯老爺呀、
不知你得了這一個知音你死也肯未肯？

又〈第十五齣・寄曲〉：

（老旦）俺那二姑呵，

【二郎神】空閨裡，對寒燈玩新詞無奈，有萬種呻吟難索解。〔（生）
敢是慕那麗娘得諧佳耦麼？（老旦）非也，他說那兩人呀！〕不
過虛無縹緲；是仙郎自寫情懷。……

此劇中，老旦扮養娘，小旦扮俞二姑，生扮湯顯祖。據此中所言：是
蔣氏明知湯氏《牡丹亭》是「自寫情懷」，其主題以「情」，尤其「愛
情」爲主，以科舉功名爲附屬，所謂「以香草美人，寄託幽情」，以
爲湯君「性情了悟」，其詞曲「中藏萬古情天」，「寫杜女癡情，至
死不變；正是借以自況。」其實，蔣氏譜《臨川夢》也是借以自況。[11]

三、《牡丹亭》的主題

《牡丹亭》的主題（theme）爲何？要傳達什麼概念？湯顯祖在
《牡丹亭・題詞》裡已明白指出：

天下女子有情，寧有如杜麗娘者乎！夢其人即病，病即彌連；至

---

11 徐珂《曲稗・演臨川夢傳奇》：「蔣心餘……其才其遇，無一不與明湯玉茗相
類；因爲《臨川夢》傳奇以自況焉。」見註1邵氏書引，頁235。

手畫形容，傳於世而後死。死三年矣，復能於溟莫中求得其所夢
者而生。如麗娘者乃可謂之有情人耳。情不知所起，一往而深；
生者可以死，死可以生。生而不可與死，死而不可復生者，皆非
情之至也。夢中之情，何必非真？天下豈少夢中之人耶！必因薦
枕而成親，待掛冠而為密者，皆行骸之論也。

可見湯氏所要表達的主題是情之至的愛情，不是「形骸之論」的肉體
之情。關於這一點，可以在整個戲劇行動以及人物性格中獲得印證。
其實，與湯氏並時的陳繼儒也曾指出：「夫乾坤首戴乎《易》，鄭、
衛不刪於《詩》，非情也乎哉！不若臨川老人括男女之思而托之於夢。」
[12] 後來，錢謙益（1582-1664）也論及「四夢之書，雖復留連風懷，
感激物態，要于洗蕩情塵，銷歸空有。」[13] 再其後王思任更明言：「《牡
丹亭》，情也。若士以為情不可以論理，死不足以盡情；千百情事，
一死而止；則情莫有深於阿麗者矣。」[14] 吳奭几也說：「若士言情，
以為情見於人倫，人倫始於夫婦。麗娘一夢所惑，而矢以為夫；之死
靡忒，則亦情之正也。」[15] 在在皆指陳《牡丹亭》的主題在於「情」
之一字，尤其是真情，真愛情。

　　這一主題，是透過女主角杜麗娘的追求愛情來呈現。杜麗娘是南
安太守杜寶之女，家教嚴格。〈第九齣・肅苑〉她的丫頭春香說：

看他名為國色，實守家聲。嫩臉嬌羞，老成尊重。只因老爺延師
教授，讀到《毛詩》第一章：「窈窕淑女，君子好逑。」悄然廢
書而歎曰：「聖人之情，盡見於此矣。今古同懷，豈不然乎？」

於是，杜女在春香慫恿下，去遊後花園；因而引起傷春之感，〈驚夢〉

[12] 蔡毅《中國古典戲曲序跋彙編》引陳繼儒《批點牡丹亭・題詞》，（濟南：齊
　　魯書社，1989）頁1226。

[13] 錢謙益：《列朝詩集小傳》（臺北：世界書局，1985），頁562。

[14] 同註12引《批點玉茗堂牡丹亭・敘》，頁1227-1229。

[15] 同註12，頁1247引。

云：

> （旦）不到園林，怎知春色如許！
>
> 【皂羅袍】原來姹紫嫣紅開遍，似這般都付與斷井頹垣，良辰美景奈何天，賞心樂事誰家院。……
>
> （旦）春呵，得知你兩留連，春去如何遣？……天呵，春色惱人，信有之乎！常觀詩詞樂府，古之女子，因春感情，遇秋成恨，誠不謬矣。吾今年已二八，未逢折桂之夫；忽慕春情，怎得蟾宮之客？昔日韓夫人得遇于郎，張生偶逢崔氏，曾有《題紅記》、《崔徽傳》二書。此佳人才子，前以密約偷期，後皆得成秦晉。（長歎介）吾生於宦族，長在名門，年已及笄，不得早成佳配，誠為虛度青春，光陰如過隙耳。（淚介）可惜妾身顏色如花，豈料命如一葉乎！

她因遊園疲乏，隱几而眠；夢見一生折柳半枝前來相逗。杜女自述夢中情境，說：

> 只見那生向前說了幾句傷心話兒，將奴摟抱去牡丹亭畔，芍藥闌邊，共成雲雨之歡。兩情和合，真個是千般愛惜，萬種溫存。

夢中情景，使他迷戀不已。後來，背卻春香，重遊花園，「只圖舊夢重來，其奈新愁一段」。正入園，春香來喚：於是支遣開春香，尋夢園中；來到日昨夢中之地，想起夢中繾綣之情，無限傷感。怎奈「尋來尋去，都不見了。牡丹亭、芍藥闌。怎生這般淒涼冷落，杳無人跡？好不傷心也！」傷心歸來，那期盼「折桂之夫」的情懷，越發殷切，終至病倒。看看日漸憔悴，恐將不起，於是畫下真容，題詩寄意。臨死前要求葬於梅下，真容畫匣放在太湖石下，「有心靈翰墨春容，儻直那人知重。」盼望夢中情人能拾得畫像，誰知「一病傷春死了」。

　　杜女既死，葬於梅樹下，割花園為「梅花菴觀」。她的魂魄來到地府，判官因她所犯為夢中之罪，其父清正，可以赦饒。杜女還請判官查查她的丈夫「還是姓柳姓梅」？冥莫中仍不忘懷夫婿。判官查得柳夢梅是新科狀元，「妻杜麗娘；前係幽歡，後成明配，相會在紅梅

觀中」，於是放杜女出枉死城，隨風遊戲，跟尋柳夢梅。

　　卻說柳夢梅自嶺南北遊求官，來到南安府，病倒雪中，被杜女之師陳贊良所救，養病梅花觀中。後，拾得杜女畫像，日日拜之、叫之、贊之。終於杜女之魂與柳生幽媾，成其姻緣。杜女教柳生開墳，因而復生，終得正式婚配，柳生也取得功名；杜女一家終得完聚。

　　杜女此等際遇，實在匪夷所思。誦〈關雎〉而思春，遊園而傷春，夢與書生歡好而思慕不已，遂致病損，慕色而亡。亡魂又與所夢書生幽媾成親，死三年又得復生，續成夢中婚配之事。即湯氏在〈題詞〉所說：「第云理之所必無，安知情之所必有邪！」董每戡說：「現象上，這不是現實的，是幻想的；本質上說，卻是真實的」。[16] 此即是亞里斯多德（Aristotle 384-322 B.C.）《詩學》第九章所稱的：「詩人所描述者，不是已發生之事，而是一種可能發生之事，亦即一種蓋然的或必然的可能性。」廿四章說：「詩人與其採取一種令人難以相信之可能，毋寧採取一種可能之不可能。」[17] 所謂「令人難以相信之可能」，也就是「不可能之可能」（improbable possibilities）是說此事在邏輯上不可能，而在現實世界中卻會發生。「可能之不可能」（probable possibilities）乃是說在邏輯上可能，而在現實世界則不可能發生；此實在假設條件下建造而成。[18] 《牡丹亭》中杜女的際遇屬後者。這其實是作家心中的夢想。

　　精神分析學家卡爾‧楊格（Carl G. Jung）曾指出藝術創作，可以是心理學式的（psychological），其題材取自廣博的人生意識經驗：也可以是幻覺式的（Visionary），其素材不是人人耳熟能詳的，而是

---

[16] 董每戡：《五大名劇論‧論還魂記》（北京：人民文學，1984）頁 308。

[17] 姚一葦：《詩學箋註》（臺北：中華，1978）頁 86、190。

[18] 姚一葦：《戲劇原理》（臺北：書林，1992）頁 110-111。

源自人類心靈深處，無法瞭解的原始經驗。[19] 《牡丹亭》的描寫，有心理學式的，也有幻覺式的——杜女的死後世界及復生，即是幻覺式的。吾人不必以其非現實而加以否定，因其中含有難以明言的「真實」。

人類的心理機制是極為複雜的。他可能將現實生活中的挫敗、沒有完成的，或者不可能達成的，或者是希望達成的事，編織為「白日夢」，自己即是夢中的主角，完成美夢；藉以獲致心理的平衡。作家也是一樣，會編織「白日夢」；更會在不知不覺中，在沒有意識到的情況，把自己的「白日夢」流露在作品中，尤其是浪漫性格的作家更是如此。因此，我們可以在作品中，看到作家的意識以及潛意識（the unconscious）。作品中的主角，經常就是作家的化身——至少是寫作當時的化身。依此而言，《牡丹亭》中，柳夢梅即是湯顯祖的化身；柳夢梅追求的理想女性杜麗娘，也是湯顯祖內心追求的理想女性。——其實，從另一視角來說，杜麗娘也是湯顯祖的另一化身。卡爾·楊格認為每個人的內心深處，都有一個無從查覺的異性自我（或譯「生機」，男性的內我寫為anima，女性的內我寫為animus）。此即是人類所以會一見鍾情之故，即是尋得了內我。依此而論，杜麗娘其實是湯顯祖的內我。

《牡丹亭》的主題在於「愛情」，除了從故事情節可以得知外，《牡丹亭》中經常出現的意象：牡丹、柳、梅、芍藥，其象徵意義也都指向愛情。杜女追求愛情，即是湯氏追求愛情。湯氏的婚姻狀況我們不得而知；但大致而言，古時（至少明、清時期）中國人的愛情是不能自主的，許多文人在他們的作品中，流露了對愛情的渴望。湯氏

---

[19] Carl G. Jung, "*Modern Man in Search of A Soul*" 黃奇銘譯，《追求靈魂的現代人》〈心理學與文學〉（臺北：志文出版社，1971），頁181-205，。

在《牡丹亭》中表露了對真愛情的追求，並不足為怪。當然，一件偉大的藝術品所呈現的意義不止一端；但基本上是以某一個為主，餘者為從，值得吾人特別注意的是主，不是從。《牡丹亭》即是以「愛情」為主，即第一齣〈蝶戀花〉一曲所說的：「世間只有情難訴」、「但是相思莫相負，牡丹亭上三生路」。情節是以杜女追求愛情為主，其他的只是襯托，用以輔助愛情的完成而已。

　　或許有人質疑：一個人何以有兩個化身？我認為人的心理機制複雜而難知，瞬息萬念；我們常說「又愛又恨」，即是如此。何況柳生與杜女之為湯氏化身，是一表一裡，分屬兩個層次。或許又有人質疑：《牡丹亭》故事來自〈杜麗娘慕色還魂〉話本，則柳生、杜女應是話本作者化身，何以是湯氏？我以為作家所以會將別人作品改編，必是該作品「深得我心」，「言吾之所欲言」，他先認同該作品，作品作者即是另一個「我」；如此，才能改編成功，否則必定失敗。因之話本作者之「我」，非形骸之「我」。然則，湯氏「玉茗堂四夢」皆改編自他人之作，湯氏之「我」豈非不止一個？誠然，人之心理是變動的，今日之「我」，未必同於昨日之「我」；何況「我」仍有許多不同面貌，同時之間，可以有數個「我」存在。其實，若能以精神分析的方法，來討論湯氏的傳奇作品，必有可觀的成績。[20]

四、《臨川夢》對《牡丹亭》主題體會之得失

　　蔣氏《臨川夢》對湯氏《牡丹亭》的體會，已見前述。其中湯氏為刺婁陽子而作《牡丹亭》之說，實有待斟酌的。按：蔣氏之說，藉劇中人物之口道出，其說本於徐樹丕《識小錄》轉述文啟孃之說。按：

---

[20] 案：已有人從事，如徐保衛〈臨川四夢與湯顯祖夢境心理分析〉，《華東師範大學學報》69（1987.1）。

朱彝尊（1629-1709）《靜志居詩話》卷十五〈湯顯祖〉條曾駁斥此說：

> 其《牡丹亭》曲本……世或相傳云刺曇陽子而作。然太倉相君實
> 先令家樂演之；且云：「吾老年人近頗為此曲惆悵。」假令人言
> 可信，相君雖盛德有容，必不反演之於家也。

可見王錫爵並不以為該劇為諷刺王氏女，故於家中演此戲。至於〈拒
弋〉一齣所云：「兄前次會試，不合罵了陳眉公，以致太倉見抑。」
按：陳繼儒眉公，生於西元1558年，當晚於湯顯祖八年。蔣氏〈玉茗
先生傳〉說湯氏「年二十一，舉於鄉，忤陳繼儒，遂以媒孽下第。」
據徐朔方《湯顯祖年譜》：湯春試不第在隆慶五年，時廿二歲（虛歲，
下同），陳繼儒才十四歲，王錫爵之子王衡方十一歲，如何在王錫爵
面前說壞話？即使是萬曆五年時，湯廿八，陳二十，王衡十七歲。陳
氏「未有依附事」，蔣氏說不足信。[21] 況且陳繼儒《批點牡丹亭・題
詞》亦頗許可湯氏：

> 吾朝楊用修長於論詞，而不嫻於造曲。徐文長《四聲猿》能排突
> 元人，長於北而又不長於南。獨湯臨川最稱當行本色。以《花間》、
> 《蘭畹》之餘彩，創為《牡丹亭》，則翻空轉換極矣！[22]

據此題詞固然不足以證明陳氏早年不詆諆湯氏，但足以看出陳氏稱許
湯氏之文學。

　　縱使如徐樹丕所言：湯氏相信太倉人異議，以為曇陽子既死，入
龕後復生，嫁為徽人婦；因而引起寫作《牡丹亭》之心。然則《牡丹
亭》之故事情節，皆與曇陽子無關，實在不可說是「刺」曇陽子。蔣
氏有意以湯氏之拒權臣收攬網羅，來彰顯湯氏志節；卻藉戲曲指明湯
氏有憾於王錫爵，所以譜戲曲來諷刺王錫爵之女。吾人以為這不是要
彰顯湯氏，反而是貶抑湯氏。

---

[21] 同註1邵氏書，〈第一齣〉注八九，頁18。

[22] 同註12。

　　前文第二節曾據《臨川夢》中人物俞二姑、養娘之口,指陳蔣氏
所體會的《牡丹亭》主題,在於「情」,尤其愛情。這個看法,已在
第三節論《牡丹亭》主題中獲得印證。然而蔣氏在〈譜夢〉中,除引
湯氏〈題詞〉外,又借生(湯顯祖)之口,說:

> (旦)官人文心之妙,一至於此;只怕沒有這等可意之事呦!
> (生)娘子,但云理之所必無,不妨情之所或有;管他則甚!
> 【前腔】情將萬物羈,情把三塗繫。〈小雅〉〈離騷〉,結就情
> 天地。〔娘子,這麗娘與柳生,是夫妻愛戀之情;那杜老與夫人,
> 是兒女哀痛之情;就是腐儒、石姑,亦有趨炎附勢之情;推而至
> 於盜賊蟲蟻,無不各有貪嗔癡愛之情。惟有忠臣孝子,義夫節婦,
> 能得其情之正耳!人苟無情,盜賊禽獸之不若,雖生猶死;富貴
> 壽考,曾何足云!〕……

這些話,都可說切合湯顯祖詩文著作中的意見。[23] 可以補足上文之意。

　　《牡丹亭》的主題,自然在於「愛情」;然此愛情之所以可貴,
實在於杜麗娘為一「有情人」,一往情深,其情為「情之至」,不是
形骸之愛而已。自然,湯氏其他傳奇,也在表達「情」,所謂「因情
成夢,因夢成戲」;[24] 但情有別類,四夢實以杜麗娘之情最為感人。
這一點,蔣士銓應該是體會到了,因此在《臨川夢》中安排了俞二姑
這個躭迷《牡丹亭》曲意而亡的女子,來彰顯湯氏的文學成就,同時
在傳奇〈想夢〉一齣中,俞二姑之夢見柳生、杜女夢中相會,夢見杜
女之復生,藉此來彰顯《牡丹亭》柳、杜二人愛情之真摯感人。也正
顯示了蔣氏的特別注意《牡丹亭》。

　　上文第二節曾指出蔣氏藉俞二姑之口,在〈想夢〉一齣中,指陳

---

[23] 周育德:《湯顯祖論稿》(北京:文化藝術出版社,1991),頁6-19;87-96。
　　夏寫時:〈論湯顯祖的創作歷程和理論追求〉,同註6書,頁251-270。
[24] 湯顯祖:〈復甘義麓〉,《湯顯祖集》(臺北:洪氏出版社,1975),頁1367。

湯氏「他寫杜女癡情，至死不變；正是藉以自況。」；又在〈殉夢〉
齣中說「是他自寫情懷之作」，〈寄曲〉齣說「是仙郎自寫情懷」。
此可見蔣氏之灼見。吾人透過心理分析之學說，已在第三節中證成此
論。說湯氏寫杜女癡情，「藉以自況」；正與吾人以為杜女為湯氏之
內我（anima）之說相合。

又，蔣氏在〈說夢〉齣中，有一段賓白值得注意：

　　（小旦）請問天王，弟子以何夙緣受此短折之報？

　　（淨）那《牡丹亭》內柳秀才雖是假相，你倒是真正嶺南人。因
　　不該與那假杜麗娘有苟合之行；故爾今生仍為此事斷腸而死。

小旦扮俞二姑，俞氏「與那假杜麗娘有苟合之行」，「假杜麗娘」不
知何許人？不知是那個內我的人身？依劇本意，俞氏似乎是湯氏（也
是蔣氏）的化身，但在劇本中無相關佐證，不敢妄下斷言。

五、後語

　　湯顯祖，無疑是世界偉大的戲劇家，他有崇高的志節。他的《紫
簫記》、《紫釵記》、《牡丹亭》、《南柯記》、《邯鄲記》，自然
在中國戲曲史上有極高的地位；尤其《牡丹亭》，實是第一流的劇本，
光輝千載。蔣士銓仰慕江西先賢湯顯祖的品節，撰寫《臨川夢》來表
彰他，也將《玉茗堂四夢》的精神加以發揮。姑不論《臨川夢》是否
成功，他的精神已足以令人欽佩。他以為湯氏作《牡丹亭》是湯氏自
況，蔣氏作《臨川夢》其實也是自況。他對《牡丹亭》的主題體認頗
為深刻，雖未免有疏失；對《牡丹亭》中杜女的真愛至情，理解甚深。
對另外三夢的理解，也深得其要。他在《臨川夢·自序》中稱湯氏「其
視古今四海，一枕蟻穴耳。在夢言夢，他何計焉！」實得湯氏之心。
「嗟乎！先生以生為夢，以死為醒；予則以生為死，以醒為夢。……
然而予但為夢中人說夢而已，固無與於醒者。」蔣士銓亦別有情懷也。

　　《牡丹亭》一劇，歌頌杜女的真愛至情，感動天下男女有情之人。近時有學者以「社會寫實」或某特定意識來討論《牡丹亭》的意義，如劉氏說：「《牡丹亭》是一部積極浪漫主義的優秀作品。他是用浪漫主義的藝術力量，來反映現實生活，來表現反對封建道德、歌頌愛情力量和追求個性解放的主題思想的。」[25] 其他一些戲劇研究者，如張庚、郭漢城《中國戲曲通史》、董每戡《五大名劇論》、余秋雨《中國戲劇文化史述》、徐朔方校注《牡丹亭‧前言》、俞為民《明清傳奇考論》、夏寫時《論中國戲劇批評》，固然也提到《牡丹亭》的歌頌愛情，但並不認為歌頌愛情是《牡丹亭》中最重要的，他們強調「反封建道德」、「反映生活」、「反傳統」；固然合乎某種文學理論的論點；可是，我覺得如此評論，未必能彰明《牡丹亭》的真正藝術成就，未必是就戲劇行動論主題，論思想；未必是真知《牡丹亭》，真知「湯顯祖」。我認為《牡丹亭》的母題是杜女的愛情：因情感夢，癡情而死，因情復生，是愛情劇；其主題是「愛情」。[26]

第一屆國際清代學術研討會論文（高雄：中山大學，1993）
——中山大學編《清代學術論叢》第五輯（臺北：文津出版社，2003）

---

[25] 劉大杰，《中國文學發展史》（上海：古籍出版社，1982）頁1002。

[26] 當然，也有許多學者是肯定《牡丹亭》的主題是愛情的，如孟瑤《中國戲曲史》、王忠林等《中國文學史初稿》、楊振良《牡丹亭研究》，其他論著尚有，不能備舉。

論黃圖珌雷峰塔傳奇

一　前言

　　雷峰塔白蛇故事，自十七、八世紀以來，在中國已膾炙人口。戲曲家、小說家、說唱家均曾加以敷衍。至於流傳的情形，趙景深（1902-1985）《彈詞考證》、潘江東《白蛇故事研究》皆有論述。[1]前者筆者撰述〈論方氏《雷峰塔傳奇》〉一文，也曾述及。[2] 大體而言：現今可以見到的資料，較早的作品是馮夢龍（1574-1646）《警世通言》卷廿八〈白娘子永鎮雷峰塔〉話本，這是馮氏的創作或是宋、元的話本？抑或馮氏據話本潤飾？已不可詳考。[3] 在戲曲方面，有明朝陳六龍所作《雷峰塔》，作品已佚。[4] 清代有黃圖珌（1700-

---

[1]　趙景深：《彈詞考證》（臺北：臺灣商務印書館據 1937 年版影印，1967）
　　潘江東：《白蛇故事研究》（臺北：臺灣學生書局，1980）

[2]　徐信義：〈論方氏《雷峰塔傳奇》〉，《第五屆清代學術研討會論文集》（高雄：中山大學，1997）頁 361-388。

[3]　認為是宋代話本的，如趙景深《彈詞考證》（臺北：臺灣商務印書館據 1937 年版影印，1967）頁 7、10；傅惜華《白蛇傳集・敍言》（上海：上海出版社，1955）頁 1；潘江東《白蛇故事研究》（臺北：臺灣學生書局，1980）頁 36。認為是明代話本的，如孫楷第《中國通俗小說書目》（臺北：木鐸出版社據 1981 年修訂重排本影印，1983）頁 100；譚正璧以為著作時代不可考，又引鄭振鐸（1898-1958）意以為明代之作，見氏《話本與古劇（重訂本）》（上海：上海古籍出版社，1985）頁 132。

[4]　祁彪佳《遠山堂曲品》著錄，云：「相傳雷峰塔之建，鎮白娘子妖也。以為小劇則可，若全本，則呼應全無，何以使觀者著意？且其詞亦欲效颦華贍，而疏處尚多。」（北京：中國戲劇出版社排印本，1959）頁 104。

？）《雷峰塔》傳奇二卷，[5] 大體依〈白娘子永鎮雷峰塔〉話本敷衍，在當時為伶人所演出。可是演出時增、減一些情節；黃氏有所不滿。[6] 然而此等改編本，竟盛行於世。其後則有方成培《雷峰塔傳奇》四卷三十四齣，[7] 即據當時梨園演出本改編而成。[8]

　　黃氏之作既為當時伶人演出，又為伶人所增減；則伶人演出者，與黃氏原作差異如何？方成培既依當時伶人演出者改編，則與黃圖珌所作差異如何？這是值得察考的問題。再者，黃氏之作與〈白娘子永鎮雷峰塔〉話本相去如何？也可以討論。本文即試圖討論這些問題。

　　黃圖珌，據莊一拂說：「字容之，號蕉窗居士，亦號守真子，江蘇華亭（今上海市松江）人。雍正年間曾任杭州府同知、衢州府同知，卒於乾隆年間。工詩文，著有《看山閣集》、《看山閣閒筆》。所作之劇，合稱《排悶齋傳奇》。」並著錄其傳奇《百寶箱》、《溫柔鄉》、《棲雲石》、《雷峰塔》、《解金貂》、《夢

5　天津圖書館藏乾隆三年（1738）刊本，今有據此排印之本傳世；如傅惜華《白蛇傳集》（上海：上海古籍出版社，1955，又：臺北：明文書局《民間文學資料叢刊》之一，1981。又，臺北：古亭書屋影印本改名《白蛇傳合編》，1975）；及《白蛇傳》（臺北：文化圖書公司，1986）。

6　趙景深：《彈詞考證‧第一章　白蛇傳》引黃圖珌《看山閣集‧南曲》卷四〈賞音人〉散套序，頁 20。又：阿英〈雷峰塔傳奇敘錄〉引，見氏《雷峰塔傳奇敘錄（及其他）》（上海：上雜出版社，1953）頁 7-8；又見《白蛇傳》（臺北：文化圖書公司）頁 157。

7　有乾隆三十六年（1771）水竹居刊本，中央研究院歷史語言研究所傅斯年圖書館有藏本。婁子匡編《民俗叢書》第八輯收錄此書即據以影印（臺北：東方文化書局，1970），然缺漏卷四第五十三葉下半、五十四葉上半。傅惜華《白蛇傳集》、文化圖書公司《白蛇傳》收錄排印本。

8　方成培：《雷峰塔傳奇‧自敘》

釵緣》、《雙痣記》七種傳奇。[9]

二　傳奇與話本

　　黃圖珌的《雷峰塔》傳奇，大體依據〈白娘子永鎮雷峰塔〉話本敷衍，只增、減了一些事件（events）。爲了方便比較，試將情節（plot）大要列表於下：（以黃氏傳奇爲主；空白，表明無此事件）

雷峰塔傳奇		白娘子永鎮雷峰塔
		〔入話〕
1. 慈音	開宗 如來佛演說白蛇、青魚來歷，謂白氏與許宣有宿緣於臨安。命法海於緣滿日以鉢收伏白蛇、青魚，埋於西湖以雷峰塔鎮壓。	
2. 薦靈	許宣於清明節往保叔塔追薦父母，遇雨。	（同）
3. 舟遇	1.白蛇囑徒眾守西湖，變化爲婦人，青魚爲侍兒，往尋許宣。 2.二人遇雨，搭許宣船，攀談。既上岸，許將寄存之傘借與白氏，約明日來取傘。	1.話本無。 2.（大部分相同）傘爲許宣借自李將仕兄弟店中者。
4. 榜緝	番捕何立奉臨安府之命，張掛榜文緝捕偷盜邵太尉庫銀之贓賊。	
5. 許嫁	許宣取傘；白娘子設酒，且以身相許，贈銀一錠，做爲請媒議親之資。	許宣取傘，白氏設酒；次日再去取傘，白氏許嫁並贈銀。

9　莊一拂：《古典戲曲存目彙考》（上海：上海古籍出版社，1982），頁1334。

6. 贓現	許宣請姊夫李仁主婚，自出財禮。李氏一見銀子，大驚，知是邵府贓銀；出首。	（同）
7. 庭訊	臨安府審許宣贓銀來歷，許供出白娘子。	（同）
8. 邪祟	何立押許宣往緝白娘子，正欲動手，白氏忽而不見；止見白銀四十九錠。	（同）
9. 回湖	白氏逃回西湖。西湖魚蝦為漁人所捕，死傷多，告訴白氏。	
10. 彰報	白氏命青兒帶引蝦兵蟹將，以網兜住漁人，拋置淺灘；以懲戒漁人。	
11. 懺悔	法海到西湖，見漁人受困，加以解救；並勸化諸人持齋戒殺。	
12. 話別	許宣發配蘇州牢城。李仁分別修書託范押司、王主人照看。	（同）
13. 插標	王主人責請小二收拾開店。	
14. 勸合	許宣住王主人樓上。半載，白娘子與小青來會；許宣以贓銀事謂白氏為妖，不納。王主人與夫人勸合，成就姻眷。	（同）
		許宣到承天寺看臥佛，遇一道士謂許為妖所纏，贈許二靈符以除妖。
15. 求利	臥佛寺前有道士自言贈許宣靈符除妖。寺中行者來索攤場錢。	
16. 吞符	白娘子識破靈符，往臥佛寺與道士鬥法，吞符，逐道士遠去。	（同）
17. 驚失	白娘子手下蟹精、龜精，偷盜周	

	將仕家金珠衣服。周家驚失財物，報官緝賊。		
18. 浴佛	承天寺住持於佛誕主持龍華會。		
19. 被獲	許宣手持珊瑚墜扇子，往遊承天寺；被公人緝捕。	（同）。話本有白娘子打扮許宣衣著並與扇子事。	
20. 妖遁	白娘子知許宣被捕，令龜、蟹精歸還所盜物後遁去。許宣供稱扇子來歷。官府遣人拘提白氏；白氏已遁。	（大同）。無白氏令人歸還物件事。	
21. 改配	周將仕於庫閣箱中尋得失物，許宣改配鎮江。王主人轉來李仁致李克用書信。	（大同）。李仁因公到蘇，知許宣事，上下打點；親自交書信與許。	
22. 藥賦	李克用藥鋪一主管敘述許宣來此見妒，勸許破鈔請同事敘情。他又勸同事大風子循分安良；二人且溫習藥石之用。	許宣在李克用藥鋪工作，同事張主管在李克用前說許的壞話；趙主管勸張要和氣。趙勸許要用心，許請趙閒酌。	
23. 色迷	白娘子來鎮江，趁許飲罷歸來經樓下時，以熨斗灰落許衣帽上；二人因而重逢，爭論後修好。	（同）	
24. 現形	李克用豔羨白氏姿色，設計於生日宴中趁白氏登東時行姦；屆時僅見一蟒蛇，驚倒。	（同）	
25. 掩惡	白氏歸，不樂，許問之，言：李趁白淨手時欲姦淫，白將李推倒。許以李有恩，勸隱忍。白怒；許從白意，自行開藥鋪。	（同）賃屋開店係蔣和協助。	
		有和尚來募緣，許施捨一塊降香。	
26. 棒喝	1.法海來金山寺說法，謂許宣孽緣當滿。	1.話本無。許宣與蔣和同至金山寺。	

	2.許宣至金山寺，不進方丈；法海追出。時白氏駕船來接許宣，法海以錫杖拋打，白氏翻船逃去。法海勸許歸鄉；若白氏再來糾纏，到淨慈寺來。	2.（同）
		許宣回，李克用逃生日宴時見白蟒蛇，勸許回李家住。遇赦。
27. 赦回	許宣回鄉，姊責備他娶妻而不告知。白氏出見，許大驚，謂係妖精。白氏自辯行蹤，擬自盡，爲許姊等勸下。許宣述法海指示，謂白氏係蛇精；李仁建議請白馬廟前戴先生捉蛇。	許宣遇赦回鄉，白氏已先到李仁家相候。夜間，白氏要許歡喜相處，否則「滿城皆爲血水」。許叫苦，爲李仁所聞，拖許出。許對其姊述前因後事。該夜，李仁見白氏變爲白蟒蛇。次日問許其妻之所從來。許詳述。李建議捉蛇。
28. 捉蛇	戴先生捉蛇失敗。白氏責備許宣。許欲自盡，李救阻。許宣憶及金山寺和尚言語。	戴捉蛇失敗。李仁勸許宣至赤山埠張成處欠銀，然後住下。許至張處取銀票，不慎遺失；尋找至淨慈寺附近，憶起法海之語。
29. 法勤	許宣往訪法海，不遇；正欲跳湖自盡，法海來。法海命揭諦收伏白氏與青青，相鬥；法海以缽盂收伏二人，原係白蛇與青魚。	許宣往訪法海，不遇；欲跳湖自盡，法海來。法海付許宣缽盂，命許回家罩住白氏頭。許如言，而白氏係白蛇。法海又命揭諦收伏青魚。將白蛇、青魚收於缽盂內。
30. 埋蛇	法海與許宣埋白蛇、青魚於雷峰寺前，以寶塔鎮壓。又命許宣托缽化緣，依寶塔樣式造成七級浮屠。	法海將缽盂拿到雷峰寺前，放在地下，搬磚運石，砌成一塔鎮壓。許宣出家。

| 31. 募緣 | 許宣募緣籌建雷峰寶塔。 | 以「許宣化緣，砌成了七層寶塔」一語帶過。 |
| 32. 塔圓 | 韋馱以雷峰塔成，接引法海、許宣回歸極樂。 | 以（許宣）「修行數年，一夕坐化去了」敘述。 |

　　黃氏劇本與〈白娘子永鎮雷峰塔〉相比較：除了入話及許宣從金山寺回來後住進李克用處外，所刪減的事件，皆以說白交代；所增的事件，除了〈慈音〉做為開場，並藉如來佛敘述白蛇來歷及白氏與許宣的因緣之外，主要的有兩事：一是交代白娘子在西湖的相關事件，二是白娘子手下偷盜、歸還周將仕財物事；其他的則是交代事件的過渡而已。另外有小部分的情節略有差異。基本上，故事的母題（motif）與主題（theme）並無變革。

　　當然，兩者還是有所不同，這是藝術形式不同造成的。話本是敘事文類，情節的發展由敘述者描述，以許宣為主軸；並不追敘白娘子的來歷以及與許宣相會的緣由。她的「蛇精」之身，她的欲望，是透過情節的發展逐漸揭露的。而黃氏《雷峰塔》傳奇是戲劇，是代言體的時間藝術，受限於演員的戲分必須加以調配，主要演員（小生、旦）不能長時間在場上唱作。同時為了觀眾了解劇情的需要，許多事件的緣起須要交代。《雷峰塔》傳奇的作者，便將白娘子的來歷，以及想要與許宣成就姻緣的欲望，先呈現於觀眾前。因此，情節的發展雖然仍以許宣為主線，但有一副線敘述白娘子及相關的事件，然後再與許宣一線相交會。只是這一副線並沒有發展成足以與主線相對的發展線；與其他傳奇以雙線發展情節的方式略有不同。

二 黃氏傳奇與梨園本、方氏本傳奇異同

黃圖珌曾不滿他的《雷峰塔》傳奇被伶人增改;《看山閣集‧南曲》卷四散套〈賞音人〉序云:

> 余作《雷峰塔》傳奇凡三十二齣,自〈慈音〉至〈塔圓〉乃已。方脫稿,伶人即堅請以搬演之。遂有好事者續「白娘子生子得第」一節,落戲場之窠臼,悅觀眾之耳目;盛行吳、越,直達燕、趙。嗟夫!戲場非狀元不團圓,世之常情;偶一效而為之,我亦不能免俗。獨於此劇斷不可者;維何?白娘,蛇妖也;生子而入衣冠之列,將置己身於何地耶!我謂觀者必避其蕪穢之氣;不期一時酒社歌壇,纏頭增價。實有所不可解也!昔關漢卿續《西廂記》〈草橋〉、〈驚夢〉後之諸劇,以為狗尾續貂。余雖未敢以王實甫自居;在續《雷峰塔》者,猶東村捧心,不知自形其醜也!然姑蘇仍有照原本演習,無一字點竄者;惜乎與世稍有未合,謂無狀元團圓故耳。[10]

當時梨園伶人演出本如何?今亦難以考知。據方成培《雷峰塔傳奇‧自敘》:

> 《雷峰塔傳奇》從來已久,不知何人所撰。其事散見吳從先《小窗自紀》、《西湖志》等書;好事者從而摭拾之。下里巴人,無足道者。歲辛卯,朝廷逢璇闈之慶,普天同忭;淮商得恭襄盛典。大學士大中丞高公語銀臺李公:令商人於祝嘏新戲外,開演斯劇,祇候承應。余於觀察徐環谷先生家屢經寓目;惜其按節氍毹之上,非不洋洋盈耳;而在知音繙閱,不免攢眉:辭鄙調訛,未暇更僕數也。因重為更定,遣詞命意,頗極經營:務使有禆世道,以歸於雅正。較原本,曲改其十之九,賓白改十之七。〈求草〉〈煉塔〉〈祭塔〉等折,皆點竄終篇,僅存其目。中間芟去

---

[10] 《看山閣集》據云藏於大連圖書館,筆者未見。此據趙景深《彈詞考證》、阿英《雷峰塔傳奇敘錄(及其他)》、蔡毅《中國古典戲曲序跋彙編》(濟南:齊魯書社,1989)頁 1821 轉錄,並略改定標點。

　　八齣；〈夜話〉及首尾兩折，與集唐下場詩，悉予所增入者。[11]
方氏所據梨園本，不知如何？當時通行於梨園之白蛇雷峰塔劇本究
竟有幾？今已不可詳知。杜穎陶說：「梨園抄本的《雷峰塔》傳
奇，曾見過十餘部。但每部齣數多寡均不相同。若合成一本而去其
重複，可得六十餘齣。」[12] 可以想見紛歧的情況。

　　傅惜華說：除了黃氏本、方氏本之外，「此外一種是梨園舊
本，舞臺上《雷峰塔》的實演本。也就是方成培改編時所採用的底
本。」並以為演出的流行時期，約在乾隆初年，而和黃圖珌本的演
出時間很接近。[13] 這一本，應是趙景深所言的「傅惜華的《綴玉軒
曲志》提到雍、乾鈔本，許是陳嘉言父女的本子了。據云：『此本
凡四十齣，上卷十八齣，下卷二十二齣。』並推定此本早於方成培
本。」[14] 按：阿英〈雷峰塔傳奇敘錄〉述梨園舊鈔三十八齣本：
「實即當時梨園演出腳本，蓋經舞臺實驗而寫定者，黃氏詆其迎合
觀眾，增益產子；方本嫌其不文，不知是此本否？」並分齣敘述故
事，兼及腳色、曲牌。[15] 莊一拂《古典戲曲存目彙考》「陳嘉言」
條稱：「舊鈔本。凡三十六齣。即為當時梨園演出腳本。」[16] 三人
所言齣數不同，不知誰是？或者三人所言梨園本為不同之三本？究
竟如何，未嘗寓目，不敢妄言。

[11] 方成培《雷峰塔傳奇》（臺北：東方文化書局影印婁子匡編《民俗叢書》
　　本，1970）、傅惜華《白蛇傳集》、文化圖書公司《白蛇傳》收排印本。
[12] 轉引自趙景深《彈詞考證》頁21。
[13] 傅惜華：《白蛇傳集‧敘言》，頁3。
[14] 趙景深：《彈詞考證》頁21。
[15] 阿英：〈雷峰塔傳奇敘錄〉，《雷峰塔傳奇敘錄（及其他）》（上海：上雜
　　出版社，1953）頁1-111。
[16] 莊一拂：《古典戲曲存目彙考》（上海：上海古籍出版社，1982）頁1350。

　　僅將黃本、方本、阿英敘錄舊抄本齣目，以及三本各齣曲牌名相同數(【么篇】、【換頭】、【前腔】各視為一曲)，表列於下；以便考查黃本與方本之間的關係。[17]（與黃氏本曲名相同數以"[x]"表示，方本與阿英敘錄舊抄本相同數以"(x)"表示）

黃圖珌本	阿英敘錄本	方成培本	備　　　　註
	1. 開宗	1. 開宗	
1. 慈音	2. 佛示[7]	2. 付缽[7] (8)	
		3. 出山	
2. 薦靈	3. 憶親[1]	4. 上塚	
	4. 降凡		
	5. 收青	5. 收青(3)	
3. 舟遇	6. 借傘	6. 舟遇[1](6)	
	7. 盜庫		
4. 榜緝	8. 捕銀[2]		
5. 許嫁	9. 贈銀[3]	7. 訂盟[3](5)	
6. 贓現	10. 露贓※	8. 避吳	方本：許宣避吳異。 ※〈敘錄〉：唱一曲，失曲名。
7. 庭訊	11. 出首[4]	10. 獲贓[](6)	黃本、阿英本：許宣被執受審。
8. 邪祟			
9. 回湖			
10. 彰報			
11. 懺悔			
12. 話別	12. 發配※		※〈敘錄〉：「所唱

---

[17] 本表參考阿英〈雷峰塔傳奇敘錄・五　『雷峰塔傳奇』結構沿革表〉，《雷峰塔傳奇敘錄》頁 69-73。

			曲失題。」
13. 插標		9. 設邸[2]	
14. 勸合	13. 店媾[10]	11. 遠訪[9](10)	
	14. 開店	12. 開行(3)	許宣開藥鋪。
		13. 夜話	
15. 求利	15. 行香	14. 贈符(3)	黃本：道士自言贈符與許宣。
16. 吞符	16. 逐道[1]	15. 逐道[3](2)	吞符場所：黃本，寺前；方本，家中。
	17. 端陽	16. 端陽(1)	
	18. 求草	17. 求草(4)	
	19. 療驚	18. 療驚(3)	
17. 驚失	20. 竊巾※		※〈敘錄〉未言及曲名，但云「唱」。
18. 浴佛			
	21. 告遊		
19. 被獲	22. 被獲	19.虎阜(1)	
20. 妖遁			
21. 改配	23. 審配[1]	20. 審配	
22. 藥賦			
23. 色迷	24. 投何	21. 再訪(3)	黃本：白氏與許見面情況不同。
24. 現形	25. 賺淫[3]※	22. 樓誘[2](3)	※〈敘錄〉未載曲名
25. 掩惡			
	26. 化香	23. 化香(1)	
26. 棒喝		24. 謁禪	黃本：白氏見法海即遁去，無水
	27. 水門	25. 水門(10)	鬥場面。
	28. 斷橋	26. 斷橋(6)	許宣回杭，與白氏見面於斷橋。

27. 赦回			許宣回杭，與白氏見面於姊家。
	29. 指腹	27. 腹婚(5)	
28. 捉蛇			
29. 法勤	30. 付缽	28. 重謁	以下情節黃本、梨園、方本略異。
30. 埋蛇	31. 合缽	29. 煉塔	
31. 募緣			
	32. 畫真		
32. 塔圓	33. 接引	30. 歸真(1)	
	34. 精會	31. 塔敘(2)	
	35. 奏朝		
	36. 祭塔	32. 祭塔(2)	
	37. 做親	33. 捷婚	
	38. 佛圓	34. 佛圓(1)	

由上表齣目看來：方本與阿英敘錄舊抄本的關係非常密切；就情節而言，可以說是差不多的。兩者與黃本的情節差異，主要的有四：一是黃本有白氏贈銀許宣事敗之後回湖懲處漁人事，阿英敘錄舊抄本、方本無；二是阿英敘錄舊抄本、方本有端陽飲酒白氏現本相驚死許宣，求草療驚事，黃本無；三是黃本敘許宣自鎮江回杭州，於姊家見白氏，阿英敘錄舊抄本、方本則於斷橋見白氏；四是阿英敘錄舊抄本、方本有白氏產子，其子舉狀元、祭塔，白氏出塔升忉利天事，黃本無。如此差異，造成戲劇行動（action）之不同，也影響戲劇成就之差異。

　　再以情節相同諸齣所用曲數來看：[18]　方本曲子206曲，與黃本同者26曲，佔約12.62%，與阿英敘錄舊抄本同者86曲，約佔41.74%；則方本較接近阿英敘錄舊抄本。可是依海棠巢客在方本評語所云刪去各齣名目不盡相合看來，[19]　阿英敘錄舊抄本恐亦非方氏底本。大約當時梨園演出之本不只一本。（阿英敘錄本曲名與黃本同者至少32曲，約佔17.58%；因缺錄三齣曲名，無法詳論。）

　　阿英敘錄舊抄本文字與黃本、方本相去若何？原本未見，無從判斷。僅將黃、方本情節相同各齣曲牌列於下；並考查文字相同的程度。（以○多寡表近似值：每一"○"表相同程度20%，唯 1 ○表相同程度20%左右暨以內，5 ○代表90%以上。）

黃圖珌本		方成培本		相同程度（備註）
齣目	曲名	齣目	曲名	
1. 慈音	菩薩蠻	2. 付鉢	憶帝京	
	慶清朝慢		點絳脣	
	北點絳脣		點絳脣	○○○
	北混江龍			
	北油葫蘆		油葫蘆	○○○
	北天下樂		天下樂	○○○
	北那吒令		鵲踏枝	○○○○○
	北鵲踏枝		那吒令	○○○○

---

[18] 阿英〈雷峰塔傳奇敘錄〉曾錄有大部分曲牌名稱，僅〈露臟〉〈發配〉〈竊巾〉三齣未錄曲名；〈賺淫〉一齣云：（方本）「除將曲白稍加潤色外，又刪去『尾聲』，餘則悉同舊本。舊本曲牌，亦多失載。」按：如此則曲名可以考知。下文統計不計入三齣曲數。

[19] 趙景深考出刪去齣名爲：〈出差〉〈盜巾〉〈飾巾〉〈出差〉〈審問〉〈剪髮描容〉〈盜庫〉〈贈（當作「捕」）銀〉。見《彈詞考證》頁24-25。

	北寄生草		寄生草	○○○○○
	北煞尾		煞尾	○○○
3. 舟遇	臨江仙	6. 舟遇		
	三學士		仙呂泣顏回	
	前腔		換頭	
	太師引		黃鐘降黃龍	
	前腔		前腔	
	紅芍藥		黃龍滾	
	前腔			
	尾聲		尾聲	○○○
5. 許嫁	畫堂春	7. 訂盟	玉交枝	
	步步嬌		忒忒令	
	沉醉東風		沉醉東風	○○
	園林好		園林好	○○○
			川撥棹	
	尾聲		尾聲	○○○
13. 插標	大迓鼓	9. 設邸	大迓鼓	○○○○
	前腔		前腔	○○○○
14. 勸合	北新水令	11. 遠訪	雙調新水令	
	南步步嬌		仙呂步步嬌	○○○○○
	北折桂令		雙角折桂令	○○○○○
	南江兒水		仙呂江兒水	○○○○○
	北雁兒落帶		雙角雁兒落	○○○○○
	得勝令		帶得勝令	○○
	南僥僥令		仙呂僥僥令	○○
	北收江南		雙角收江南	○○○○○
	南園林好		仙呂園林好	○○
	北沽美酒帶		雙角沽美酒	○○○○○
	太平令		仙呂入雙調	
	北清江引		清江引	
16. 吞符	菊花新	15. 逐道	菊花新	○○○○

	尾犯芙蓉 榴花立 漁家傲 尾聲 駁還著		尾犯帶芙蓉 縷縷金 尾聲	○○○○ 插曲
24. 現形	夜行船序 錦衣香 漿水令 尾聲	22. 樓誘	夜行船 前腔 漿水令	 ○ ○○

由上表看來：只要是曲名相同的曲子，曲文大致相同的佔了很高的
比例。方氏既然說他依梨園之本改作，且與阿英敘錄舊抄本情節大
致相同（僅無〈設邸〉齣），由此可以推論：方成培所依據的梨園
本，在曲詞上也應當與黃本有許多相同之處。據此可以證實前引黃
氏散套〈賞音人・序〉之語可信。也就是說：黃本完稿後，在當時
確實被梨園演出。可是，據黃氏散套的序言，可以看出黃本不能滿
足梨園、觀眾的需要；梨園因而加以增補或刪改情節、曲文。此一
現象，可以自今日尚保存在折子戲的曲譜資料或崑戲演出劇目看出
來：如中央研究院傅斯年圖書館藏抄本〈水鬥〉五本、〈斷橋〉三
本、〈金山寺〉（即〈水鬥〉）一本、〈下山收青〉一本，[20]《崑曲
大全》收〈遊湖〉〈借傘〉〈盜庫〉〈贈銀〉，《六也曲譜》收
〈燒香〉〈水鬥〉〈斷橋〉〈合鉢〉，《納書楹曲譜》收〈法
海〉，《莢鄉曲譜》、《粟廬曲譜》、《壬子曲譜》收〈斷橋〉，
大都不是黃圖珌本所有，也與方本有所不同；應是梨園流傳之本。

---

[20] 潘江東：《白蛇故事研究》頁 83-86；附〈下山收青〉曲譜，頁 309-318；
〈水鬥〉〈斷橋〉曲譜。頁 370-456。

四　排場

黃圖珌《雷峰塔》傳奇所以不能滿足梨園、觀眾的需要，原因值得探討。音樂、劇團的演出情況，今日已經難以考知；不過，情節與排場的安排，卻還可以討論。

為方便討論，謹將排場表列於下：[21]　（小生扮許宣，旦扮白娘子，貼扮青兒；其它腳色扮演人物若有變化則註明，否則同前一出場）

齣目	曲數	腳色	排場	扮演人物
1. 慈音	10	淨.副淨.丑.老旦.旦.貼.生.末	(開場)	旦：文殊　貼：普賢　生：如來佛　末：韋馱
2. 薦靈	4	小生.丑	短場	小生：許宣　丑：僧
3. 舟遇	8	旦.貼.'淨.副淨.丑.老旦.末.小生.	正場	旦：白娘子　貼：青兒　末：船夫(淨.副淨.丑.老旦)＝水屬
4. 榜緝	4	淨.丑	過場	淨：番捕　丑：總甲
5. 許嫁	5	貼.小生.旦	正場	
6. 臟現	6	老旦.小生.末	短場	老旦：許宣姊　末：李仁
7. 庭訊	2	生.淨.末.小生	短場	生：府尹　淨：番捕
8. 邪祟	3	小生．淨．丑．旦	短場	
9. 回湖	5	旦.貼.末.生.淨.丑.老旦.副淨	過場	(末.生.淨.丑)：漁人　(老旦.副淨)：水屬
10. 彰報	3	旦.貼.末.生.副淨.丑	過場	(副淨.丑.末.生)：漁人　旦：蛇形　貼：魚形.
11. 懺悔	6	外.淨.雜.副淨.丑.末.生	過場	外：法海　淨：河伯　雜：鬼卒

---

[21] 排場的判定，依張敬《明清傳奇導論》之說。（臺北：華正書局，1986）頁109-131。

12.	話別	5	淨.小生.末.老旦	半過場	淨：番捕　末：李仁　老旦：許氏
13.	插標	2	外.丑	過場	外：王主人　丑：店小二
14.	勸合	10	小生.旦.貼.外.副淨	大正場	副淨：王店主夫人
15.	求利	4	淨.丑	過場	淨：賣藥道士　丑：行者
16.	吞符	6	旦.貼.小生.淨.	正場	
17.	驚失	4	副淨.淨.丑.末.生	短場	副淨：蟹精　淨：龜精　丑：丫環　末：周將仕　生：管庫人
18.	浴佛	2	生.丑.外.老旦.貼.末	過場	(生.丑)：和尙　(外.老旦.貼)：男婦　末：長老
19.	被獲	5	小生.末.外.老旦.旦.貼	短場	末：捕人　（外.老旦.旦.貼）男婦
20.	妖遁	4	旦.貼.淨.副淨.末.小生.外	短場	(淨.副淨)同17　外：王主人
21.	改配	2	生.小生.外.末	半過場	生：典吏
22.	藥賦	1	生.丑	過場	生：藥鋪主管　丑：夥計
23.	色迷	4	旦.貼.小生	正場	
24.	現形	4	淨.副淨.旦.老旦	短場	淨：李克用　副淨：丫環　老旦：李夫人
25.	掩惡	4	小生.旦	正場	
26.	棒喝	7	外.小生.生.丑.旦.貼	正場	外：法海　生.丑：僧人
27.	赦回	4	末.老旦.小生.旦.貼	正場	末：李仁　老旦：許姊
28.	捉蛇	6	丑.末.小生.旦	正場	丑：戴捉蛇
29.	法勤	3	外.小生.末.旦.貼	武場	外：法海　末：揭諦
30.	埋蛇	2	外.小生	短場	
31.	募緣	1	小生	短場	
32.	塔圓	6	末.外.小生	正場	末：韋馱

　　《雷峰塔》的事件，依時間先後，在杭州、蘇州、鎮江、杭州等三地發生。傳奇的情節安排，除了〈慈音〉一齣開場外，也因此分成四個階段進行；主軸是許宣與白娘子的情緣離合。每個階段都有兩場重要的戲。

　　第一階段從第二齣〈薦靈〉到十二齣〈話別〉，地點在杭州。情節是許宣與白娘子在西湖相遇、借傘與締結姻緣；卻因白娘子所贈的是贓銀，惹得許宣吃上官司，拆散了兩人的姻緣。〈舟遇〉與〈許嫁〉是主要的兩場戲，劇作家在此有相當好的發揮。可是〈回湖〉、〈彰報〉、〈懺悔〉三齣過場，卻顯得累贅，減低了劇情的張力。〈話別〉是交代轉換場景的一齣戲，此之前是在杭州，之後在蘇州。

　　第二階段從第十三齣〈插標〉到廿一齣〈改配〉，地點在蘇州。許宣發配蘇州牢營，住在王主人家。白娘子與小青相尋到蘇州，在王主人及其夫人的相勸下，許宣與白娘子成就了婚姻。然後，發生了兩個重大的事件：其一是臥佛寺前一道士說許宣被妖所纏，贈符籙禳解除妖；其二是許宣遊虎丘時，白娘子以屬下盜來的珊瑚墜扇子給許宣；許宣被公人識出而見俘。前一個事件，在白娘子識知道士符咒，並以法術使道士符咒失效，解決了問題。後一個事件，又使許宣受到牢獄之災，改配鎮江。其中〈勸合〉〈吞符〉是主要的排場，劇作家發揮得很好。〈被獲〉一場，原該是正場的戲分；可惜衝突不足，成為短場。〈妖遁〉一齣，平鋪直敘，缺乏衝突；變成兩個小排場的組合。〈改配〉一齣，也是承先啟後的戲，結末了蘇州的故事，引出鎮江的故事。在這一階段中，〈被獲〉〈妖遁〉〈改配〉三齣，都有小生的戲分；雖則以〈被獲〉份量較重，另兩齣較輕，但對小生而言，負擔太重，演出時將相當吃

力。

第三階段從第廿二齣〈藥賦〉到廿六齣〈棒喝〉，地點在鎮江。許宣改配鎮江，在李克用的藥鋪工作。白娘子與小青來到鎮江，趁許宣宴客回家經樓下時，以熨斗灰灑落許的衣帽，引起許的注意。白氏說明離去蘇州的緣由；兩人重修舊好。李克用豔羨白氏美貌，設計要在生日宴時姦淫白氏；結果看到大蟒蛇，驚昏過去。白氏將李克用設計姦淫之事告知許宣；許宣掩惡不論，自行開設藥局。七月七日，許宣上金山寺燒香，法海見許宣不入方丈，追出；而白氏與小青駕舟來接許宣。法海舉錫杖要拋打白氏，白氏翻船逃去。此階段以〈色迷〉〈棒喝〉為主戲。〈現形〉一齣原欲顯現白氏的本來面目，可惜主角戲分不足，難以構成正場。〈棒喝〉一齣，以連續四個小場面之後再接上法海、白氏、許宣相遇的主戲構成排場；情勢雖緊張，而衝突不足，與方本〈水鬥〉相較，遜色甚多。〈色迷〉至〈棒喝〉四齣，旦角連續上場，後兩齣也均有小生戲；分量吃重。

第四階段從廿七齣〈赦回〉到卅二齣〈塔圓〉，地點在杭州。許宣遇赦回鄉，到家則白娘子已在許宣姊姊家相候。許宣說她是妖精，不肯接納；白氏謂在金山寺翻舟遇救，今竟相疑；於是欲自縊。許姊等勸阻。後來許宣向姊夫說金山寺僧指示白氏乃是白蛇精，於是請戴捉蛇來捉蛇；失敗。白氏怒責許宣，要他和睦，否則「叫滿城百姓，化為血水。」許宣往尋法海禪師解救；禪師命揭諦收伏白娘子與小青，埋於雷峰寺，以寶塔鎮壓。於是許宣出家，化緣修築雷峰塔；塔成，回歸極樂。本階段以〈捉蛇〉、〈法勸〉為主戲。〈捉蛇〉一齣的衝突較弱，〈法勸〉一齣最為重要，是全劇的最高潮（climax）；以武場作結，驚心動魄。〈埋蛇〉、〈化緣〉皆僅有一支集曲，雖是小生戲，直是過場而已；嫌其草率。本階段

的六齣戲皆有小生戲分,前三齣又皆有旦角上場;固然正場主戲,不得鬆懈,可是演員的負擔委實太重了。

五 結語——藝術表現

方成培在《雷峰塔傳奇‧自敘》曾說他所依據的《雷峰塔傳奇》——梨園通行本——「辭鄙調訛,未暇更僕數」。若以方本與黃本情節同曲名同的諸曲來看:方氏所謂「辭鄙調訛」者,當出梨園之手,非黃氏本所有。大抵而言:黃圖珌的作品,曲文賓白皆典雅不俗——賓白不「俗」,其實令人遺憾——倒是有支曲子【北仙呂點絳唇】格律不合。如〈慈音〉:

不二法門,一心念佛、功夫到,極樂逍遙,早悟拈花笑。

「門、佛、到、遙、笑」處皆須押韻;〈懺悔〉一齣亦誤。——不過,方成培的也一樣不合律。此外,黃氏的押韻,有麻、哈同押者,如〈邪祟〉〈驚失〉〈妖遁〉;支、魚同押者,如〈庭訊〉〈彰報〉〈吞符〉〈被獲〉〈色迷〉;庚、真同押者,如〈薦靈〉〈賑現〉:當是方音之故。

傳奇的組織,基本上是一齣戲一套曲。可是黃氏卻有例外。如第一齣〈慈音〉,則是一個特別的型式。大抵傳奇首齣是開場,交代劇情概要。黃氏卻加上一套【點絳唇】,演出佛祖將鉢、塔交付法海,要他收伏白蛇、青魚二妖,接引許宣之事。這與慣例不同。又,〈許嫁〉一齣前有插曲,〈吞符〉一齣後有插曲。

平心而論,黃圖珌的《雷峰塔》傳奇並不是很成功的作品。——不過,〈舟遇〉〈許嫁〉〈吞符〉〈勸合〉〈棒喝〉〈法勸〉等都是好戲,可以折子戲方式演出。——雖然一完稿即為梨園演出;卻不能滿足梨園觀眾的需求。原因在於缺乏豐富的想像力,過度忠於〈白娘子永鎮雷峰塔〉話本。人物的塑造較為平面,不能突顯其

性格。[22] 如小生許宣，性格懦弱，幾乎沒有主見；成親，聽白娘子；除妖，聽法海，沒有足以跟白娘子相配的主角性格。白娘子雖較為鮮明，作者塑造時，對於她的熱烈追求愛情，著墨不足；使得戲劇的衝突不夠。情節設計方面，主要的戲分，都是小說所有，黃氏沒有別出心裁的地方；而且，構成情節的主要事件，衝突較弱；他只是完成〈慈音〉一齣所說的「孽緣」而已。如〈被獲〉〈色迷〉〈現形〉〈棒喝〉〈赦回〉諸齣，原本可以設計成衝突強烈的場面，有精彩的戲劇性；可惜沒有發揮。其所以如此，大約是作者拘於所要表達的主題。本劇的主題，一如話本，落在「勸淫」一層；不僅如此，黃氏還有「邪不勝正」──「妖不勝人（佛）」觀念橫梗於心。因而不敢賦予白娘子足夠的「人性」；只讓她具有動物的「慾」，沒有足夠的「人的力量」。黃氏自始即認定白氏是「妖」，不視她為「人」，[23] 必須除去。因此許宣可以不必眼見白娘子的本相，只看到她一忽兒消失的情景，聽人家說是妖，他就相信是妖；聽道士說是妖，他就相信是妖；法海說是白蛇精，他就相信是白蛇精。這樣就減低了戲劇效果。

　　沈堯說黃圖珌的《雷峰塔》傳奇「嚴格的說，不是一個悲劇」。[24] 這個說法可以成立，不過還可以討論。不管從嚴格的悲劇（tragedy）定義，或近代寬鬆的悲劇定義，甚至於事件或主角遭遇悲慘也稱為悲劇的說法來看：黃圖珌的《雷峰塔》傳奇不是悲劇。

---

[22] 本劇中的人物塑造，不若方成培本成功，不擬分析。至於方本人物的討論，請參看拙文〈論方氏《雷峰塔傳奇》〉。

[23] 見上文引黃氏散曲小序。

[24] 沈堯：〈《雷峰塔》傳奇的悲劇沖突和典型形象〉，常丹綺編《名家論名劇》（北京：首都師範大學出版社，1994），頁 261-273。按：沈氏係將黃氏、方氏傳奇混同討論。

因爲主角許宣雖然命中註定要與白蛇完成「孽緣」，他除吃官司之外，沒有受到任何慘痛的災難——即使是吃官司，也因爲某些因素而不受嚴刑拷打；迭配牢營時還是在外居住，經營生理。後來出家修行，回歸極樂。如此的情節發展，當然不是悲劇。至於白娘子的遭遇，比較悲慘：在追求愛情的過程中，先是自己或屬下的偷盜財物使許宣吃上官司，造成分離；末後是自己「白蛇」的身分，被法海收伏，鎮於塔下。如果劇本的主角是白娘子，以表達白氏的故事爲主，這就是悲劇了。——可是劇本情節的進行卻是以許宣爲主。其實，現代戲劇已不再關注於是否爲悲劇、喜劇或悲喜劇。

　　十七世紀雷峰塔白蛇故事被馮夢龍編成擬話本，後來衍爲戲曲，衍爲長篇章回小說及其它的曲藝如彈詞、灘黃、寶卷、南詞。在這演變的過程中，主題、人物都產生了變化。這個變化，是有意義的論題，值得探討。

——中山大學編《中山人文學術論叢》第三輯（高雄：復文書局，2000）

論方成培雷峰塔傳奇

一・前言

　　雷峰塔白蛇的故事，流傳民間已久；討論的學者也不少。不過，一般說來，討論小說的比較多，討論戲曲的比較少。

　　按：雷峰塔的故事，有人以爲南宋時已流傳民間。如清初歌詠南宋雜事的陳芝光有詩云：「當罏鬼女貌如花，細雨輕風漾碧紗，聞道雷壇覆蛇怪，陰池誰遣誤金蟆。」並引明人吳從先的《小窗自記》云：「宋時法師缽貯白蛇，覆於雷峰塔下。」[1] 田汝成（1526年進士）《西湖遊覽志餘》也曾提到雷峰塔的故事。[2] 而馮夢龍（1574-1646）《警世通言》卷廿八〈白娘子永鎮雷峰塔〉，則是較早的話本。這話本，趙景深（1902-1985）據諸書著錄與橋巷名稱，謂：「也許這一篇原爲宋人話本，那麼該是南宋的產物了。」卻又說：「即算不是南宋話本，該也是時期較早的話本吧。」[3] 爲疑似之詞。譚正璧以爲著作時代不可考，引鄭振鐸（1898-1958）意以爲明

---

[1]　陳芝光等：《南宋雜事詩》（臺北：藝文印書館排印本，1974）卷三，頁176。

[2]　田汝成，《西湖遊覽志餘》卷二十：「若紅蓮、柳翠、濟顛、雷峰塔、雙魚墜等記，皆杭州異事，或近世擬作者。」（臺北：世界書局，1982）頁368。

[3]　趙景深：《彈詞考證・第一章　白蛇傳》(臺北：臺灣商務印書館據 1937 年版影印，1967)頁 7、10。

代之作：[4] 潘江東增補有關杭州的歷史、地理的宋代文獻，認爲該篇「爲南宋產物之可能性極高。」[5]

以南北戲曲譜雷峰塔白蛇故事的作品，當以明朝陳六龍爲最早；祁彪佳（1602-1645）《遠山堂曲品》「具品」已著錄陳氏《雷峰》之作，[6] 作品已佚。其次，清代黃圖珌（1700-？）《雷峰塔》傳奇，[7] 大體據〈白娘子永鎮雷峰塔〉話本敷衍，在當時爲伶人所演出。可是演出時增、減一些情節；黃氏有所不滿。[8] 然而此等改編本，竟盛行於世；此等改編之本，未審是否即陳嘉言父女所改編的？或者陳氏所改編者僅爲其中之一？[9] 其後方成培《雷峰塔傳奇》四卷三十四齣，即據當時梨園演出本改編而成。

4　譚正璧：《話本與古劇》（重訂本）（上海：上海古籍出版社，1985）頁132。

5　潘江東：《白蛇故事研究》（臺北：臺灣學生書局，1980）頁36。

6　祁彪佳：《遠山堂曲品》：「相傳雷峰塔之建，鎮白娘子妖也。以爲小劇則可，若全本，則呼應全無，何以使觀者著意？且其詞亦欲效響華贍，而疏處尚多。」（北京：中國戲劇出版社排印本，1959）頁104。

7　天津圖書館藏乾隆三年（1738）刊本，今有據此刊本排印之本傳世。如傅惜華《白蛇傳集》（臺北：古亭書屋影印本改名《白蛇傳合編》，1975）；及《白蛇傳》（臺北：文化圖書公司，1986）本。

8　趙景深：《彈詞考證‧第一章　白蛇傳》，頁20。又：魏氏〈看山閣樂府雷峰塔提要〉，《白蛇傳》（臺北：文化圖書公司，1986）頁157。

9　陳嘉言父女改編本今似不存。趙景深《彈詞考證》引傅惜華〈綴玉軒藏曲志〉提到雍、乾抄本：「許是陳嘉言父女的本子了。據云：『此本凡四十齣，上卷十八齣，下卷二十二齣。』」（頁21）按：莊一拂《古典戲曲存目彙考》「陳嘉言」條稱：「舊鈔本。凡三十六齣。即爲當時梨園演出腳本。」（上海：上海古籍出版社，1982）頁1350。又：潘江東《白蛇故事研究》引阿英〈雷峰塔傳奇敘錄〉有梨園舊鈔三十八齣本，並附齣目、內容簡表，頁79、282-293。

　　方成培（1731-?），字仰松，號岫雲，別署岫雲詞逸；安徽歙縣
人。精於樂，著有《香研居詞麈》、《香研居談咫》、《方仰松詞
渠存》及詞集七卷。[10]　所作《雷峰塔傳奇》今存有乾隆三十六年
（1771）水竹居刊本。[11]

　　方氏改編《雷峰塔傳奇》的始末及增刪的情況，他在〈自敘〉
中已經說明：

> 《雷峰塔傳奇》從來已久，不知何人所撰。其事散見吳從先《小
> 窗自紀》、《西湖志》等書；好事者從而摭拾之。下里巴人，無
> 足道者。歲辛卯，朝廷逢璇閨之慶，普天同忭；淮商得恭襄盛
> 典。大學士大中丞高公語銀臺李公：令商人於祝嘏新戲外，開演
> 斯劇，祇候承應。余於觀察徐環谷先生家屢經寓目；惜其按節氍
> 毹之上，非不洋洋盈耳；而在知音繙閱，不免攢眉：辭鄙調訛，
> 未暇更僕數也。因重為更定，遣詞命意，頗極經營：務使有裨世
> 道，以歸於雅正。較原本，曲改其十之九，賓白改十之七。〈求
> 草〉〈煉塔〉〈祭塔〉等折，皆點竄終篇，僅存其目。中間芟去
> 八齣；〈夜話〉及首尾兩折，與集唐下場詩，悉予所增入者。

他所據梨園之本，不知何本？因梨園舊鈔本甚多，齣數不一；[12]　然
必是依據黃圖珌本增減的。按：方本各齣之後，有海棠巢客評語，

---

[10] 著作資料，部分取自陳大海〈白蛇和她的悲劇——讀方成培《雷峰塔》札
　　記〉，中文系編《論戲曲詩歌小說》（廣州：中山大學出版社，1985）頁
　　157。按：詞集係與周鍇詞合刻為《黃山二布衣詞》二十六卷，見《安徽歙縣
　　志》。

[11] 中央研究院歷史語言研究所傅斯年圖書館有藏本；婁子匡編《民俗叢書》第
　　八輯收錄此書即據以影印（臺北：東方文化書局，1970），然缺漏卷四第五
　　十三葉下半、五十四葉上半。傅惜華《白蛇傳集》、中國文化圖書公司《白
　　蛇傳》收錄排印本。

[12] 趙景深《彈詞考證》引杜穎陶〈雷峰塔傳奇的作者〉（《劇學月刊》四卷八
　　期）：「梨園抄本的《雷峰塔》傳奇，曾見過十餘部。但每部齣數多寡，均

其中曾說到刪去六齣名目；趙景深據傅惜華〈綴玉軒藏曲志〉部分齣目，考出另二齣，足成八齣之數。[13]

　　方氏傳奇與黃氏的差異，就情節而言，固有所不同；大抵黃氏就話本〈白娘子永鎮雷峰塔〉敷衍，略有更易、增加一些事件；而方本與話本相去較遠，如青兒（即青青）爲青蛇，黃本之青兒依話本爲青魚。這些異同不是本文討論的重點。

　　本文的討論，是以劇本爲對象的文學批評，不是以劇場演出爲對象的戲劇批評。但是，就文學批評而言，讀劇本之時，又不能不考慮舞臺演出的可能效果。如賓白，劇本可能很簡略，而舞臺效果可能很好；科只是一筆帶過，而演出時可能極爲精彩。因此本文自文學角度討論情節（故事）、人物、語言與主題（意義）時，有時會談到演出的可能效果。

二‧情節分析

一、情節安排

　　方氏《雷峰塔傳奇》四卷三十四齣，譜白娘娘與許仙的愛情故事。謹將各卷齣目列於下：

卷一：　開宗、付鉢、出山、上塚、收青、舟遇、訂盟、避吳、設邸、獲贓

卷二：　遠訪、開行、夜話、贈符、逐道、端陽、求草

卷三：　療驚、虎阜、審配、再訪、樓誘、化香、謁禪、水鬥

卷四：　斷橋、腹婚、重謁、煉塔、歸真、塔敘、祭塔、捷婚、佛圓

不相同。若合成一本而去其重複，可得六十餘齣；較原作之三十二齣，已超出一倍左右。」頁 21。

[13] 趙景深：《彈詞考證》頁 23-25。

　　本劇是鋪衍白娘娘的追求愛情，其間遭遇種種阻力，形成波折；這即是戲中的衝突。大致而言，故事可分成四個段落。戲的開端，始於第六齣〈舟遇〉。——在此之前的戲，第一齣是家門大意；另四齣只是背景介紹，說明各人身世；其中第二齣預示了結局。——白氏愛慕許宣，在許宣掃墓回來時，攝驟雨，製造相見的機會。戲的情節從此展開。許宣愛慕白氏姿容，樂意親近。因借傘的原故，才有〈訂盟〉的機緣。許宣無錢行聘，白氏送他兩錠白銀。這銀子原是縣庫失竊之物。幸而捕快是許宣的姊夫；他先教許宣避地蘇州；然後再出首收捕白氏。白氏遁去。這是第一階段，也是第一個衝突；白氏的愛情追求失敗了。其中第九齣「設邸」安排於此減低戲劇效果，如與〈獲贓〉互調順序，將會更好。在背景敘述部分，第四齣〈上塚〉與第五齣〈收青〉互換次序，情節發展將更緊密，效果會更好。因為這只是小排場，不會有演員過勞的問題。

　　第二階段從第十一齣〈遠訪〉到二十齣〈審配〉。許宣避事到蘇州王敬溪府上安置，白氏偕同青兒來訪。許宣說她「是個妖怪，不要睬她」；白氏辯稱裘王府舊宅空房多而冷落，公差來時皆疑有鬼；於是將機就計躲起來，他們以為鬼怪而不搜尋。加以白氏貌美，說要來問婚姻消息。王氏遂為白、許成親。後來，白氏協助許宣開藥鋪，生意很好；日子過得不錯。白氏的愛情似乎順利了。不料，四月十四日許宣上神仙廟燒香，主持魏飛霞說許宣額上「有一道黑氣，定被妖纏」。許宣以妻婢來歷不明，每每生疑；聽了魏氏的話，信了；拿回兩道符要除妖。許宣回來，被白氏識破，搜出靈符；白氏禳解後將符燒化服下，無事。青兒擒來魏氏，加以痛責後斥逐。這是白氏愛情上的一個危機——也是戲劇的衝突——輕易化解了。端午節到了，白氏緊張起來，怕飲雄黃酒會出問題。青兒先

藏起來，白氏原想推身子不快睡覺。許宣聽說身子不快，為她把脈；說她「身懷六甲」，更該喫酒。白氏拗不過，喝了；卻現出本相，嚇死許宣。白氏於是冒著生命危險，遠赴嵩山，跟鶴童、鹿雲西、東方朔、葉法善相鬥，向南極仙翁求得仙草，救回許宣的性命。度過了另一次危機。到了秋天，虎邱桂花盛開，許宣要去遊玩；白娘子替他打扮穿新衣服，戴八寶明珠巾。許宣問巾的來歷；白氏說是先人遺下的。許宣來到虎邱，被捕快緝拿了；因他的八寶明珠巾與蕭太師府中遺失的寶巾「無二」。幸而總捕是前錢塘縣令，曾問庫銀一案，聽了許宣的供辭，領著衙役，打進許家，「白氏青兒已不知去向」；許宣流配鎮江為民。這是又一次危機；白娘娘的愛情又挫折了。

　　第三階段自第廿一齣〈再訪〉到第二十五齣〈水鬥〉。許宣到了鎮江，在王敬溪推薦的何斌家中安置。許宣向何斌述說「被妖遺害」的情形，卻不知是何怪魅。白娘娘尋到何家訪許宣，說許宣不為寶巾辨明是妻子祖上所遺；且衙役來時，得鄰里報知潛身而遁。青青又向何斌訴說許宣聽信讒言以為白氏是妖。何斌以其有形有影，不信為妖；勸和了許宣。白氏又獲得愛情。何斌迷戀白氏姿色，趁生日宴飲時，設計誘白氏上望江樓，要加玷汙；白氏變為「大頭青胖鬼」，嚇倒何斌，保住清白。顯見白氏對愛情的忠貞。有一客商，販得檀香，來到鎮江，檀香在狂風中盡皆不見；愁苦之際，遇到法海禪師。法海知香為白氏所攝，於是到許宣家前化香。許宣喜捨與法海；法海囑許宣在二月十九日觀音誕到金山寺拈香。許宣赴金山寺；白氏擔心許宣被法海禪師點悟，「終身無結局」，於是趕到金山寺，要求法海放許宣回來。法海說許宣「已皈依三寶」了；白氏求之不已，法海說「自今休想仙郎面，不回頭取禍非小。」又說已對許宣點明白氏妖變根由，竟不放人。白氏苦求不

得，於是展開爭戰。白氏力戰，水淹金山寺；法海祭缽，卻被魁星托住，白氏遁去。法海收缽，知白氏有孕；告訴許宣回臨安，待分娩後收伏白氏。這是白氏愛情的最大危機，她失敗了。就戲劇而言，也是最大的危機；此後進入結尾階段。

　　第四階段自第二十六齣〈斷橋〉起至第三十齣〈歸真〉，是白氏愛情戲的結尾。白娘娘既戰敗逃遁，來到臨安，想投奔許宣的姊姊、姊夫李仁；途中腹痛難行，到斷橋亭休息。這時，許宣被法海送回臨安，經斷橋，看到白娘娘與青兒，潛身逃避；白氏與青青追趕。許宣驚嚇不已，想起法海「若遇妖邪，不必害怕」的話；於是向前相見，將責任推給法海，向白氏陪罪。他們打算住到李仁家中。白氏特地囑咐不得提起金山寺之事；而青兒看出許宣的假慈悲、假小心，「辜負娘娘一點真心」，白氏也無可如何。三人來到李仁家中，李氏夫婦歡喜。李仁已得一女，白氏遂要求指腹為婚。白氏既分娩半月有餘，許宣往淨慈寺謁見法海，法海教許宣將缽合於白氏頭上；許宣謝不能，於是約定明日法海親來收取。次日，許宣先遣開李仁家人，巳時，白氏整粧，法海來到，將缽合下；白氏復為白蛇。青兒怒，搶蛇不成，撲許宣，被揭諦降伏。法海將白蛇埋在雷峰塔底，又請雷公電母火神煉塔，以防白氏逃脫；他對白氏說：「雷峰塔倒，西湖水乾，江潮不起，許汝再世。」於是法海會同許宣歸於靈山佛境。戲劇的危機解除了；白娘娘的愛情卻幻滅了。

　　但是本劇在結尾部分又起情節：即第三十一齣〈塔敘〉至第三十四齣〈佛圓〉。白蛇鎮於雷峰塔下十餘年，黑風仙來探望，白氏表明她與許宣生一男，已十六歲。後來，白氏子許士麟中狀元，思念母親，要求毀塔，皇帝不許。他奉旨祭塔，母子得以相見；然後與表妹成親。白氏鎮塔後二十餘年，法海奉佛旨：赦白娘娘出塔

底，與青青同登忉利天。這四齣戲，就白氏的愛情故事看來，是多餘的；只不過是爲了滿足觀眾追求「詩的正義」（poetic justice）的補償心理而已。

二、發展模式

本劇劇情的發展模式，是延展式的，順著時間的流程發展。在主要劇情部分——即白娘娘與許宣的愛情——前後只有一年多的時間。前段的〈付缽〉〈出山〉〈收青〉部分，不知花多少時間。結尾再引出的情節，〈塔敘〉以下，則已在主要情節之後十幾、二十幾年了。

就劇情而論，故事比較單純，像吳梅（1884-1939）說的「篇幅過狹」[14]。劇情的發展是單線的，不像許多元、明、清戲文傳奇的雙線並行發展模式，可以大開大闔。

至於情節中，主要事件之間的關係，並不是因果關係，不是辯證關係；而是人的因素形成的，都是圍繞著白娘娘而發展的。我們可以說：白娘娘的特殊出身及其性格，造成許多事件，發展了主要情節。

白娘娘原是在峨眉山修煉的白雲仙姑，要尋覓有緣之人，來到臨安；收伏青青爲侍兒，佔了青青的居所。如果沒有〈付缽〉一齣，我們也僅能從〈出山〉〈收青〉〈舟遇〉知道她是異類——物類成精——以人類的說法來說，是妖怪；但不知真正身分。她就是這樣的出身，因而沒有人世道德觀念，想要甚麼就要甚麼。這就產生了許多愛情的危機。她見到許宣在船上，不得親近，就以法術

---

14 王永健；《中國戲劇文學的瑰寶——明清傳奇》第十一章注 51 引述。（南京：江蘇教育出版社，1989）頁 292。

（妖術）頓攝驟雨，製造接近機會；以她精怪變化的美貌，年輕而渴望愛情的許宣自然被她吸引了，主動借傘與她，造成許宣往訪白氏的機會。許宣往訪，給白氏主動提出姻緣的機會。許宣貧困，無力行聘，白氏給他銀子。這銀子是她從縣府庫中取來的，使得許宣不得不避到蘇州，以免吃上官司。白氏的愛情追求受到了挫折。後來白氏尋到蘇州，與許宣成就了婚姻；協助許宣發展藥鋪的事業。許宣去神仙廟，魏飛霞贈符給許宣，就因為許宣額上有妖氣；這妖氣即因白氏之故。白氏以術禳解了魏氏的靈符，也斥逐魏氏；再取得許宣的信任。端陽節白氏飲酒現出本相，嚇死許宣；這是她的身世造成的事件。她去求仙草救活許宣，也是她修煉的緣故。許宣遊虎邱，因戴了八寶明珠巾，被捕快緝捕了；因那寶巾是蕭太師府中失竊之物，是白氏手下盜來貢獻的。許宣因此流配鎮江；造成了白氏愛情的挫折，兩人再度分離。白氏追尋到鎮江，與許宣修和。何斌想誘姦白氏，白氏以本相嚇倒何斌，維持貞節。又因她攝取了客商劉成的檀香，使法海有機會接近許宣，勸許宣來金山寺，藉此機會點明白氏妖變原由；使得許宣加強了白氏是「妖怪」的信念，加速兩人的分離時機。白氏不忍失去丈夫許宣，不惜與法海相鬥，以法術水漫金山；可是失敗了。她失去了許宣，也使自己被鎮壓在雷蜂塔下。所有的這些事件，都緣於於白氏是「妖」，有妖術，不理會人世法律道德的因素而造成的。

　　就情節設計來說，作者讓類似事件重演：盜銀、盜寶巾、盜檀香，來發展情節。前兩項竊盜事件，使許宣因官司而離開所住地，造成兩人的分離；然後再設計重逢的事件。重逢時都是白氏為自己的「潛逃」行為辯解。這樣的情節設計，實在不高明。

三、現實與幻覺

方氏《雷峰塔傳奇》固然是依據他人的劇本增刪而成；在討論該劇本的藝術成就時，僅依該劇討論即可，不必討論他所依據的底本。方氏此劇，處理白娘娘與許宣的愛情故事，其中大部分事件是我們平常人可以理解、可以經驗的事件，這些材料是現實世界的，是出自人類意識界的；有的事件則是超出了經驗世界的事件，已超出了人類的意識範圍，可以說是幻覺的。

精神分析學家卡爾‧楊格（Carl G. Jung 1875-1961）曾將藝術創作的形式分爲兩類：一是心理學式的（phychological），一是幻覺式的（visionary）。心理學式的創作取材於人類意識生活以及感覺生活，也即是人生意識經驗。幻覺式的藝術創作素材不是人人耳熟能詳的，其本源來自人類的心靈深處，那是人類無法理解的原始經驗；是超出意識界的。[15]

依卡爾‧楊格這種分法，心理學式的藝術創作是最普遍的，凡是以現實的、生活的經驗爲題材的作品，詩歌、小說、戲劇，都是。而許多神怪小說，大致屬於幻覺式的，仙話——神仙故事——的小說、戲劇，也是這一類，佛菩薩的許多故事，超出人類意識的，也應屬於這一類。可是不少神怪小說的創作並不是單純幻覺式的，往往兼有心理學式的。戲劇也一樣；幻覺式的創作形式兼有心理學式的；而心理學式的創作形式中或兼有幻覺式的，如〈倩女離魂〉、《牡丹亭》。方成培的《雷峰塔傳奇》即是綜合了兩種創作形式。

---

[15] C. G.楊格：〈心理學與文學〉，《追求靈魂的現代人 *Modern Man in Search of A Soul*》（黃奇銘譯，臺北：志文出版社，1971）頁181-205。

方氏《雷峰塔傳奇》中，我們平常人可以理解、可以經驗的事件，像戀愛、婚姻、商業行為、官司、宴飲、祭祀，這些材料是出自人類意識界的；運用來創作藝術作品則是心理學式的。有的事件則是超出了經驗世界的事件，如〈付缽〉〈歸真〉〈佛圓〉等敘述佛菩薩的種種事跡，〈出山〉〈收青〉〈逐道〉〈求草〉〈塔敘〉等仙怪事跡，以及〈水鬥〉〈煉塔〉等佛神妖異間的糾葛，還有白娘娘、青青、黑風仙的變化，這些素材，已超出了人類的意識範圍；用來創作，則是幻覺式的。當然，這些幻覺式的藝術中的事件，是想像的，是以人類的經驗為基礎想像出來的；可是卻不是現象界的事件，不是人類的實際經驗。這些事件，可能具有特殊的象徵意義，值得我們探討。

三·白娘娘與許宣的形象

方氏《雷峰塔傳奇》中的人物不少，但是值得討論的重要人物只有白娘娘、許宣，次要人物如青兒、法海，在戲中固有其重要性，卻不具備鮮明個性。青青自從成為白娘娘的侍兒之後，是個盡職的婢女，是白娘娘的好幫手，個性並沒有特出之處。法海禪師執行釋迦牟尼佛的旨意「收服妖邪」，點悟釋尊座前捧缽侍者許宣，引導他「同歸淨土，以成正果」；也沒有個人特殊的性格。其他的人物，如李仁夫婦、王敬溪、何斌、魏飛霞等，促成情節的發展，其實沒有特別討論的必要。

（一）白娘娘

白娘娘，依釋迦牟尼佛慧眼所見：她是一白蛇，「向在西池王母蟠桃園中潛身修煉；被他竊食蟠桃，遂悟苦修，迄今千載。」

（〈付缽〉）後來「到此峨眉山連環洞中，養成氣候，道術無窮。」名爲白雲仙姑。她自己說「睹此紅塵勝景，錦繡繁華；意欲往凡間度覓有緣之士，到此同修。」（〈出山〉）於是來到臨安，遇到許宣；展開了愛情的追求。經過一些波折，雖然與許宣結爲夫婦，卻因爲「妖」及其它緣故，被鎮壓於雷峰塔下；許宣出家。她的愛情終究落空。——後來她被赦出佛塔，對於少年的風流事，也就「放下」了。

白娘娘對愛情的追求是熱切的、熱烈而專注的。一旦下定決心，就勸不回轉；即使遭遇挫折，仍然一意向前，企圖挽回愛情——直到愛情幻滅。縱然愛情幻滅了，她還是無怨無悔。當白雲仙姑決意下凡覓有緣之士，道兄黑風仙再三勸阻，她說：「我去意已決，斷難改移。」又說：「我意已決，不必阻我」。（〈出山〉）她來到西湖，見了許宣「風流俊雅，道骨非凡」，決意親近。可是許宣在船上，不能接近；於是她施法「頓攝驟雨」，使許宣的船停下，藉以附舟，製造相見的機會，互傳情愫。又因借傘、還傘，進而訂盟。（〈舟遇、訂盟〉）後來許宣因庫銀賊贓事避地蘇州，白娘娘也就趕到蘇州相會，達成心願，與許宣成親。（〈遠訪〉）似乎她追求愛情的願望已經完成，可以過著神仙美眷的生活；其實，這才是磨難的開始。

許宣在四月十四到神仙廟燒香，感謝「天地之恩」讓他生意順遂；主持戴飛霞見了，說他「額上有一道黑氣，定被妖纏；若不早除，其禍非小。」於是贈符許宣。（〈贈符〉）白娘娘知道了，冒著「迸斷迴腸」的危險，吞下服籙。同時爲了挽回許宣的信任，施法使「那道人化道白光而去」。（〈逐道〉）端陽節，她明知雄黃酒對自己不利，不忍使情郎掃興，不忍拂許宣的美意，「勉強飲一盃」；結果現出了真形，嚇死許宣。（〈端陽〉）她不辭辛苦，冒著

生命危險，到嵩山南極仙翁處，與鶴童、鹿雲仙、東方朔、葉法善相鬥，求取仙草，救醒許宣。（〈求草、療驚〉）秋天，許宣遊虎邱，因白娘娘替他穿戴的八寶明珠巾疑似蕭太師府失物被捕，流配鎮江。（〈虎邱、審配〉）白娘娘趕到鎮江，與許宣相會，挽回婚姻。她對許宣的愛是堅貞的；何斌想誘姦她，她嚴辭峻拒：「妾身亦有何面目見我官人？這沒廉恥的事，斷然不可。」就以本相嚇倒何斌。（〈樓誘〉）後來許宣遇到了法海禪師，上金山寺；白氏知道禪師「法力無邊，不比凡僧」，她擔心「許宣倘被他點悟，我終身就無結局了。」於是趕到金山寺要求法海放回許宣，不惜與法海相鬥，水漫金山寺，結果失敗了。（〈水鬥〉）失去了許宣，她的愛情幻滅了。——她來到斷橋，又遇到許宣。她責備許宣薄倖，許宣陪不是，把不回來的則任推給法海「不肯放我下山」；她還是氣忿不過：「阿喲！氣死我了！」許宣跪下陪罪，她似乎諒解了；倒是青兒看不過：

〔生〕娘子，你看：青姐總是怨著卑人，怎麼處？〔旦〕青兒！青兒！〔貼〕娘娘。〔旦〕我想：此事非關許郎之過，多是法海那廝不好。你也不要太執性了。〔貼〕娘娘，你看：官人總是假慈悲，假小心，可惜辜負娘娘一點真心！〔旦〕咳！

她一聲「咳」，道盡許多辛酸！也道盡她的無奈！（〈斷橋〉）依她的聰慧，自然知道許宣已被法海點悟，只是虛與委蛇而已。她在分娩半月後，曾感歎「且喜生下個寧馨孩兒，得傳許門後嗣，也不枉我受了許多折磨。」（〈煉塔〉）似乎認為孩子是愛情的結晶，可以取代愛情；她熱切追求愛情的心似乎減弱了。她被法海鎮壓在雷峰塔下十幾年後，黑風仙去看她，問她是不是懊悔；她說：「這也是前緣宿孽，悔她則甚？」可見她對愛情專注無悔的態度。

　　無疑的，白娘娘是美貌而慧黠的。許宣初見白氏，送她們下船後，歡喜無限：「哈哈哈！妙呵！不期今日無意中遇此佳人，……又約我明早到彼相會。阿呀！只是今夜叫我怎生睡得著也。」（〈舟遇〉）次日會面，贊美白氏道：「你氣吹蘭可人意中，色如玉天生嬌寵。」（〈訂盟〉【沉醉東風】）固然，這是追求愛情的青年奉承女子的話，未必是真；王敬溪的妻子說她「標致」（〈遠訪〉），也可能是禮貌性的話。可是何斌一見了白氏，說「害得我神思恍惚，意亂心迷。」「自見嬌娘腸欲斷，思量起不禁如癡如狂。」可見其美。何斌好色，他的話或許不能做準；可是他的丫頭也說：「勿要說員外動火，就是我秋菊見了他，也覺動火。」（〈樓誘〉）應可以說明她的美貌。其實，在李仁率眾拘捕時，看到白氏在樓上，說她是「絕標致的堂客」（〈獲贓〉），已然可知她的美貌。

　　至於她的慧黠，可以在她對許宣解釋衙役緝捕時她就「不知去向」的事件中看出。第一次是白氏贈銀兩錠給許宣，被疑是縣庫失物；捕快緝捕不獲；李仁說她「妖變」：

　　〔生〕姐夫來信說道：那日差人來拿你之時，明明見你在樓上，及眾人向前，一霎時就不見了；還說不是妖怪？咦，定定是鬼了。

　　〔旦〕奴家所住，本是裴王府舊宅，身邊只有青兒為伴，因此空房頗多，甚是冷落。那日公差前來，皆疑有鬼；我見勢頭不好，只得將機就計，潛身躲在廂房樓之內。為此多認為我每是鬼怪，害怕不敢搜尋；見了銀子就去了。奴家纔得脫離羅網。（〈遠訪〉）

對於庫銀，她說：「若說此銀來歷不明，理當坐罪於先夫。奴家是一寡婦，那裡知道？」合情合理的解釋，能不信嗎？後來因八寶明珠巾事，許宣被捕，流配鎮江。白氏尋來，許宣在何斌面前質疑：

「只帶了你的巾兒便禍逢？你二人呵，為甚的那一日官差搜捕影無
蹤？」白氏利用有外人在的形勢說：

> 員外，那寶巾原是先人所遺，質對之時，他竟不辨別明白就招認
> 了。又同臟官來拿奴家，幸得鄰里報知，潛身逃遁。官人那，終
> 不然要你妻子出乖露醜，纔成體面？

多麼合理的話語；因此何斌對許宣說：「你既被人誣害；他是個女
流，自然潛蹤隱跡。」她的計謀成功了。（〈再訪〉）這是她慧黠之
處。至於她處理道士魏飛霞一事，自然是智慧的表現。

其實，白氏的某些行為，固然是出於愛情的緣故，卻顯出了她
的不道德。像前文所述的辯解諸語，根本是一派謊言。而盜取庫
銀，贈與許宣為聘貲；將部下所獻盜自蕭太師府的八寶明珠巾給許
宣佩戴，作強風攝取客商劉成的檀香，皆是不合道德、法律的行
徑。為了從法海手中追回許宣，不顧生靈，水漫金山；「這個罪
過，卻也不小。」（〈塔敘〉黑風仙語）

總之，白娘娘熱切的追求愛情，為了愛情，不顧法律、道德；
為救醒許宣，忘了自身的安危去求取仙草；為了挽回許宣，不顧生
靈而與法海相鬥。張庚等人說：「白娘子的所做所為都是違反和破
壞整個封建秩序的。」「白娘子對理想生活的嚮往和追求，業已達
到忘我、獻身的高度，雖九死其猶未悔。」[16] 陳大海也說：「為了
實現自己對幸福生活的追求，她甚至置封建王法於不顧。」[17]周續賡
說：「她性格的主要特點，是對愛情與幸福的熱烈追求和對封建統治
勢力的蔑視。」又說：「面對法海禪師的干涉和層層阻撓，她毫無
畏懼，英勇鬥爭，憑藉自己非凡的超人力量和智慧，戲弄官府，吊

---

[16] 張庚、郭漢城主編：《中國戲曲通史》（北京：中國戲劇出版社，1992 二
版）頁 972-977。

[17] 陳大海：〈白蛇和她的悲劇〉，頁 160。

打道士，力戰天上眾仙，把一切天上人間的邪惡勢力都打得落花流水。」[18] 這些都是依馬克斯主義的現實主義文學觀念來討論的，又充斥了情緒性的語言。

（二）許宣

許宣在所有白蛇故事中的形象很一致，是一個多疑無主見的人。楊牧、王溢嘉曾從不同的觀點論述他的性格，[19] 頗有可觀。本文僅就方氏《雷峰塔傳奇》來討論。

許宣字晉賢，嚴州桐廬人。——釋迦牟尼佛說他「原係我座前一捧缽侍者。」——少時父母雙亡，依附姊夫李仁；李仁推薦他在鐵線巷王員外生藥鋪中生理。大約是這樣的遭遇，造成多疑無主見的性格；不過他是俊美的男子。打扮起來，「好似潘安再世，宋玉重生」；若是「容貌差些」，白氏恐怕看不上他了。（〈虎阜〉）

故事發生時，他「虛度二十」，盼望成家。因此，一見了美貌的白娘娘就心動了；白氏提出「願把同心結送」的心願，他豈有不從之理？白氏贈他兩錠銀子，「官人回去，即央媒說合，早成美事」，他樂得高唱「和樂處兩融融。」（〈上塚、訂盟〉）

18　周續賡等：《中國古代戲曲十九講》（北京：北京出版社，1983）頁 176、177。

19　楊牧：〈許仙和他的問題〉，陳鵬翔編《主題學研究論文集》（臺北：東大圖書公司，1983）頁 325-330。
王溢嘉：〈蛇之魅惑與心之徬徨〉，《古典今看——從孔明到潘金蓮》（臺北：野鵝出版社，1989）頁 127-142。

白氏的贈銀卻是縣庫的失銀，這會使得許宣「性命休矣」。姊夫勸他暫避他方，他說「此事是我惹出來的事，豈可反貽累於姐夫？」

〔副淨〕不妨。官府祇要贓賊，我於今總推在白氏身上，拿得他主婢二人，你便無事了。〔生背介〕咳，那小姐待我情分不薄；只是於今也顧他不得了。（〈避吳〉）

他聽李仁的話避到蘇州。李氏寫信說白氏妖變的事，他相信白氏是妖。白氏尋到蘇州，解說自己的行藏；化解許宣的疑慮。他們成親了。白氏幫他建立了藥鋪，日子過得不惡。許宣在神仙廟，魏飛霞說他額上「一道黑氣，定被妖纏」；他又疑起妻婢是妖，接受了道士的靈符。白氏化解了靈符，施法術讓那「道人化道白光而去」；許宣反疑道人是妖魔。青兒勸他以後「耳朵要放硬挣些」。（〈逐道〉）端陽節白氏露了行藏，驚死許宣；種下許宣再度懷疑的因子。許宣要遊虎邱，白氏取新衣服並八寶明珠巾出來打扮；許宣道：「請問娘子，此巾是那裡來的？」（〈虎阜〉）大約是贈銀的陰影揮之不去吧！許宣因寶巾被捕了，總捕率領衙役打到許家，「白氏青兒已不知去向」；許宣又認為白氏是妖了。他在何斌處安置，對何斌說起「無端罹訟，都為妖魔播弄」，卻不甚明白是何妖怪，只是端陽節「親睹蜿蜒神悚」。白氏主婢二人再訪，辯解潛逃的緣故，也責備許宣不為寶巾辨明「是先人所遺」「天下物儘有相同的」就招認了。同時也哭道：「尋到此間，不想官人恁般相待；⋯⋯如今要此性命何用？罷罷，不如去投江死了吧！」讓何斌相信她不是妖怪，進而勸解許宣和好。何斌還勸他：「許兄，以後再不可多疑呵！」（〈再訪〉）正表明許宣多疑的性格。

後來法海來許宣家門首化香，許宣背著白氏將檀香布施了。法海要許宣在觀音誕到金山寺拈香，「還有要緊言語相告。」不知法

海說了甚麼——後來白氏與法海相鬥時，法海說「我已將你妖變的根由，一一點明」——使許宣相信不疑，相信白氏是妖。再者白氏知道「法海禪師法力無邊」，若許宣聽信法海之言就不回來了；於是趕到金山寺，要求放回許宣。不從，與法海鬥了起來；失敗了。許宣既已知道真象，自然不再相信白氏的話；白氏也不再有機會挽回許宣的心了。是以斷橋一見，白氏與青青呼喊：「許宣，你好狠心也！」「許宣，你好薄情也！」許宣原是懼怕的，想起法海的話，才敢相見。等白氏分娩半月後，他就去找法海；法海就來收取白氏，鎮壓在雷峰塔下。

許宣爲何聽信法海禪師言語？自然是法海一一說明了白氏妖變的原由；再者若依佛祖所言許宣原是他的捧缽侍者，那麼，許宣皈依法海自是不會起疑了。如果從精神分析的理論來說：法海是高僧，是父權的象徵；許宣幼失父母，他遇到法海就如同找到父親，自然相信了，何況他還說出「根由」。——許宣聽信魏飛霞，也可作如是觀。

至於許宣是否真的像青青所責備的那樣負心？

【朱奴插芙蓉】……〔貼〕怎生價禍生駕伴！許宣，你好狠心也！負義忘情心不善，縱然忍把冰絃剪，也應憐免，看你孩兒曲全。……（〈煉塔〉）

似乎也不盡然。許宣在白氏分娩後謁見法海，法海要他「待他梳粧之際，將此缽合在他頭上。決無走脫矣。」許宣說：「此妖一時無狀，水漫金山，致遭天譴，理所應該。但弟子夫妻之情，不忍下此毒手。」（〈重謁〉）當白氏被押下時，許宣旁白：「白氏雖係妖魔，待我恩情不薄；今日之事，目擊傷情，太覺負心了些！」許宣所以要法海收伏白氏，主要因素應是白氏是妖，非我族類之故。

四・主題討論

白蛇故事流傳民間，敘述白蛇化身的白娘子與許宣（許仙）的愛情故事；蘊含豐富的意義。雖有不少學者為文論述，大抵是綜合談論白蛇傳小說、彈詞、寶卷及戲曲；比較少專論某一文類的某一作品。但是他們的論述，對我們討論方成培《雷峰塔傳奇》的主題（theme），當然有極大的參考價值。前文提到方氏《雷峰塔傳奇》的藝術創作形式，既有心理學式的，也有幻覺式的；所表達的意義，自然有經驗世界所傳達的表面意義，也有象徵的深層意義。

（一）表面意義

如果依〈付缽〉一齣釋迦牟尼佛所說：白蛇苦修千載，「不肯皈依清淨，翻自墮落輪迴，與臨安許宣締成婚媾。那許宣原是我座前一捧缽侍者，因與此妖舊有宿緣，致令增此一番孽案。但恐他逗入迷途，忘卻本來面目，」他要法海「收服妖邪，永鎮雷峰寶塔；接引許宣，同歸極樂。」白氏被鎮塔下，法海唱：「原非我，原非我，破你姻緣，總由他數定難遷。」如係如此，就只是要表彰輪迴、宿命的意義而已；而重點是許宣的降凡與歸真。又怕許宣入迷途，忘本來面目，就要高增接引；這樣的修行，實在太容易了。因為在整個故事中，許宣雖則也受難，可是他的災難只是離鄉、被捕、受驚恐而已。他一直是被保護的，先是姊姊與姊夫的保護，避到蘇州有王敬溪的保護；然後是白氏的保護。寶巾案，因總捕是前錢塘令，為庫銀一案曉得白氏妖變，沒有對許宣用刑；許宣流配鎮江，有何斌的協助；後來白氏來了，又有白氏的保護。然後就是法海收妖，接引許宣了。他的際遇不像魔難修行——除非把白氏跟他

的情緣視爲魔難，因爲白氏是妖；與妖相處，「迷其真性」，即是魔難，雖則那是宿緣。

　　從妖有害於人，「若不早除，其禍非小」的觀點來看，白氏是妖，自然該除；所以道士魏飛霞要除她。白氏被鎮塔下，法海唱：「歎妖魔，將人纏，致今朝，干天譴。」這就是害人。就佛的觀點看：白蛇「不肯皈依清淨」，「不守清規」，就是罪孽。（〈付鉢〉），不必因她除了盜竊，不曾害人，「敬夫如天，何曾害他？」就是無罪。加以水漫金山，「淹害生靈」，「罪孽深重」；當然該譴責，該鎮壓塔下。道士除不了白氏，法海收了白氏，可見佛法無邊。白氏在塔下二十幾年，她的兒子許士麟中了狀元，祭塔哭塔，白氏要他「當爲皇家宣力，不要苦苦思念我」，教子有方；（〈祭塔〉）許士麟「興哀風木，哭夐呼天，孺慕之誠，數年不懈」，孝心不匱，因此佛祖赦她出塔，登於忉利天而成仙。（〈佛圓〉）可見此劇有宣揚佛法，宏顯孝道的意義。

　　也許有人會說：從這劇裡看不出佛法無邊。至少白氏與許宣的婚姻既是「宿緣」，不該說她降凡是「罪孽」。既然法海明知在金山寺時許宣與白氏「宿緣未滿」，他爲何不放許宣下山，滿足孽緣，再來收伏白氏？爲何要引白氏發怒，水漫金山，淹害生靈？這豈不是引人入罪？金山寺水鬥，法海並沒有收伏白氏，而是在白氏分娩後某日整粧時突然而至，以鉢合在她頭上，「孽緣已盡，大數難逃」；不是正面的相鬥。如此何以見得我佛正法？而且佛法慈悲，講六道輪迴；蛇是六道之一，修行可轉世爲人，轉而爲佛，何必除之而後爲圓滿？難道焚修必不可下凡？下凡一定是罪孽？關於這一點，我們可以說：這是劇作家對佛法真義不盡明瞭之故；是劇作家的問題，不是戲劇作品主題表達的問題。

　　主題意義不妨從情節來探求。本劇主要是敘述白娘娘的追求愛情。她熱烈的追求許宣，不顧禮俗主動向許宣表達愛慕，「託絲紅……願把同心結送」。許宣避地蘇州，她追到蘇州，「討婚姻的信息」；「成就了百年姻眷」。她協助許宣開藥鋪，兩相恩愛。她明知自己端陽節不合飲雄黃酒，卻不忍拂逆情郎美意，露出真形，驚死許宣。為救許宣，遠至嵩山，冒生命危險求回仙草，救醒許宣。許宣出遊虎邱，她把許宣打扮起來，「好似潘安再世，宋玉重生」；誰知好事多磨，許宣因寶巾被捕，流配鎮江。她到鎮江重聚，嚇倒企圖玷汙的何斌，保住貞節。可是法海出現了，點化許宣，不放下山；白氏為爭取回丈夫，不惜冒死與法海相鬥，水漫金山，犯下大罪。種種事跡，皆見得她對愛情的渴望與堅貞。然而這樣的愛情追求，怎麼落得許宣出家，自身鎮壓塔底的結果？我們不妨從戲劇衝突的角度來看：白氏追求愛情是主線，衝突力量則是阻止、破壞愛情的反對力量。這股反對力量，來自三方面：其一是許宣的多疑，不能真心相愛；其二是外在勢力的干預，有官府追緝贓賊、道士施符以及法海收妖；其三是白氏愛的方式不妥當，德行有虧，主要是她盜取庫銀贈許宣，使許宣遠避他方；不法取得寶巾來打扮許宣，使許宣喫上官司，流配鎮江。其實這三者皆肇因於她的「妖」的特殊身分。妖與人是異類。從這裡，我們可以看出戲劇的主題，是在稱許愛情──不然就不必寫這劇本──不過，愛情要情意相和，不容疑慮存乎其間；同時，相愛的對方要求道德無瑕；而且要同類──引申為相對等，或門戶相當。這樣的觀念，實是時代的產物。

　　此外，順便一提：白氏的愛情雖則幻滅，但是她無悔，他「且喜生下個寧馨孩兒，得傳許門後嗣，也不枉我受許多折磨。」顯見當時的人談愛情是為了傳子嗣。同時，在法海奉佛旨赦白氏出塔底

時，向白、許兩人說：「少年一段風流事，只有佳人獨自知。你兩人的事，都放下不用說了。」兩人問：「禪師，放下個甚麼？」

> 【勝如花】〔外〕真堪咍，實可憐，沒事尋絲作繭。〔向旦介〕只因他送暖偷寒，〔指生介〕作成伊傷恩賈怨。到今日兩般須辨。慢說是前緣後緣，更休提新怨舊怨，覺後都捐。……

有勘破情緣之意。劇末【尾聲】一曲：

> 歎世人盡被情牽挽，釀多少紛紛恩怨？何不向西湖試看明那塔勢凌空夕照邊。

當是勸人不要爲情所困的安慰之言，並不是否定愛情。

　　至於有人說《雷峰塔》「通過白娘子大膽追求愛情和幸福的叛逆行爲，深刻反映了封建社會中人民群眾與統治者的根本矛盾，表現了人民群眾對於幸福理想的熱烈追求和鬥爭精神。」[20] 這是馬克思主義文學理論批評的見解，他們認爲文學是爲政治服務的。

（二）深層意義

　　白蛇故事《雷峰塔傳奇》的創作形式，兼有心理學式與幻覺式，其中具有象徵意義。如以精神分析（phsychoanalysis）或神話、原型的批評方法來討論，將有特殊的發現；對作品意義將有不同理解。顏元叔以象徵討論小說《白蛇傳》時曾指出：許仙與白素貞的姻緣是情感的結合，法海是冷酷的理智，不許情感存在而將之扼殺。理智固然想救情感，可是理智的力量作用於情感時，情感反而不能存在。從理智看法海，他是好人；從情感看法海，則是惡棍。法海沒有殺死白氏，只能將她壓在雷峰塔下，意味著情感是殺不死

20　周續賡等：《中國古代戲曲十九講》，頁 175。

的，卻可能被理智壓抑。[21] 王溢嘉則運用卡爾‧楊格（C. G. Jung）的理論，討論《白蛇精記雷峰塔》小說，指出許氏是柔弱男性的假面（persona），法海是道德的假面，而白氏則是內我（anima）。他又以法海是道德的假面，白氏是暗影（shadow），來討論三者之間的關係。他還把法海與白氏的相鬥，當作父系與母系對抗的歷史殘跡。[22] 這些討論，饒有意義；也可以移用來討論方氏本劇。以下擬以佛洛伊德（Sigmund Freud, 1856-1939）對人類心理作用所劃分的三個心靈區域來討論；其次再以原型模式（archetypal patterns）來討論本劇的意涵。其實，討論深層意義還有別的方法，如意象的討論即是。本文只是舉例拋磚而已。

1. 原我、自我、超自我

　　佛洛伊德認為人類心理作用多半是潛意識（unconscious），並將心理作用劃分為三個區域：原我（Id, 或音譯意底）、自我（Ego）、超自我（Super-ego）。原我是原慾（libido, 或音譯力必多）的貯藏所，一切精神能力的根原；它的功能在於滿足基本的生命原則，即快樂原則（the pleasure principle）沒有意識或類似理性的秩序，不知價值，不明善惡，不懂道德。自我是心靈之理性統制者，可以抑制原我的本能衝動，代表理性與審慎；雖然有一部分屬於潛意識的區域，但也是我們的意識之心，依循現實原則（the reality principle）行事，擔任內在世界與外在世界之間的仲裁。超自我也是節制原我的機能，大部分屬於潛意識的區域，卻是由道德原

---

21 顏元叔：〈白蛇傳與蕾米亞〉，《談民族文學》（臺北：臺灣學生書局，1984）頁117-128。

22 王溢嘉：〈蛇之魅惑與心之徬徨〉，《古典今看——從孔明到潘金蓮》（臺北：野鵝出版社，1989）頁127-142。

則（the morality principle）所駕御，是一切道德自制的代表，至善的擁護者。[23] 法律、宗教也包含於其中。

依這個理論體系來看《雷峰塔傳奇》，我們可以把戲劇行動比為心理活動：原我，白氏代表；自我，許宣代表；超自我，當由法海、魏飛霞為代表。

在戲中，白氏無視於禮俗習慣，主動向許宣說出愛慕之意，想「託絲紅」「願把同心結送」。她盜取庫銀，接受屬下盜來的八寶明珠巾，無視於法律。她面對要破壞姻緣的魏飛霞，擒來吊打。面對法海的不放許宣回來，要拆散她們夫妻；她不惜枉顧生靈，水漫金山寺。為了救許宣，不辭辛勞，不懼危險的去求取仙草。為了免於被玷汙，嚇昏何斌。種種行為，具備了原我的特點。

而許宣，依違在白氏與法律、宗教之間。他愛白氏，與她訂盟；庫銀案發，他怕牽連，避到蘇州；也因此疑懼白氏是妖。白氏追到蘇州，他因愛情而與之成親。魏道士說他被妖纏，他就懷疑白氏，收了靈符要除妖。白氏破了法術，又與白氏和好如初。可是見了白氏真形，卻嚇死了。接受白氏寶巾打扮，卻入縲紲之中，流配鎮江；又疑起白氏。白氏來鎮江，又和好了。許宣見了法海，又被法海說動，相信白氏是妖；並協助法海收了妖。同時他也出家，與法海同道了。

法律、道德、宗教，是屬於超自我的。可是法律奈何不了白氏；道德，白氏是異類，更不理會道德。宗教，白氏本身焚修，屬道教一系；而她不守清規，下山求有緣之人同修。法力無邊的法

---

[23] Wiffred L. Guerin 等著，徐進夫譯：《A Handbook of Critical Approaches to Literature 文學欣賞與批評》（臺北：幼獅文化事業公司，1975）頁 98-102。

海，繼魏氏之後要收妖的人，他奉佛旨而來，他與白氏在金山寺相鬥許久，不能取勝；祭出佛祖交付的缽，卻又因白氏有孕——狀元在身——不能罩下。等白氏分娩了，才收伏白氏，將她鎮壓在雷峰塔下。於此可見原慾之強；相對的，也顯見超自我之強。——其實，白氏求道，被鎮塔下二十餘年；比喻超自我壓抑了原我，消磨了原我；終於，白氏也登忉利天成仙了，與許宣一樣，歸於超自我。

由上面的分析，我們可以得知劇作家鋪敘這個故事，並不只是純粹說愛情故事。他不知不覺之中，強調了超自我，強調了道德高尚；不可沉淪於追求生命快樂的慾望裡。尤其他還有宣揚佛教的用意；佛教，在當時的中國，是超自我的最高典型。

2. 成仙——入門的原型

神話批評有「英雄原型」，表達人類故事的一種原型母題。如果描述主角由蒙昧的情況，進到社會生活與精神生活均成熟的地步，即是「入門」。在中國比較缺少像西洋的那種英雄人物，但並不就表示沒有這樣的原型。中國的神仙修煉或佛教修行故事中，有許多是描寫神仙或菩薩的修為過程，經歷許多艱苦、危難，終於修成正果，即可視為「入門」的原型。最有名的小說《西遊記》，即是最明顯的例子。

大抵而言，「入門」要經歷三個階段：分離、蛻變、返回。白娘娘的遭際，即是這樣的歷程。

白氏曾在蟠桃園修煉，後來到峨眉山，修成道術無窮；不過還是「妖」，尚未成真。她想來到凡間，「度覓有緣之士，到此同修」，以成正果。於是離開峨眉山，到臨安來；收伏青青為侍兒。

清明節，在西湖邊，她遇到許宣，「風流俊雅，道骨非凡」，於是展開追求。施法降雨，藉機附乘許宣的船，因而借傘、還傘，進而訂盟；眼看著目的即將完成，誰知她贈給許宣的銀子——盜自縣庫——差點兒讓許吃上官司，許宣遠避蘇州。她的追求失敗了。隨後，白氏尋到蘇州，與許宣成親；似乎成功了。可是神仙廟的魏飛霞看出許宣被妖所纏，贈送許宣靈符以除妖；白氏設法解了靈符，斥逐道士。端午節，她的真形嚇死許宣；她不辭危難的求回仙草，救醒許宣。這是她的魔難。許宣遊虎邱，白氏將手下盜取的寶巾給許宣穿戴；許宣被捕了，流配鎮江。她又挫折了。又追尋到鎮江，重歸於好。卻又有何斌的誘姦；她峻拒不成，就以原形嚇倒何斌；免被玷汙。法海奉佛旨來鎮江，找到許宣勸化，請許上金山寺拈香，點明白氏妖變根由；許宣皈依三寶。白氏到金山寺，三度要求法海放她丈夫下山；法海不肯，白氏於是與法海相鬥，水漫金山。法海祭起佛祖託付的鉢罩白氏，文曲星托住了鉢；白氏與青兒水遁而去。白氏回到臨安，來到西湖，因將分娩陣痛，來斷橋亭休息；而許宣也被法海送到臨安，兩人相會。許宣原不敢相見，想起法海說他們「宿緣未滿，不必害怕」的話才廝見。然後到李仁府上安置。白氏分娩後半月有餘，法海來許宣家，合鉢，收了白氏；白氏復現蛇身，被壓在雷峰塔下。

白氏經歷這些魔難，被壓在塔下；她並不後悔這段緣。二十幾年後，她的「災限已滿」；又有狀元兒子的「興哀風木，哭籲呼天」，佛祖赦她出了雷峰塔，給她一道佛旨：

> 咨爾白氏，雖現蛇身，久修仙道。堅持雅操，既勿惑於狂且；教子忠貞，復不忘乎大義。宿有鎮壓之災，數不過兩紀。念伊子許士麟廣修善果，超拔萱枝，孝道可嘉。是用赦爾前愆，生於忉利……

白氏於是修成正果，成了真仙；而青兒也成仙了。

　　白氏原是白蛇，雖修成人形；尚未得人之道，所以無視於法紀、風俗，爲了自己的需求，爲所欲爲。後來與許宣成親，生了狀元許士麟；可以說已進入「人」的階段。所以法海來收妖時，她不再反抗，只是驚道：「哎呀！我佛慈悲！」「望饒奴命則個！」與先前判若兩人。壓在塔下，則是她的修煉。許士麟祭塔時，她要士麟「爲皇家宣力」；這是一個賢母對孩子的告誡。她完成了「人」的修爲；加上她原有的焚修，成就了正果。

五·語言得失

　　方成培並不以曲名家，吳梅說他「論音呂頗精，所作小詞，間亦有致；而曲則不甚當行也。」[24] 就文學的立場說來，《雷峰塔傳奇》的曲文賓白，確實沒有很高的文學成就。不過，戲曲是戲曲，不是拿來當詩詞吟誦的；它要求能適聽眾、觀眾之耳，在戲臺上唱出、道出，人人能懂。尤其雷峰塔的故事是出於民間，是比較通俗的；語言就不必太典雅。何況有些賓白、曲文，讀來不是很美；可是演出時，卻可能有很好的效果。加以有些戲是看演員表演唱作的功夫，也許曲、白簡略，演來卻很精彩。這是我們面對劇本時要考慮的問題。朱權（1378-1448）批評元雜劇，缺失就是把戲曲當文學來評論了。

---

24 吳梅：〈雷峰塔跋〉，王永建《中國戲劇文學的瑰寶——明清傳奇》注 51 引，頁 292。

方氏《雷峰塔傳奇》的曲文，仍有不少是很成功的。孟瑤曾錄〈斷橋〉一齣做代表；[25] 其實她所錄的，並不是方本的曲文，而是梨園通行的本子。〈水鬥〉一齣有傳神的語言：

〔旦、貼上〕禿驢，你將青龍杖來降俺，俺豈懼汝！〔外〕俺佛力無邊。【北刮地風】〔旦〕呀！您道佛力無邊任逍遙，俺也能飛度沖霄。休言大覺無窮妙，只看俺怯身軀也不怕分毫。您是個出家人，為甚麼鐵心腸生擦擦拆散了俺鳳友鸞交？把活潑潑好男兒堅牢閉著！把那佛道兒絮絮叨叨，我不耐吁喳喳這般煩撓。你若放我夫婦團圓，萬事全休，〔外〕我不放便怎麼？〔旦〕咳，禿驢嘎！你若執意如此，管教恁一寺盡嚎啕！〔外〕他如今似斷夢方醒，〔旦〕祇怕你要夜迢迢夢斷魂消！

將白氏氣憤不已、口不擇言的罵人情態，表露無遺。又如〈煉塔〉：

〔外將缽合旦，旦逃介；諦攔旦，出珠打介，外接珠合旦下，持缽上，生見蛇，悲介〕〔貼上〕房中為何亂喊？待我看來——阿呀！〔跌介〕【朱奴插芙蓉】〔貼〕娘娘呀！〔持缽哭介〕痛誰似你今朝可憐？〔搶蛇，外攔介〕〔貼〕怎生價禍生駕伴！許宣，你好狠心也！負義忘情心不善，縱然忍把冰絃剪，也應憐免，看你孩兒曲全。不由人不含冤，悲憤淚如泉！【朱奴帶錦纏】〔跪上哭拜介〕您喜孜孜的將他宗嗣綿，他惡狠狠的把連理枝割斷。您生前燒了斷頭煙，〔毒指生介〕遭他把恁來凌賤。辜負您修煉千年，辜負您嵩山冒險，辜負您望江樓雅操堅；幾時再見親兒面？罷罷！看俺與你報仇冤！〔撲生，二諦攔介〕

這是青兒看到白氏被缽合而變化為蛇，心急氣憤時所為所唱；既為白氏傷心，又指責許宣無情無義，極為傳神。

方氏此劇，用了不少方言俗語，以示本地風光，顯示這些人的身分。如〈舟遇〉中船夫的語言：

---

25 孟瑤：《中國戲曲史》（臺北：傳記文學出版社，1976）頁 392-393。

〔丑〕官人，這裡歇船哉？〔生〕使得。〔丑〕讓我帶好子纜。〔貼〕船家，你每往那裡去？〔丑〕到草橋門去。〔貼〕船家，草橋門是順路；可搭了我每去？〔丑〕使勿得！我艙裡有位官人，勿便介！

再如〈設邸〉齣店小二的語言：

〔丑〕……阿爹你介兩日，只管尋生討事，你也要放出些良心呀！〔末〕呀，你說甚麼？〔丑〕我自從進子你介店裡，勿知替你打發子多少滯貨，攢子多少銅錢銀子，那閒腰包硬哉，做起阿爹面孔，動弗動就拏我來埋怨哉！

又如〈樓誘〉何斌與丫頭的對話：

〔淨〕……嗄，有里哉，有里哉！那秋菊小丫頭，倒有點鬼畫符篙，等我叫渠出來，商量商量看。秋菊那裡？〔丑〕來哉！員外叫我出來做諸？〔淨〕秋菊，我員外有件心事，搭唔商量。〔丑〕員外有諸心事搭我商量？〔淨〕我自從一見白娘子，不覺的十分動火。〔丑〕勿要說員外動火，就是我秋菊見了他，也覺動火。〔淨〕為此叫唔出來，替我想個一條好計策；若是到子手，我員外重重能個賞唔。〔丑〕原來如此，介有何難？……

這些俗語方言，固然傳神；可是，如果到另一個地方，觀眾聽得懂嗎？這是一個可以考慮的問題。同時，這樣的語言，大抵是淨、丑的語言；不是生、旦、末的語言。

　　毋庸諱言的，方成培在劇本中有的詞彙、典故用得不妥。略舉數例。有誤用的，如〈付缽〉釋迦牟尼佛說「靜發慧根，何難立登般若」；「般若」即是智慧，如何登？〈水門〉白氏對法海說：「老禪師，你是佛門弟子，豈無菩提之心？望您個發慈悲方便放渠曹，」「菩提」即正覺，不是慈悲。〈上塚〉許宣唱：「顧行業，每自憐，辜負吾家月旦。」「月旦」是初一，不知如何辜負？用語有不妥的，如〈遠訪〉白氏、青兒合唱：「淡掃蛾眉遙相訪，欲了風流障」，「風流障」不知何意？是風流債嗎？〈療驚〉白氏灌藥

與許宣,「好了,霎時間響處,涓滴透重樓。」重樓比喻喉嚨、食道、胃的重重阻隔?〈腹婚〉白氏唱:「霎時腹痛身難定,知他是那刻離經?無災無害須輕迅,」「離經」用來指分娩似有未妥。〈煉塔〉白氏唱:「橫波秋靜,遙山青展,曉開菱鑑相鮮。」「相鮮」不知何意?〈塔敘〉白氏唱:「知甚日母子相逢,迸出這金碧摩空?」「金碧」指雷峰塔,不易理解。又如〈謁禪〉許宣唱:「迴廊方丈去非遙,便擬同三笑。」「三笑」用廬山東林寺僧慧遠送客,不過虎溪,否則虎即鳴號;一日送陶潛等人,言談中不覺過虎溪,因而大笑的典故。此處用得不妥。至於使用冷僻典故,所在多有,恐怕不易為普通觀眾理解;但這卻是明、清傳奇常見的現象。

六·結語

　　雷峰塔白蛇故事是膾炙人口的民間故事,以小說、戲曲、彈詞、寶卷、鼓詞、子弟書的形式出現;還有各種雜曲的歌詠。就戲曲而言,方成培的《雷峰塔傳奇》是成就比較高的。不過,方氏傳奇並不是創作,是依據當時淮商祝䚾的梨園演出本加以刪削、增補、潤飾而成。他覺得梨園本「辭鄙調訛」,於是「重為改定:遣詞命意,頗極經營,務使有裨世道,以歸於雅正。」雖然獲得許多人的讚賞,可是後來梨園演出的本子,並不盡是方氏之本;這可以從現存的折子戲、曲譜比勘得知。

　　方氏傳奇雖則不是創作,卻是一完整劇本;我們討論該劇成就時,並不考慮他所依據的原本如何,僅就該劇本討論。就情節安排來說,故事並不複雜,自然不可能大開大闔,排場的設計就受到相當的限制;他有些排場順序安排就不是很理想。學者曾將每齣戲腳

色出場場次列爲一表，即可看出有些大場主戲連在一起，如〈舟遇〉緊接著〈訂盟〉，〈斷橋〉緊接在〈水門〉之後，往往使主角喘不過氣來；雖然演出時可以用折子戲的方式演出，但是就整本戲的安排來說，還是不妥當的。其次，在語言上，固然有精彩的片段，仍不免有所缺失。而人物塑造，白氏的熱切、執著愛情的形象是成功的；許宣無主見又多疑的性格也塑造的很好，然而青兒的形象並不鮮明。法海在本劇中雖然搶眼，不過戲份不多。大致而言：方氏《雷峰塔傳奇》縱然不算是第一流的作品，也有相當的成就。

　　其實，對逐漸發展成型的民間故事的文學或戲劇作品，可以討論的範疇很多，可以運用的方法也很多；本文只討論其中一部分而已。其他許多問題的討論，敬待於高明諸君。

——第五屆清代學術研討會論文（高雄：中山大學，1997）

——中山大學編《清代學術論叢》第五輯（臺北：文津出版社，2003）

論清代雷峰塔皮黃戲三種

一・前言

　　雷峰塔白蛇故事早已膾炙人口，明代馮夢龍（1574-1646）編爲〈白娘子永鎭雷峰塔〉擬話本，風行於世。陳六龍曾撰《雷峰塔》劇本，已佚，[1] 不知究竟如何。清康熙年間，有黃圖珌（1700 -？）《雷峰塔》傳奇二卷，[2] 大體依〈白娘子永鎭雷峰塔〉話本敷衍，爲當時伶人所演出。梨園之演出，增、減情節；黃氏有所不滿。[3] 其實當時梨園所演出者，未必皆是據黃本而改編之本。據阿英（1900-1977）、杜穎陶、趙景深（1902-1985）、鄧長風之說，[4] 當時梨園演出本不止一

1　祁彪佳《遠山堂曲品》著錄，云：「相傳雷峰塔之建，鎭白娘子妖也。以爲小劇則可，若全本，則呼應全無，何以使觀者著意？且其詞亦欲效響華贍，而疏處尚多。」（北京：中國戲劇出版社排印本，1959）頁 104。

2　天津圖書館藏乾隆三年（1738）刊本，據此排印之本有傅惜華《白蛇傳集》（上海：上海古籍出版社，1955，又：臺北：明文書局《民間文學資料叢刊》之一，1981。又，臺北：古亭書屋影印本改名《白蛇傳合編》，1975）；及《白蛇傳》（臺北：文化圖書公司，1986）。

3　趙景深：《彈詞考證・第一章　白蛇傳》引黃圖珌《看山閣集・南曲》卷四【賞音人】散套序，頁 20。又：阿英〈雷峰塔傳奇敍錄〉引，見氏《雷峰塔傳奇敍錄（及其他）》（上海：上雜出版社，1953）頁 7-8；又見《白蛇傳》（臺北：文化圖書公司）頁 157。

4　阿英：〈雷峰塔傳奇敍錄〉。
　　杜穎陶：〈雷峰塔傳奇的作者〉，《劇學月刊》4：8（1935.08），文未見；據趙景深、鄧長風引。

本；即所謂舊鈔本。其後則有方成培（1731-？）《雷峰塔傳奇》四卷三十四齣，[5] 即據當時梨園演出本改編。[6] 按：鄧長風以爲黃圖珌寫作《雷峰塔》傳奇之前的康熙年間，已有《稱心緣》傳奇敷演雷峰塔故事，該劇以秦繼元、小青爲主角；而且，梨園「舊鈔本的祖本，年代應相當早，絕不會遲於康熙殘鈔本《稱心緣》，自然也比黃本《雷峰塔》爲早。」[7]

十八世紀固然盛行傳奇崑劇，花部的皮黃戲也在當世紀末興起；十九世紀中期則已盛行於世，且流傳南北各地；直至二十世紀中期始漸衰微。

皮黃戲的演出雷峰塔白蛇故事，時代很晚，情節大抵來自於崑戲及其他曲藝說唱如彈詞、子弟書、評話。趙景深據周明泰《道咸以來梨園繫年小錄》「道光四年慶昇平班戲目」，以爲當時還沒有《白蛇傳》的京戲；又據同治十二年（1873）《菊部群英》所錄諸角戲目，以爲「只有〈祭塔〉是京戲，其餘〈遊湖〉、〈借傘〉、〈盜庫〉、〈水鬥〉、〈斷橋〉都是崑戲。」又據《新刊菊臺集秀錄》、《都門紀略中之戲劇史料》錄京戲有〈祭塔〉〈斷橋〉，並說：「〈斷橋〉

趙景深：《彈詞考證・第一章　白蛇傳》

鄧長風：〈康熙殘鈔本《稱心緣》傳奇的發現與《雷峰塔》版本、情節衍變之推考〉，《國立編譯館館刊》26：1（1997.06），頁 73-56。

5　有乾隆三十六年（1771）水竹居刊本，中央研究院歷史語言研究所傅斯年圖書館有藏本。婁子匡編《民俗叢書》第八輯收錄此書即據以影印（臺北：東方文化書局，1970），然缺漏卷四第五十三葉下半、五十四葉上半。傅惜華《白蛇傳集》、文化圖書公司《白蛇傳》收錄排印本。

6　方成培：《雷峰塔傳奇・自敘》

7　鄧長風：〈康熙殘鈔本《稱心緣》傳奇的發現與《雷峰塔》版本、情節衍變之推考〉，頁 92。

有時幾乎無韻，僅勉能湊成十字句，許是同治年間戲班子裡的創作吧。」[8]

　　按：清光緒四年（1878）李世忠《梨園集成》收皮黃戲，[9] 未見雷峰塔白蛇故事劇本。周明泰《五十年來北平戲劇史材‧前編》係整理劉復（1891-1934）所得《戲簿》資料；[10]《戲簿》錄光緒八年（1882）迄宣統三年（1911）間北京戲班演出戲目。其中雷峰塔白蛇故事戲目：〈水漫金山寺〉有十一戲班演出，〈盜庫〉七班，〈祭塔〉八班，〈雄黃陣〉七班，〈斷橋〉十班。〈盜庫〉今不見劇本，或許即是趙景深所言崑戲。

　　民國以後，雷峰塔白蛇皮黃戲仍活躍在舞臺上，趙景深曾說到尚小雲的《雷峰塔》，演〈燒香〉〈水鬥〉〈斷橋〉〈合鉢〉〈祭塔〉諸折爲十場，「冶京、崑於一爐，演得還不錯。」[11] 田漢（1898-1968）於1944年在桂林，改編雷峰塔爲〈金鉢記〉京劇十六場；1950年重新修改，易名〈白蛇傳〉，1952再修改，[12] 爲近時京劇劇團所演出。

　　當代學者論雷峰塔白蛇故事皮黃戲的較少，李桂芬《白蛇戲曲比較研究》有一章論「京崑川劇中的白蛇」，其中一節論「京劇中的白

8　趙景深：《彈詞考證》（臺北：臺灣商務印書館，1967 影印），頁 29-33。

9　李世忠編：《梨園集成》，（清光緒四年獅竹友齋刊本，臺北：國家圖書館藏）；又收入續修四庫全書編纂委員會編：《續修四庫全書》（上海：上海古籍出版社，2002）

10　周明泰：《五十年來北平戲劇史材（料）》（臺北：廣文書局據 1932 年本影印，名爲「五十年來北平戲劇史料」，1977。）

11　趙景深：《彈詞考證》，頁 33。

12　田　漢：〈白蛇傳〉，收於《田漢文集》第十卷（北京：中國戲劇出版社，1983）頁 123-189。按：文集據 1954 年作家出版社單行本收錄。

蛇」，重點在於白蛇人物，特別就舞臺的演出來討論。[13] 王碧蘭《田漢白蛇傳劇本研究》專注於田漢《白蛇傳》劇本以及當代演出的相關討論。[14] 至於清代的皮黃劇本，大抵只在白蛇傳的相關論述中談及，未能專門討論。

　　清代的雷峰塔皮黃戲，大抵屬晚清者多。就今日所知，有〈白蛇傳（雄黃陣、盜仙草）〉、〈水漫金山寺（水鬥）〉、〈斷橋（雙斷橋）〉、〈祭塔〉。

　　其中〈水漫金山寺〉，據《戲考》所錄，[15] 唱【一江風】【醉花陰】【畫眉序】【喜遷鶯】【畫眉序】【出隊子】【滴溜子】【刮地風】【滴滴金】【四門子】【鮑老催】【水仙子】【雙聲子】【煞尾】，即是南【一江風】套與北【醉花陰】套組成的南北合套。此實為崑劇。與較早的崑劇（傳奇）黃圖珌《雷峰塔・棒喝》的曲、白，全然不同；而與方成培《雷峰塔・水鬥》曲套多【一江風】曲，且曲詞、賓白相同者約半數。（其實，方氏傳奇係據梨園本更改刪訂。[16]）若與中央研究院傅斯年圖書館所藏抄本崑劇〈水鬥〉數種相較，[17] 除殘本或非完整本外，則是大致相同。而與清乾隆年間《綴白裘》所錄〈水漫〉（即〈水

13 李桂芬：「白蛇戲曲比較研究」（臺北：臺灣大學中國文學研究所碩士論文，2002）

14 王碧蘭：「田漢白蛇傳劇本研究」（臺北：中國文化大學中國文學研究所碩士在職專班碩士論文，2002）

15 王大錯述考，鈍根編次：《戲考》（臺北：里仁書局據大東書局 1931 年版影印，1980）第九輯，總頁 4885-4891。

16 方成培：《雷峰塔傳奇・自序》。

17 潘江東：《白蛇故事研究》（臺北：臺灣學生書局，1981）附錄，錄 5 種，頁369-436。

門〉、〈水漫金山寺〉）完全相同。[18] 稍後的《戲考大全》，[19] 與此本文字略有校對上的差異，而角色名目盡改爲劇中人之名；張伯謹《國劇大成・白蛇傳二本》則與《戲考》同，[20] 而改部分角色名爲人物名。

〈水漫金山寺〉既是依崑劇演唱，本篇不論；僅論其它三種皮黃劇本：〈白蛇傳〉、〈斷橋〉、〈祭塔〉。爲方便討論劇情，將大量引皮黃戲文本；至於文中所引，爲方便計，依《戲考》；又爲便於閱讀，略改《戲考》句讀，且十字句不再細分句讀。

二・白蛇傳

《戲考》：「〈白蛇傳〉一名〈雄黃陣〉，又名〈盜仙草〉」。王大錯在劇本前「述考」說：「白蛇傳三字，本是總名；凡〈水漫金山〉〈斷橋產子〉〈合鉢〉等戲，均可名爲〈白蛇傳〉。何以均不名，而獨稱此〈雄黃陣〉爲〈白蛇傳〉？蓋亦循戲班中相沿之慣稱也。」

本劇從端陽節演起。許仙從法海處得了雄黃酒，邀白娘子共飲以慶端陽；白氏推辭不得，酒醉後現出本相，嚇死許仙。她換武裝趕往南極仙翁長壽山求取仙草救夫，與鶴童、鹿童相鬥；白氏噴毒氣傷鶴童、鹿童。後爲南極仙翁擺下的雄黃陣所擒拿；仙翁憐她救許仙性命，贈予仙草。

本劇劇本有《戲考》、《戲考大全》、張伯謹《國劇大成》所錄

---

[18] 玩花主人編：《綴白裘》，收入王秋桂編《善本戲曲叢刊》（台北：臺灣學生書局據乾隆四十二年校訂重鐫本影印，1987）

[19] 題胡菊人編：《名伶平劇祕本戲考大全》（臺北：宏業書局，1986 再版）頁1009-1012。按：該書目次稱《名伶秘本戲考大全》，內文書名稱《京戲考》。

[20] 張伯謹：《國劇大成》（臺北：國防部總政治作戰部振興國劇研究發展委員會，1969）

本，又有陸景春整理《盜仙草》劇本。[21]　《戲考》中除小生、旦、老旦為角色名外，俱稱名號如王母（老旦）、鶴、鹿、仙翁；而「丫環」誤作「了環」（下文所引俱改作「丫環」）。《戲考大全》大約據《戲考》，或與《戲考》同一來源；曲文前的「戲情」異於《戲考》之「述考」，曲文前另有「登場人物表」，劇本中皆稱名氏。《國劇大成》則依《戲考》排印。陸景春本《盜仙草》無端陽飲酒情事，直接從鶴、鹿守仙草演起；陸氏說：「這齣戲按老的說法。唯一改的是白蛇傷鶴童左膀……本人將它改為鶴童左膀未傷。」則陸氏所據本與《戲考》有異。

（一）端陽飲酒──愛之害之

本劇前半段是端陽飲酒，白氏醉中現出本相，嚇死許仙。

（小生上唱流水板）時（當作適）才奉了師父命，句句言語記在心。（白）小生許仙，時才奉了師父之命，送我雄黃藥酒一壺。今當端陽佳節，我不免拿回家去，與娘子痛飲一回。就此前往。（唱）今逢佳節正端陽，藥酒之中有雄黃。將身來在家門上，尊聲娘子可安康。（丫環引旦上唱）梳洗打扮下妝臺，又只見官人進門來。（白）官人來了。（小生白）娘子請坐。（旦白）官人手拿何物？（小生白）是俺師父送我雄黃藥酒一瓶，他言道：此酒可以避邪。是小生拿回家來，今當端陽佳節，特的與娘子暢飲。（旦白）這個──（看丫環介，丫環搖手介，旦白）奴家一向不會飲酒。官人自己請用吧！（小生白）娘子，你說那裏話來！你平時有斗酒不醉之量，今日怎說是不會用酒？你豈不是辜負了小生的好意了麼？（旦又看丫環介，丫環比手勢介，旦白）如此，奴家就當奉陪。（小生白）青姐，燙酒伺候。（丫白）是了。（小生唱）夫妻們對坐在庭堂，我與娘子飲瓊漿。（白）請！（旦暗

21 陸景春整理：《盜仙草》（臺北：國立復興劇藝實驗學校《國劇劇本》之一，1986）

潑酒介）乾！（唱）手提銀壺忙斟上。（白）請了！（旦又潑介）
乾！我與你共交杯地久天長。（白）請了！（旦又潑介，唱）許
官人不住的把酒來讓，到教我在筵前無有主張。無奈何我只得陪
他少飲。（丫扯旦搖手介）（小生白）娘子請酒。（旦飲酒半杯
又潑介，唱）一杯酒下咽喉心內著慌。（小生唱）我這裏再把這
酒來篩上，請娘子飲此杯同敘衷腸。（旦接酒，丫環搖手介，旦
飲半杯又潑介）（小生白）乾。（旦唱）一時間只覺得醺醺大醉，
奴四肢無有力倒在一旁。（丫白）吓，官人，我家娘子吃醉了。
（小生白）青姐，你好好將娘子攙在臥房。（丫扶旦下）（小生
唱）飲罷了雄黃酒精神甚爽，去到那臥房中細看端詳。（下）

不知此師父是誰人？依一般的了解，應是法海；若依馮夢龍〈白娘子
永鎮雷峰塔〉或黃圖珌、方成培劇本的故事情節發展，則不是法海。
許仙是否被告知以雄黃藥酒試驗白氏是不是妖？他「奉了師父之
命」，似乎別有用心，不是真心要共飲慶端陽。所以不斷斟酒、勸酒，
要把白氏灌醉；等白娘子醉了，他「飲罷了雄黃酒、精神甚爽，去到
那臥房中、細看端詳」，他的用心於此可見。——可是白氏醉入臥房，
他「手捧著一杯茶，來在臥房」，似乎又無有試探之意。如果他沒有
試探之意，為了避邪，與其妻飲雄黃酒，可說是一片愛心；奈何愛心
卻害了白氏，也害了自己。

　　白氏自知不能飲雄黃藥酒，卻拗不過許仙的情意，勉強答應。「丫
環比手勢」應是下文「潑酒」之意。潑了幾次酒，許仙還是不住的讓
酒，她出於愛許仙之心，「無奈何我只得陪他少飲」，以免壞了和樂
的佳節氣氛。飲了兩次半杯，潑了大半，結果還是「醺醺大醉，四肢
無力，倒在一旁。」

　　她醉倒了，心中還是想著許仙：

（排子，丫扶旦上，入帳子。丫下。旦唱倒板）時（當作適）才間
飲藥酒心中煩燥，（做酒上湧介，唱搖板）我心中好一似用火來
燒。回頭來且把那官人來叫。（白）官人，官人！（唱）看不見

奴的夫所為那條？我這裏昏沉沉將身睡倒。我一夢到陽臺且自逍
遙。

許仙捧茶上臥房，「將身且把牙床上」，帳子內出蛇形，「一見白蟒，
我膽飛揚。」倒地，嚇死了。白氏的愛，卻害了許仙。

　　青姐「一見官人把命喪，叫聲娘子作主張。」喚醒白氏，白氏知
道許仙嚇死，大哭：

> （同跪介，旦唱）哭一聲我的夫，叫一聲許官人，嚘呀呀呀我的
> 夫吓，（搖板）悔不該奴吃了這雄黃酒，一時間現真形你命喪泉
> 台。實指望我夫妻同偕到老，又誰知今日裏天降禍災。你今無故
> 喪了命，到（當作倒）教妾身無安排。在房中哭的我肝腸斷，心
> 中好似刀來裁。（丫唱）官人既然喪了命，就該用棺木把他埋。
> （旦白）呸！（唱）說怎麼用棺木把他埋，想一妙計救他來。將
> 尸首且搭在臥床上，（抬尸介）你好好看守莫遲挨。我要到仙山
> 把藥採，盜取那仙靈草救他的命來。

他愛許仙，不忍將許仙埋葬，想去「盜取那仙靈草救他的命來」。為
了愛，不辭艱苦、危險，設法救回許仙。

（二）盜仙草──真愛感動神仙

　　白氏換了武裝，「要到長壽山南極洞中，盜取靈芝仙草，搭救我
家官人的性命。」來到瑤池，遇到王母的隨扈青龍、白虎、朱雀、玄
武四帥，「攔住奴家的去路，這便怎麼處？也罷，待我闖入洞內，哀
求王母便了。」於是硬闖。

> （轉場。四雲童、老旦上，白）大膽孽畜！意欲何為？（旦白）
> 是奴要往長壽山去，求取仙草，搭救許官人的性命。只乞王母，
> 大發慈悲。（老旦白）念在妳這孽畜搭救許仙之命，放爾過去，
> 快快求取仙草去罷！（旦白）謝王母。聖壽無疆！

就這樣，度過一個難關。到了長壽山，遇上鶴童、鹿童等，卻是一場
生命的搏鬥：

（旦上，白）來此已是萬壽山，待吾闖上山去！（二童上，白）
吒！你是何人？擅敢闖上仙山！（旦白）二位道童請了！只因吾
丈夫許官人，被吾嚇死；是奴來到仙山，要求靈芝仙草，搭救吾
家官人的性命。倘蒙二位賜吾仙草，日後定當厚報。（二童白）
住了！想這仙草，乃是鎮山之寶；豈能平白與你！（旦白）好言
相告，執意不聽。少時悔之晚矣！（鶴白）滿口胡言。看劍！（起
打介，旦敗下，二童追下。旦上白）且住！道童來得利害。毒氣
傷他便了。（二童上，打介，上蛇形，鶴、鹿形同上，對舞跳介。
蛇噴毒傷鶴鹿，同下。）

（四雲童、三吒、伽藍、南極仙翁同上。二童敗上，白）參見師
父！（翁白）你二人為何這等模樣？（二童白）山上來一女子，
白蛇所化，十分利害。（翁白）眾弟子，一同降妖者。（旦上，
眾群上，起打。旦敗下，眾追下。）（四風旗、四小妖、四怪同
急急風上，旦上，白）仙童十分利害。一同迎上前去！（眾起打
連環，哪吒等同敗下，旦等追下。）（雲童、仙翁上。眾吒上，
白）妖魔十分利害，難以收伏。（翁白）待為師擺下雄黃大陣，
擒他便了。（眾雲童各執太極圖，內裝黃煙。眾引旦等入陣，同
翻跟頭，俱被擒介。旦白）求仙翁大發慈悲！（翁白）念你欲救
許仙性命，賜你仙草一枝，速速救你丈夫去罷！（旦白）多謝仙
翁。

白氏先是敗給鶴童、鹿童，後以毒氣傷二童；再與仙翁徒眾相鬥，奮
不顧身，又敗給仙翁徒眾。白氏又引眾妖與仙翁徒眾相鬥，徒眾敗；
仙翁擺雄黃陣擒拿白氏等。白氏既被擒，哀求仙翁；仙翁「念你欲救
許仙性命，賜你仙草一枝，速速救你丈夫去罷！」白氏愛丈夫的心，
神仙也為之感動。

（三）劇場表演的問題

　　折子戲往往不能完整交代故事背景。如果觀眾不了解雷峰塔白蛇
故事，恐怕不太能看懂本戲。

　　本折戲，前段演端午節的家宴。許仙以雄黃酒可以避邪來慶端陽佳節，雄黃酒卻是白氏的大忌。白氏飲與不飲，是這場戲的衝突所在。她爲了愛許仙，飲了雄黃酒，現出真像，卻嚇死許仙。

　　後段戲有兩部分，一是白氏遇到王母的四帥，是小衝突；一是在長壽山的打鬥，是場主戲，以武打爲主；武鬥即是本段的衝突。這兩段戲俱無一句唱詞。就劇本閱讀而言，實無可觀；可是在實際演出時，卻是最引人入勝的所在。一般觀眾喜愛的，大約就是這一段武戲。而戲班子也可以在這場戲盡情發揮，表現自己的劇藝造詣。

　　這戲前段是文戲，後段武戲；對戲班演員尤其扮白氏之旦，須文武兼擅，是一大考驗。本戲中有個問題：在長壽山，白氏被仙翁徒眾所敗，遇到四風旗、四小妖、四怪等群妖，引領他們與仙翁徒眾相鬥。可是在此之前，並未交代四風旗、四小妖、四怪等人與白氏的關係，也沒有交代他們怎麼會來到長壽山。

　　王大錯曾指出《義妖傳》中，並無雄黃陣一事。[22] 其實戲劇，無論歷史劇或依其他文類改編之戲劇，可以因爲劇作家的主題設計而增刪情節，以實現他的藝術理想。有的則是爲了觀眾需要，即市場需要，而增刪情節。

---

[22] 王大錯等《戲考》：「按《義妖傳》中，並無雄黃陣一事。且白氏與二童戰鬥時，鹿童確爲所傷，而鶴則本係蛇之剋物，故白氏大爲所困，險至傷命；方在萬分危急之時，幸仙翁駕臨，方得救醒。此與劇中情節迥異。論理則《義妖傳》之情節爲當；而劇中則因欲插入雄黃陣一段，故不得不先令白氏佔勝矣。此蓋京劇中之通套也。」（原第廿三冊，里仁書局影印本總頁 3527。）按：王氏所謂《義妖傳》爲彈詞。

三‧斷橋

〈斷橋〉，《戲考》作〈雙斷橋〉；今從俗名。

本戲接〈水漫金山寺〉之後。白氏在金山寺與法海相鬥，為天兵天將所敗，逃歸西湖，路上抱怨許仙無情義。忽然腹內疼痛似欲分娩，想歸舊日西湖所居上靈王府；府第已被天兵火化。仰天訴衷情，心意在許仙。白氏、青兒來到斷橋亭。許仙帶著法海的金缽，也來到斷橋；青兒一見，拔劍要殺許仙，許仙叩求白氏原諒。青兒幾次揮劍，都被白氏攔阻了；白氏要求青兒饒了許仙。白氏即將分娩，一行人前往許仙姊丈家安身。

〈斷橋〉除《戲考》、《國劇大成》錄存外，尚得見中央研究院所藏清代寶文堂抄本、百本張抄本。[23] 這兩抄本文字大致相同，而與《戲考》差異較大。抄本的角色、人物稱小生、旦、青；《戲考》稱許仙、旦、占。占當是「貼」之省文。

（一）苦難中的怨尤

白氏從金山寺頭破血流，敗歸西湖；受了苦楚，忍不住恨許仙無義，罵法海拆散姻緣。青兒反埋怨她不該端陽節喝藥酒、逞風流，說許仙是禍根。這時，白氏腹疼，似即將分娩，其艱苦可知。

> （旦內）哎哎哎，（唱倒板）被天兵殺得我無處逃走，（上，前扑後捽，唱見板，占上）止不住淚珠兒點點血流。這才是虎難描反成為狗，主僕們到（倒）做了潑水難收。（翠頭三槌坐下，慢板）金山寺與法海一處爭鬥，只殺得主僕們頭破血流。好容易出羅網才得逃走。罷了。青兒姐吓，（唱慢板）恨許仙罵法海無義賊囚。（占唱慢板）端陽節你不該多貪藥酒，紗羅帳誰叫你自稱

---

[23] 潘江東：《白蛇故事研究》附錄，頁 485-502。

風流。尊娘娘得撤手且自撤手，許官人他本是惹禍根由。（旦唱
倒板）青兒姐你不要羞言出口，（慢板）紗羅帳是圖他一時風流。
到如今懷揣著許門之後，十個月要產生何處收留。（白）嗳唷嗳
唷，（占）娘娘怎麼樣了？（旦）青兒，一霎時腹內疼痛起來，
想必是娃兒分娩。你我主僕，該在那裏存身？（占）你我回上靈
王府去罷！（旦）前面帶路。（占）曉得——嗳呀！娘娘大事不
好了！（旦）慌張為何？（占）靈王府為天兵火化。（旦）怎麼
說！（翠頭滾板望門唱）薄命的女姣娥，點點珠淚落。王府被火
化，何處藏身躲。偶遇天兵將，殺得我魂魄落；官人不見面，恩
愛如刀割。仰面把天叫，可說是天吓天吓，我的老天爺吓！（唱
慢板）……

以下即是細數自己歷來行止：百草山修行成仙，來西湖，收青兒，婚
配許仙。端陽節醉酒現真形，嚇死許仙；盜靈芝救夫。許仙病癒，上
金山寺還願，被法海留住。白氏到金山，法海變臉；白氏水漫金山寺，
與天兵交戰。絮說中，來到斷橋亭。

（流板腔，繞徑）（占白）娘娘，前面就是斷橋亭，你我主僕二
人，到著那裡，再作道理。（旦哭板）青兒姐，是你挽我來吓，
（唱緊板）舉來了天兵將與我交戰，韋陀爺降魔杵切斷眉肩。行
來在斷橋亭用目觀看，（三反搖板，過橋，原板唱）主僕們到（倒）
做了千難萬難。

這是她內心的苦楚，也是戲中的衝突。人在災難中，免不了追憶往事，
怨尤當前。白氏雖修煉成仙，還是免不了世俗的通病。

（二）怨怒與包容

小青與白氏在金山寺大敗而回西湖，舊府第又被天兵火化，不免
懷怨。小青對白氏說：「尊娘娘得撤手且自撤手。許官人他本是惹禍
根由。」她之於許仙，相當不滿。

許仙回西湖時，似別有所圖。他唱道：「老和尚他賜我金缽一扣，

斷橋亭見我妻必做對頭。」大約他對白氏仍是欲除之而後快。可是他，「見青兒嚇得我兩鬢汗流。見娘子我只得哀哀叩頭。……尊娘子放開懷莫結冤讎。」大約青兒盛怒吧。

> （占白）哎，（緊三鎚唱）見許仙不由人氣如斗牛，細思想你本是惹禍根由。我在這斷橋亭招你頭首。（翠頭掃一句，旦哭板）說是你你你慢慢慢著，（見板唱）攔住了青兒姐莫要動手。許官人做此事、你你你好無來由。我本當斷橋亭招你頭首。（占白）看劍！（旦白）你慢來！（唱慢板）白氏淚如梭，官人聽我說：聽了法海言，說妻是妖魔。怪（當作我）無心害你，你反害我。（占白）看劍！（旦）哎！（唱慢板）斷橋亭把官人懷中抱攏，似你這無義人何處收留？自從你金山寺降香去後，老和尚他把你鎖在後樓，奴愁你茶和飯不隨你口。那一夜不等你鼓打更樓，合青兒到金山山門等候。那法海與為妻做下了對頭，他舉來了天兵將與妻爭鬥，韋陀爺降魔杵打斷了眉頭。尊官人手摸胸思前想後，誰的是誰的非天在上頭。

白氏數落許仙的不是，卻攔阻青兒兩次三番「看劍」，還「把官人懷中抱攏」，畢竟他是愛著許仙。許仙為自己的行徑辯解：

> （許仙接唱原板）自那日到金山降香之後，老和尚他將我鎖在後樓。想娘子見一面不得能夠，每日裡在後樓加上憂愁。尊娘子得撒手且自撒手，好夫妻那有個結下的冤讎。

青兒聽不下許仙的言詞，說：「娘娘，休要聽賊子之言；待我將他殺了罷！」白氏已寬容了許仙，還跪著青兒為許仙求饒命：

> （翠頭旦唱原板）許官人你看到什麼時候，那青兒他與你做下對頭。來來來隨為妻連連叩首。念起了娘子面將他收留。（白）青兒姐，看在娘娘跪前跪後，你將官人他他他饒了罷！（占）看在娘娘，我不殺他就是。

青兒說不殺，可是末了要去許仙姐丈家時，忍不住還是「看劍！」

> （旦）挽我來——噯唷噯唷。（許仙）娘子怎麼樣了？（旦）這個麼，（哭頭）可說是許官人許郎夫你你你害得我好苦也，（七

　　　　椎子唱）這就是到（倒）叫我難以出口，紗羅帳自圖你一時風流，
　　　　到如今懷揣著許門之後。（打總板）此一去見姐丈未必收留。（白）
　　　　官人挽我來。（占）看劍！（旦）你還了得！（占望門）

許仙從原先的「見我妻必做對頭」，轉為「見娘子我只得哀哀叩頭」，
先後判若兩人。白氏從原先的「恨許仙罵法海無義賊囚」，轉而「把
官人懷中抱摟」，還為許仙向青兒下跪求饒；她腹痛將分娩了，要去
姐丈家，還撒嬌的說：「紗羅帳自圖你一時風流，到如今懷揣著許門
之後」。可是青兒怨恨不已，一直要取許仙頭首；還勸「娘娘，休要
聽賊子之言，待我將他殺了罷！」這是為何？許仙非真情，白氏為真
愛，青兒為義氣。真愛則能包容，義氣則要懲罰過惡！

（三）抒情劇

　　本劇可分兩段：前段是白氏敗歸西湖的怨尤，恨許仙，罵法海，
追憶往事的情意；是白氏內心的衝突。後段是許仙來到斷橋，白氏由
怨怒而包容、原諒；青兒則是怨怒不已。三人之間形成戲劇衝突：由
白氏、青兒對許仙的衝突，轉為白氏、許仙與青兒間的衝突。

　　在戲劇形式而言，這是一齣抒情的喜劇。前段是敗歸的傷感，帶
著怨怒的情緒。一知道靈王府被天兵火化，無處可歸，心情驟轉為激
昂，於是板式由慢板變為滾板，呼天喚天，「天吓天吓，我的老天爺
吓！」再轉慢板，追憶往事：

　　　　（唱慢板）自幼兒百草山從來修練，修練了千百年帶路神仙。在
　　　高山我不聽兄長相勸，我一心到西湖去把景觀。靈王府與青兒一
　　　處交戰，用法寶收來了使女丫環。他全我到西湖許郎見面，也是
　　　我與許郎前世姻緣；多虧了許官人搭船借傘，小青兒為媒證正配
　　　良緣。端陽節用藥酒原形獻（現）出，唬死了許官人命染黃泉；
　　　長壽山盜靈芝白鶴交戰，雄黃陣險些兒一命難全，多虧了觀音母
　　　救苦救難，南極星贈靈芝放我回還。許官人病體好許下香愿，金

山寺去降香惹下禍端；那法海留官人不放回轉，那法海他不該拆散姻緣。也是我到金山法海變臉，（斷板腔）也是我氣煩惱水漫金山。（流板腔繞徑）

然後是青兒說「前面就是斷橋亭」，改唱緊板、轉搖板，到原板。到了許仙出現，青兒「氣如斗牛」，白氏唱哭板、見板，轉慢板，原諒許仙，接納許仙，見前引曲文。兩大段都以表達情緒為主。王大錯說：「白氏之一段唱工，須唱得哀怨動聽，如猿啼巫峽，鶴唳緱山，方為合作。」[24]

四 · 祭塔

《戲考》題作〈白狀元祭塔〉，而書扉題〈祭塔〉。按：許士林係許仙與白娘子之子，雖由姑姑、姑丈養育，仍不得稱為「白狀元」。故從通名稱〈祭塔〉。

白娘子之子許士林，得中狀元；奉旨回鄉祭祖。許士林來到雷峰塔前，拈香祭母，痛哭，昏倒。塔神喚來白氏，使母子相見。兩人見面，許士林要求「一一從頭說兒聽」，白氏細說往事，恨許仙聽法海之言，產兒滿月就將白氏收於塔內。

本劇，除《戲考》、《戲考大全》、《國劇大成》收錄外，別有中央研究院藏清代抄本旦腳腳本一、總本抄本一，及錦春堂刊本一。[25] 旦腳腳本僅有旦腳唱詞賓白。《國劇大成》依《戲考》，改不協韻處；《戲考大全》前半同《戲考》，至白氏說往事，從「黑風仙他本是為娘道友」以下，較《戲考》為詳細，而故事大抵相同；母子分手之曲白不同。清抄本、錦春堂本與《戲考》頗有差異，曲文、細節增

---

[24] 王大錯等：《戲考》，原第十冊，里仁書局影印本，總頁 1607。

[25] 潘江東：《白蛇故事研究》附錄，頁 457-484。

加甚多。犕略論之，《戲考》本較爲質樸，或許是較早之本。

（一）國法與親情

人大抵是貪慾的，爲了一己之私，或許侵犯了律令。尤其是具有某種身分、地位的人，稍一不慎，就逾越了本分。許士林中了狀元，「想我母親雷峰塔受苦，是我上殿啓奏一本。今日奉旨回家祭祖。」這是他的榮耀。

> （小生唱搖板）聽說母親到來臨，怎不叫兒痛在心。走上前來忙跪定，一一從頭說兒聽。（旦白）我兒免禮，平身。（小生）謝母親。（旦白）那旁有塊頑石，我兒坐下。兒吓，那裏來的一身榮耀？（小生白）孩兒得中頭名狀元，故爾這身榮耀。（旦白）兒就該奏明聖上，搭救爲娘，才是道理。（小生白）孩兒上殿連奏數本，聖上不准，也是枉然。（旦白）這也是爲娘命該如此。

「連奏數本，聖上不准」，只能奉旨祭塔而已。不徇親情枉國法，這就是了。

按：清代抄本在許士林出場時自白：「母親又遭鎮壓，是下官奏聞聖上傳旨拆毀雷峰塔，救母除害；以免終日抱恨。怎奈聖上不准，只命下官榮歸祭奠。」這樣的要求，雖見其孝順之心，可是卻過分了。

（二）懺悔與叮嚀

白氏鎮壓在雷峰塔，聽塔神叫他：「白氏仙姑，你兒前來祭奠於你。快些走動！」能與孩子見面，極爲激動，雨淚紛紛。

> （旦唱二黃倒板）在塔中思姣兒珠淚滾滾。（上白）苦吓（唱搖板）又聽得揭諦神呼喚一聲，我這裏向前去開言便問，問尊神呼喚我所爲何情？（塔神白）你兒許士林，前來祭奠於你。（旦白）可容我母子相見？（塔神）容你母子相見。（旦白）有勞了。（唱二黃搖板）聽說是小孩兒前來祭奠，不由我一陣陣淚灑胸前。我

　　這裏向前來用目觀看，又只見小姣兒倒在塔前。（白）我兒醒來！
雖然白娘子生了許士林才滿月，就被法海收伏，鎮在雷峰塔下。母子
不得見面十幾年——本劇文本未述許士林年歲——一聽見兒子來
了，悲傷不已；見了兒子，母性的光輝隨即顯現。這就是母親的愛。
對於以往，她詳細說給兒子聽。

　　（小生白）噯，母親，將當年受苦之事，說與孩兒知道。（旦白）
我兒且坐在一旁，聽為娘將受苦之事，說與我兒知道。（唱反二
黃）未開言不由人雙流，叫一聲士林兒細聽從頭。黑風仙他本是
為娘道友，勸為娘勤修鍊自有出頭。峨嵋山同修道千年已久，悔
不該貪紅塵始下山頭。在西湖遇兒父初瞻山斗，借雨傘結絲羅我
把他贅。[26] 都只為端午日同飲藥酒，是為娘顯法身惹下憂愁，在
床前將兒父靈魂嚇走，為娘的盜靈芝用盡心謀。兒的父上金山燒
香行走，又誰知那禿驢洩漏機謀。那法海他那裏早已算就，現神
通用法術欲把娘收。——實指望遇兒父天長地久，實指望遇兒父
到老白頭。又誰知兒的父讒言聽就，聽信了那法海一片奸謀。為
娘的我也曾水內職（當作戰）鬥，為娘的悔不該水漫山頭。到後來
與兒父斷橋又會，[27] 為娘的與兒父再轉杭州；為娘的產我兒只得
滿月，[28] 狠心父將為娘就塔內押收。——但願得兒夫妻天長地久，
我的兒吓，但願得兒夫妻到老白頭。初（當作切）莫學兒的父心如
禽獸，切莫學兒的父無義無情。[29]

她絮絮叨叨說從頭，有兩個悔：「悔不該貪紅塵始下山頭」，「悔不
該水漫山頭」。前一個悔是因經歷之苦而悔，後一個是「懺悔」：水
漫山頭，傷害無數生靈，罪過大矣。因為懺悔，所以許士林上本也不
能救她出塔，她才會說：「這也是為娘命該如此。」鎮於塔下，也是

---

[26] 本句失韻，似有誤。《國劇大成》作「借雨傘結絲羅相偕好逑」。

[27] 《國劇大成》本句作「到後來與兒父斷橋聚首」。

[28] 《國劇大成》本句作「為娘的產我兒滿月纏夠」。

[29] 《國劇大成》本句作「切莫學兒的父反恩為讎」。

贖罪，她是甘願的。

她不甘心的是許仙的無情無義，爲他犧牲恁多，他卻趁孩兒滿月時，「將爲娘就塔內押收。」因此勸許士林「切莫學兒的父無義無情，心如禽獸」；她祝福許士林「但願得兒夫妻天長地久，到老白頭。」這是她未了的夢。

（三）戲的小問題

本劇也是抒情劇，情節單純，偏重白氏的「細說從頭」。除了許士林祭塔的悲苦，母子見面的激動情緒，缺乏強大的張力——戲劇衝突。

如果是連本戲，本劇情節的理解自是沒有問題。做爲折子戲，本劇的背景就沒法子交代了。許士林何以知母親被鎮在雷峰塔？何以白娘子要祝福許士林「但願得兒夫妻天長地久，但願得兒夫妻到老白頭。」因爲許士林要與姑媽的女兒成親了。

這個抒情劇，唱反二黃的一大段曲文，未免冗長。如果不配合身段動作的表演，簡直就是唱評彈了。這即是戲班子見功夫的地方。

五・結語

雷峰塔白蛇故事自十六、七世紀以來，流傳甚廣。除了黃圖珌、方成培的傳奇而外，梨園別有崑劇演出。清代中葉以降，花部興起，雷峰塔故事也在許多不同的劇種演出；同時也在不同的曲藝中呈現。

本篇僅討論清代的皮黃戲三種：〈白蛇傳〉、〈斷橋〉、〈祭塔〉，就情節與劇本書寫形式看來，三者應不屬於同一劇本。因此所呈現的情感、以及部分相關的故事並不一致。試以白娘子對許仙的態度而言：〈白蛇傳〉中的愛，極爲真摯；〈斷橋〉雖前有埋怨，後亦能包

容，足以見其情愛之深。可是〈祭塔〉裡，白娘子對許仙，具有強烈的不滿，說他「無義無情，心如禽獸」。就情節而言：〈斷橋〉、〈祭塔〉都曾敘述許仙、白娘子的故事始末，其中則有些出入，如〈斷橋〉曾說他盜仙草時，「多虧了觀音母救苦救難」；而在〈祭塔〉、〈白蛇傳〉中則無其事。

　　皮黃戲屬詩讚體攢十字的曲文形式，爲了組成十字爲一句，免不了拼湊或語法不順的情況，這有待於觀覽者自行體會。其實，不僅皮黃戲，所有詩讚體的劇種都有這個問題。

　　雷峰塔戲曲傳承廣遠，縱的研究已有不少學者投入，已有很好的成績。而不同劇種曲藝間的相互關係、相互影響、相互比較，即橫的研究，仍待當今高明之士的關注。

　　本文僅論三個不同情節的雷峰塔皮黃戲，爲了不使曲文的徵引過於支離破碎，也不願將劇本附錄在後；是以不憚其煩的一大段一大段抄錄。實非得已，論者幸其諒之。

第八屆清代學術研討會論文（高雄：中山大學，2004）

小論北管扮仙戲天官賜福

一・前言

　　臺灣地區的傳統，凡是酬神戲、祝嘏戲，或大型戲劇演出，必先演出扮仙戲。北管、南管、布偶戲、傀儡戲，無一例外。一方面是對神祇的祝福，一方面也是民眾的祈禱。

　　在北管扮仙戲中，相較於〈三仙會〉、〈富貴長春〉兩戲，〈天官賜福〉演出的場合，是較為高階的神明如天公、上帝的壽誕。

　　現今所見的北管戲〈天官賜福〉總講（總綱），大底係手抄本，為各劇團所傳抄、收藏，等閒不易得見。陳秀芳《台灣所見的北管手抄本（三）》錄雅樂軒抄本，[1] 王振義《臺灣的北管》、[2] 許良榮《北管音樂》錄彰化梨春園抄本，[3] 則便於參閱。諸本曲詞相同（間有訛字之異），而賓白則互有出入。本篇論述，據許良榮《北管音樂》所錄梨春園抄本，見附錄。

　　北管〈天官賜福〉的曲牌，陳秀芳本為【點絳脣】、【二排（當作牌，下同）】、【三排】、【四排】、【五排】、【五排】（案：即煞尾）。王振義據《國劇大成》「吉慶戲」所錄〈天官賜福〉，定

1　陳秀芳：《台灣所見的北管手抄本（三）》（臺中：臺灣省文獻委員會，1981），頁37-47。

2　王振義：《台灣的北管》（臺北：百科文化事業股份有限公司，1982）頁36。

3　許良榮：《北管音樂》（臺中：臺灣省教育廳交響樂團，1985）頁33-35；本書附全本總綱影本，頁24-28。

其曲牌爲：【醉花陰】、【喜遷鶯】、【刮地風】、【水仙子】、【煞尾】。許良榮從之。

　　案：除張伯謹《國劇大成》爲京劇外，[4] 王錫純《遏雲閣曲譜》錄有〈賜福〉一齣，[5] 張怡庵《六也曲譜》亦錄有〈賜福〉，[6] 則是崑戲。此外，其他劇種也有此戲。[7]

　　北管扮仙戲〈天官賜福〉，一般視爲崑腔。王振益以該劇與〈富貴長春〉劇「用海笛及笛子爲伴奏樂器，而且鼓板伴奏份量減少，節奏比較進步、複雜，並且富貴長春第一牌名爲崑頭，凡此在在證明爲崑曲音樂無疑。」[8] 呂錘寬也將此戲繫於「北管扮仙戲的音樂屬於崑腔系統者」一類，並謂「曲子的名稱，與元名（當作「明」）時期的北曲一致，旋律亦大致相同。」[9] 又說：

> 扮仙戲的唱腔屬元代的北曲系統，……其唱腔與北曲無異，如我們將它與崑曲中的同名劇目比較，仍能看出它與崑曲中北曲的唱

4　張伯謹輯：《國劇大成》（臺北：臺灣中華書局，1969）

5　王錫純輯：《遏雲閣曲譜》（序於同治九年，1870）（臺北：文光圖書公司影印，1965），文光版頁 19-29。

6　張怡庵輯：《六也曲譜》（臺北：臺灣中華書局據 1922 年本影印，1977）

7　曾白融主編：《京劇劇目辭典》「天官賜福」條稱：「〈天官賜福〉……故宮升平署抄本。……川劇、滇劇、粵劇、漢劇、徽劇、秦腔、同州梆子均有此類劇目。」（北京：中國戲劇出版社，1989）頁 1290。

8　王振義：《台灣的北管》，頁 48。

9　呂錘寬：《北管音樂概論》（彰化：彰化縣文化局，2000），頁 78。又云：「多數的扮仙戲的樂曲組織爲曲牌體，而若干劇目出自北曲，其中有保存完整的曲牌名稱者，如〈天官賜福〉，其曲牌爲【醉花陰】、【喜遷鶯】、【四門子】、【水仙子】、【尾聲】，其歌辭、曲調等，與保存於崑曲中的〈賜福〉完全一致。」頁 14。

腔之一致性。[10]

所言或有不盡然者。洪惟助等人從文辭、音樂、演出的異同，說明北管的〈天官賜福〉「明顯的看出它襲自崑曲……呈現了不同的風貌」。[11]

　　北管〈天官賜福〉與崑戲〈賜福〉曲、詞大致相同，曲子實爲北曲；而世人視爲崑腔，其中緣由，實可探討。——京劇〈天官賜福〉也是「崑腔，由京班演出」。[12]

二・戲曲意義

　　〈天官賜福〉的情節簡單，演出賜福天官——紫微大帝——在四功曹的護從下，率領老人星、天祿星、月德張仙、天喜星、牛郎星、織女星君等，降臨下界，到福主福地賜福。

　　戲的演出，分成兩個大段落：

　　首先是「火炮，五槌頭，万吹場，滿台，三不和，【武點江】」，然後四天曹出場，自報家門，等候天官。等候時，「火炮，五槌頭，小介，過場」，然後天官出場，唱【點絳脣】，報家門；表明「今乃福主人千秋華旦（當作誕），相邀諸位星君前到華堂慶賀。」人星、天祿星、月德張仙、天喜星、牛郎星、織女星君等出場，唸詩，自報家門。然後駕起祥雲，「往簮纓福地去也」。

　　駕雲時，「丯（疑爲串字之簡寫，即鼓介，下同），五槌頭」，

---

[10] 同上注，頁 169。

[11] 洪惟助、高嘉穗、孫致文：〈崑曲的《賜福》與臺灣北管的《天官賜福》——比較兩者在文辭、音樂的異同與變化〉，收入華瑋、王璦玲編：《明清戲曲國際研討會論文集》（臺北：中央研究院中國文哲研究所籌備處，1998），頁 779-833。

[12] 曾白融主編：《京劇劇目辭典》，頁 1290。

唱【喜遷鶯】，過場，然後到達福地。天官與六星君分別賜福，畢，「丰，五槌頭，」唱【刮地風】，魁星降臨，「丰，三不和，」唱【水仙子】，這時，財星降臨，「丰，火炮，五槌頭，」續唱【水仙子】訖。拜壽畢，「各歸天曹」，「「丰，五槌頭，」唱【煞尾】。

第一段落是交代背景資料；正戲是第二段，母題是賜福：天官與諸星君賜福予華誕壽星。依賓白：天官「獻瑞」之外，諸星君所贈爲：

> 老人星：將太極圖爲壽，願祈（當作其）壽比南山，籌添海屋。
> 天祿星：獻富貴萬年春。
> 月德張仙：特送麟兒爲嗣；願其子孫弈世，瓜瓞綿綿。
> 天喜星：喜得加冠之喜，進爵之喜：喜氣沖沖，滿門喜慶。
> 牛郎星：願年年如意，歲歲平安，稻谷雙穗，五谷豐登。
> 織女星君：但愿蠶絲（疑當作桑）茂盛，彩帛豐年（疑當作盈），錦繡宵（當作綾）羅。

皆是口說吉利語，贈獻吉祥物；所謂「賜福」是也。其次，本劇兼具「教化」功能。如二排，即【喜遷鶯】：

> 只羨他功深德浩・只羨他功深德浩。因此上賜福天曹。逍也么遙。一門歡笑（雅樂軒本作賢孝）。怎看那福自天來，官品高・贈日（當依雅樂軒本作爭如）爲善樂。這的是福祿自造。怎看他壽算還眉（當作彌）高・怎看他壽算還眉（當作彌）高。

勸人「一門賢孝」，勸人「爲善樂」，畢竟「福祿自造」。

平心而論：本劇並無一般戲劇所強調的「戲劇性」——衝突，嚴格論來，不足以稱爲「戲劇」，僅是祝福頌歌的唱曲、舞蹈而已。即使如此，四天曹上場時的科介、天官與星君賜福獻贈的科介，與魁星、財神的科介，總講中除注明「三不和」與「火炮、五槌頭」外，不見劇本指示，但在實際演出時，也極富唱作唸打之美。

北管扮仙戲的演出，例必三齣連演。〈天官賜福〉後接續演〈封相〉、〈金榜〉；邱坤良視爲祈福性質的儀式劇，並指出祈福性質與

除煞性質的儀式劇相輔相成，是一體的兩面。[13] 容世誠依循邱坤良的論點，以為演出扮仙戲有宗教上的儀式功能；「要完成的儀式功能，最重的是（一）除煞，（二）祈福。」[14]

　　案：〈天官賜福〉固然是賜福予福主人，同時也是表明善男信女的酬謝神明之恩；更重要的是，透過天官與星君的賜福予福主人，祈請神明保佑，祈請賜福「壽比南山，籌添海屋；加冠進爵，富貴萬年；五穀豐登，蠶桑茂盛」。這是群眾普遍的心願。天官與星君合唱的【刮地風】：

> 呀呀呀呀呀呀呀萬年春享富貴樂滔滔。慶長春酒進香醪。調（雅樂軒本作看）牛郎早把（當作報）了田豐兆。織女星獻絲帛綾綃。這（當作積）德的一門歡籌添海屋招（當作高）‧南極星福壽眉高。廩倉盈‧積米稻‧穀滿倉遨（當作廒）。特送麒麟兒‧早登廊廟，做（當作佐）皇家永享官爵。財源發‧德自招。樂善事福祿根苗。因此上實燕山五子登科早。又只見，半空中，魁星獻出祥雲來罩。

【水仙子】：

> 呀呀呀福份高，呀呀呀福份高，早早早早配著玉帶金章把鼎鼐調。羨羨羨羨文才錦繡好，看看看看德門呈祥耀。好好好好（四字雅樂宣本皆作賀）百福駢臻妙，慶慶慶慶福門千祥照。道道道道萬民歡天笑，拜拜拜拜福主僥（當作恩）榮耀。俺俺俺俺將這喜事兒留後人名標。

其中尚有魁星點魁元、財星坐蓮花的戲劇行為，固然是向神明福主祝

---

[13] 邱坤良：〈「中國劇場之儀式劇目」研究初稿〉，《民俗曲藝》39期（1986），頁

[14] 容世誠：〈扮仙戲的除煞和祈福〉，《戲曲人類學初探》（臺北：麥田出版公司，1997）頁167-191。又，同書〈潮劇扮仙戲的《六國封相》〉亦有相同說法，頁133-166。

福。可是戲臺下的群眾，面對天官、星君、魁星、財神的賜福，自然也受到了祝福。這樣的儀式，自然兼具了賜福與祈福的功能。

三·曲套與唱腔

上文曾引諸家之說，謂北管扮仙戲〈天官賜福〉係屬崑腔、崑曲；其實與崑腔相較，還是有顯著的差異，關於此點，洪惟助等〈崑曲的《賜福》與臺灣北管的《天官賜福》——比較兩者在文辭、音樂的異同與變化〉已有詳細論述。而北管〈天官賜福〉的音樂研究，則有蔡瑋琳「北管醉花陰聯套研究」深入的討論，[15]可以參考。

北管〈天官賜福〉與崑曲〈賜福〉、京劇〈天官賜福〉所用曲牌皆是北曲：【醉花陰】、【喜遷鶯】、【刮地風】、【水仙子】、【煞尾】。依北曲聯套例，【醉花陰】套的基本聯套應是七曲：（引文不加【　】號，下引文同）

　　醉花陰、喜遷鶯、出隊子、刮地風、四門子、水仙子、煞尾

先師鄭騫先生指出【醉花陰】等六曲，「照例連用，其後綴以尾聲；七曲成套，是黃鍾宮聯套之通用基本形式。」然而其中亦有稍加變化者。[16] 元、明時期的北曲作家，莫不如此。然則〈天官賜福〉減【出隊子】、【四門子】兩曲。

在十四、五世紀間明朝初年的北曲劇作家，或已在雜劇中使用南曲，周貽白（1900-1977）以為「曲調上的南北和套，根據鍾嗣成（1277?-1345後）《錄鬼簿》所載，係元代末年杭州人沈和首開其端」，南北合套用於雜劇，「卻是由元入明的賈仲名（或作明）所作〈呂洞

---

15 蔡瑋琳：「北管醉花陰聯套研究」（臺北：國立臺灣師範大學音樂研究所碩士論文，1998），並有微縮片（臺北：行政院國科會科資中心，1998）。

16 鄭騫：《北曲套式彙錄詳解》（臺北：藝文印書館，1973），頁4。

賓桃柳昇仙夢〉一劇。全劇四折……每折都是南北合套。」[17] 其後，如竹痴居士《齊東絕倒》、[18] 葉憲祖（1566-1641）《易水寒》，四折都是南、北合套。南雜劇作南北和套者，比比皆是。

至於南戲（戲文）用北曲者，如《永樂大典》所錄《宦門子弟錯立身》第十二出用北【鬥鵪鶉】套，中間雜入【四國朝】與五首【駐雲飛】；《小孫屠》第九出、十九出用南北合套。高明《琵琶記》〈丹陛陳情〉：首用仲呂北【點絳唇】、【混江龍】曲。然而當時的戲文尚未發展至分宮別調的嚴整套曲組織形式。而在崑腔出現前，陸采（1497-1537）作品曾用純北曲套數與南北合套。及至明嘉靖（1522-1566）時人魏良輔創新崑腔後，戲文——傳奇中尚不乏純北曲套數或南北合套。試略舉明代劇作家數人作所為例，列表於下：

劇作家	劇名	齣次	齣名	說　明
陸采 (1497-1537)	明珠記	13	探關	北【端正好】套
		32	買藥	南北合套
		32	授計	除首二南曲外，北【粉蝶兒】套
李開先 (1503-1568)	斷髮記	14	途逢李密	前南曲，後半北【新水令】套
梁辰魚 (1519-1591	浣紗記	12	談義	北【點絳唇】套
		14	打圍	南北合套
		33	死忠	除首曲外，用北【一枝花】套
		45	泛湖	南北合套

---

[17] 周貽白：《明人雜劇選・後記》（臺北：順先出版社影印，1979），頁 737。

[18] 祁彪佳（1602-1645）謂呂天成（1580-1618）作。見《遠山堂劇品》，收錄於《中國古典戲曲論著集成》第六冊（北京：中國戲劇出版社排印 1982），頁 169。

		21	虯客歸海	南北合套
張翼鳳 （1527-1613）	紅拂記	31	扶餘換主	除首曲外，用北【鬥鵪鶉】套
	祝髮記	12		南北合套
	灌園記	28	墓祭王蠋	北【新水令】套
	竊符記	21	魏王失符責如姬	南北合套
		37	信陵調將破秦軍	北【端正好】套 *
	虎符記	20		南北合套
湯顯祖 （1550-1616）	牡丹亭	23	冥判	北【點絳脣】套
		47	圍釋	南北合套
		53	硬拷	南北合套
		55	圓駕	南北合套（北【醉花陰】套）
沈璟 （1553-1610）	埋劍記	11	計失	南北合套（中夾北【醉花陰】套）
	紅蕖記	4		北【點絳脣】套
		18		北【鬥鵪鶉】套
		30		南北合套南北合套
王玉峰	焚香記	26	陳情	北【端正好】套
		27	明冤	北【四邊靜】套
		31	驅敵	僅北【點絳脣】、【混江龍】兩曲
		32	傳箋	除首三曲外，用北【鬥鵪鶉】套
孫鍾齡	醉鄉記	4	月姊作情司	北【端正好】套
		17	竹氏解紛爭	北【粉蝶兒】套
		23	次且龍榜下	南北合套

		35	星娥齊降祉	南北合套　（北【醉花陰】）
		44	文苑燦高詞	南北合套
袁于令	金鎖記	21	神敕	僅北【點絳脣】【混江龍】兩曲
		23	赴市	【引】後用北【端正好】套
葉憲祖 （1566-1641）	鸞鎞記	12	摧落	北【點絳脣】套

清代劇作家，姑舉洪昇（1645-1704）、孔尚任（1648-1718）爲例：

		19	絮閣	南北合套（北【醉花陰】套）
		20	偵報	北【夜行船】套
		24	驚變	南北合套
		27	冥追	南北合套
洪昇 （1645-1704）	長生殿	28	罵賊	前半北曲套，後半南曲
		32	哭像	北【端正好】套
		33	神訴	首末各一南曲，中北【鬥鵪鶉】套
		38	彈詞	北【一枝花】套
		46	覓魂	北【點絳脣】套
		11	頭轅	南北合套
孔尚任 （1648-1718）	桃花扇	18	爭位	北【點絳脣】套
		23	寄扇	除首曲外，北【新水令套】
		40	入道	南北合套（【醉花陰】套）

據此可見戲文、傳奇中唱北曲的狀況。若以單齣演出，則是「南曲中唱北劇」。羅錦堂曾依楊蔭瀏統計莊親王《九宮大成南北宮詞譜》（1741），葉堂《納書楹曲譜》（1792）正續集補遺、葉堂《西廂全譜》、王季烈與劉富樑《集成曲譜》，以爲「能唱的元雜劇，竟有一百二十一種，二百一十折。……都是有譜可按而能在舞臺上演唱的作品。」[19]

上文稱北曲【醉花陰】套基本形式七曲，在上二表中若是南北合套用【醉花陰】套，除沈璟《埋劍記・計失》外，都合乎套曲形式。沈氏〈計失〉所用曲牌爲：

〔越調過曲〕水底魚、前腔

〔北黃鍾〕醉花陰、出隊子、刮地風、四門子、古水仙子、尾聲

〔南〕水底魚、普天樂、〔北〕醉太平、〔南〕普天樂、〔北〕醉太平

中間夾用【醉花陰】套而減【喜遷鶯】曲。依例【醉花陰】與【喜遷鶯】須連用。鄭騫先生說：「諸宮調及南北合套，單用醉【醉花陰】而不連【喜遷鶯】者，可用古體。」[20] 古體五句，沈氏即用古體。

案：王玉峰《焚香記・驅敵》與袁于令《金鎖記・神赦》兩齣，僅用北【點絳唇】【混江龍】兩曲成齣。可見傳奇（崑劇）用北套未必謹守北雜劇軌範，如此，崑劇〈賜福〉用五曲，北管、京劇〈天官賜福〉依之，則可以理解。

至於平仄格律，大抵與明中葉以後者同。首曲【醉花陰】

雨順風調萬民好，慶豐年人人歡樂。似這等民安泰樂滔滔。在華胥時見了些人壽年豐，也不似清時妙。似這等官不差民不擾，只

---

[19] 羅錦堂：〈元曲崑唱與崑唱元曲〉，收於中國古典文學研究會編《古典文學》第七集（臺北：臺灣學生書局，1985），頁743-757。

[20] 鄭騫：《北曲新譜》（臺北：藝文印書館，1973），頁3。

是俺奉玉旨將福祿褒。

末兩句平仄不甚合律；末句押平聲運，不美聽。第二曲【喜遷鶯】，已見前引，首句「只羨他功深德浩」重疊，末句「恁看他壽算還眉（當作彌）高」重疊；鄭騫先生引吳梅《北詞簡譜》語：「首末二句可疊，且已成成慣例；此蓋就度曲家之便，而不知乖律也。」且加案語謂此格「起於明中葉以後，元人無此作法。」[21] 第三曲【刮地風】，見前引，句數與正格十二句者不合；不知何故？待考。第四曲【水仙子】：

> 呀呀呀福份高，呀呀呀福份高。早早早早配著玉帶金章把鼎鼐調。羨羨羨羨文才錦繡好。看看看看德門呈祥耀。賀賀賀賀百福駢＊（當作臻）妙。慶慶慶慶福門千祥照。道道道道萬民歡天樂。拜拜拜拜福主僥（當作饒）榮耀。俺俺俺俺將這喜事兒留與後人標。

「賀賀賀……榮耀」等四句，當作七言。鄭騫先生謂「作者長於句首加三疊字，有每句全加者，有或加或否者，明以後則幾成固定格式。」[22] 末曲【煞尾】：

> 列旌旗一派笙歌繞，一霎時神州赤縣遊到。但願得普天下積德的享福祿直到老。

平仄不甚相合。上文諸言平仄不相合者，不知是否因為南、北劇所據的語音聲調值不同之故？敬待賢明。

　　明人沈寵綏（？-1645?）《度曲須知》（序於1639）「曲運隆衰」條指當時之北曲云：

> 至如絃索曲者，俗固呼為北調，然腔嫌裊娜，字涉土音，則名北而曲不真北也。年來業經釐剔，顧亦以字清腔勁之故，漸近水磨，轉無北氣，則字北而曲豈盡北哉？……北劇遺音，有未盡消亡者，疑尚留於優者之口，蓋南詞中每帶北調一折，如林沖投泊、蕭相

21 鄭騫：《北曲新譜》，頁2。
22 鄭騫：《北曲新譜》，頁7。

> 追賢、虯鬚下海、子胥自刎之類，其詞皆北。當時新聲初改，古
> 格猶存，南曲則演南腔，北曲固仍北調；口口相傳，燈燈遞續，
> 故國元聲，依然嫡派。[23]

這段話既感慨「字北而曲豈盡北哉」，卻又說「北劇遺音，有未盡消
亡」，似互相矛盾。羅錦堂以爲此語大致可信，新聲指崑曲，古調指
元曲；並疏解沈氏所言及的四劇爲：

> 林沖投泊：李開先《寶劍記》〈夜奔〉
> 蕭相追賢：沈采《千金記》〈追賢〉
> 虯鬚下海：張鳳翼《紅拂記》〈海歸〉（案：〈髯客歸海〉）
> 子胥自刎： 梁辰魚《浣紗記》〈死忠〉

同時又提出明末戲曲選本《宜春景》錄有當時北曲常演劇目十五折，
除上引者外還有《焚香記‧陽告》（即第二十六齣〈陳情〉）、《紅
梨記‧計賺》。他又說世傳錄音〈訓子〉〈刀會〉〈夜奔〉〈三醉〉
〈掃花〉〈陽告〉〈罵曹〉〈酒樓〉〈絮閣〉〈彈詞〉〈哭像〉〈刺
虎〉〈山亭〉，「都是用北曲來唱，音調遒勁敦樸，與南曲之柔媚婉
轉，絕不相類。」[24] 我們現在除了錄音，還可以看到舞臺演出與演出
錄影。

　　前文引時賢的話，說北管扮仙戲〈天官賜福〉是唱崑腔，京劇〈天
官賜福〉也是唱崑腔。可是〈天官賜福〉是北曲，則所唱崑腔是否真
崑腔？抑或是北曲？按：一般京劇演崑戲，大致能保存崑戲的腔格與
身段；而樂器則不盡然。而崑劇團演出上文所舉崑戲中的「北曲」，
〈絮閣〉除外，[25] 確實與平常所見崑戲之柔媚婉轉大異其趣。則此諸

23　沈寵綏：《度曲須知》，收於中國古典戲曲論著集成》第五冊（北京：中國戲
　　劇出版社排印本，1982），頁 199。

24　羅錦堂：〈元曲崑唱與崑唱元曲〉。

25　〈絮閣〉係一北一南交替的南北合套，在演出上，求整體的和諧，北曲部分與
　　〈夜奔〉、〈山亭〉等純北曲者不同，而爲婉轉柔媚。

劇，當保有相當程度的北曲。所以如此，羅錦堂參考古今學者的見解，以爲魏良輔嫻熟北曲，張野塘亦精北曲，「他們知道北曲的好處，就儘量借用在南曲中」，並引徐大椿、王守泰、張庚之說，以爲「崑山腔的改良，採用了北曲，從而使北曲得到流傳的機會。」[26]

　　至於北管〈天官賜福〉，依洪惟助等人的研究，與崑戲的〈賜福〉相較：舞臺戲劇演出略有差異，有要較多的過場音樂與繁複身段；而樂器，小嗩吶音量、音色與崑崑笛大不同。樂曲的主要音幾乎相同，然加裝飾音後，北管多上揚，崑曲多下墜；調性與速度，崑腔統一而北管則是由慢——漸快——慢，變化較大；北管的節奏較短而有力，拍法較快。[27] 其實兩者音樂風格大異其趣；在北管中找不到「崑腔」的形跡。

　　所以造成如此風格之差異，主要是劇種不同，各有其劇種特色。大抵北管爲「亂彈」，與雅部的崑戲不同。也許北管從福建流傳臺灣之時，已吸收了非南戲的其他劇種如弋陽腔的特色，致使「舊路」北管的〈天官賜福〉，已非純正崑戲；或竟保有較多北曲的北曲特質。

四·結語

　　北管扮仙戲〈天官賜福〉演出時並非單獨演出，而是與〈封相〉、〈金榜〉聯結爲一體，在人類學上具有宗教儀式的意義，既是祈福，又是除煞。——〈封相〉的演出，即帶有較強的除煞意義。[28] 固然是

---

26 同上注。

27 洪惟助、高嘉穗、孫致文：〈崑曲的《賜福》與臺灣北管的《天官賜福》——比較兩者在文辭、音樂的異同與變化〉，「結語」。

28 容世誠，〈潮劇扮仙戲的《六國封相》〉。

演戲酬神，藉賜福天官與諸星君賜福於神明，其實也是感念神明的庇佑，同時也祈求神明的降福庇佑。

　　就戲劇而言，本戲的戲劇性不強，演出時可能以歌舞行動之美取勝。就文學而言，藝術技巧也不很高，通篇是祝福的套語。而其文類形式，則爲單折的北雜劇；由【醉花陰】、【喜遷鶯】、【刮地風】、【水仙子】、【煞尾】五曲組成劇套，相較於【醉花陰】套的基本套式減省【出隊子】、【四門子】二曲。諸曲格律大致合律，然平仄或有所出入；【刮地風】則句數有異。

　　就劇種而言，北管〈天官賜福〉故然稱爲「唱崑腔」，然而與純粹崑腔相較則大異其趣。所以如此，主要是劇種不同，風格自異；其次當是崑曲中的北曲保有相當程度的北曲特色，與純崑腔有異；再者或許是北管傳入臺灣時，已先吸收其他非崑劇劇種的特質，或保有較多成分的北曲。

　　臺灣傳統戲曲逐漸式微，甚或失傳。北管的研究甚爲不足，其他劇種如南管、傀儡戲、高甲戲亦然。目前北管研究重心在於文獻、音樂資料的收集與整理，這方面的成就也較好。至於文學部分的研究，實爲一值得開發的領域。

附錄

錄自　許良榮《北管音樂》
（臺灣省教育廳交響樂團　出版）

天官賜福手抄總綱

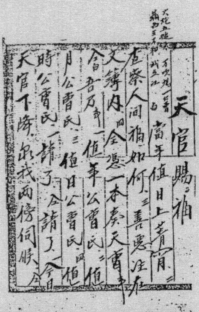

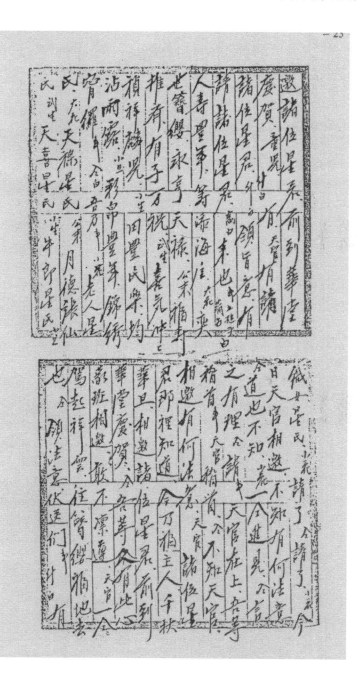

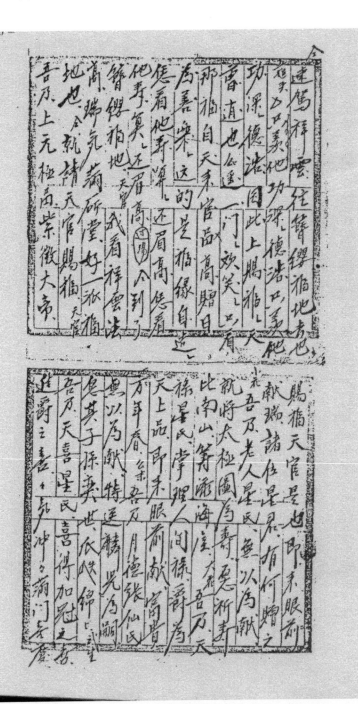

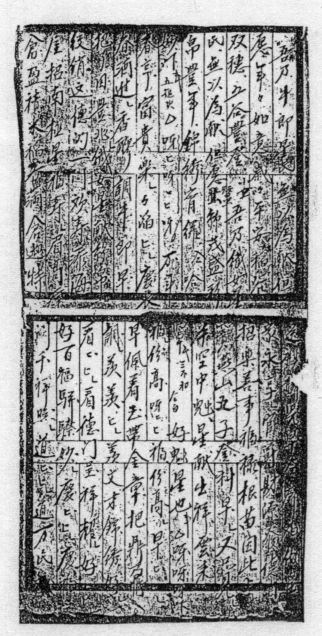

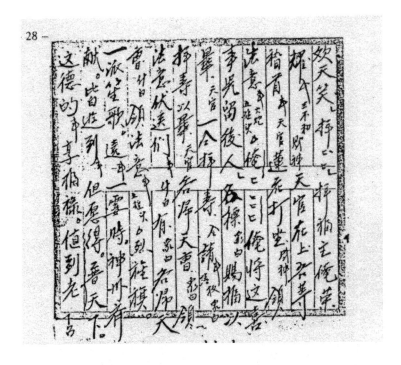

——《鳳山知縣曹謹事蹟集：二○○三年海峽兩岸曹謹學術研討會論文集》

(臺北：文津出版社，2004)

論劉公案鼓詞

一‧前言

　　南宋灌圃耐得翁《都城紀勝》論及宋代說話：小說有說公案。吳自牧《夢粱錄》因之。羅燁《醉翁談錄》錄有公案故事十六則。這是明白記錄「公案」故事的資料。近代學者的研究，胡士瑩《話本小說概論》的論述較爲可取。[1] 黃岩柏溯源至古代神話，則未免不夠嚴謹。[2] 王爾敏於此曾有評論，並以爲「公案小說最早代表應該是戰國魏文侯時鄴令西門豹的故事，……祖本載於《史記》卷一百二十六〈滑稽列傳〉。」[3] 曹亦冰也以爲起源於先秦，形成於唐代。[4] 其實我們討論「公案小說」的界義，不可忽略了宋代「說話」「小說」的特質。

　　明代較有名的公案小說，是包公案與海公案；分別由不同的作品呈現。而清代比較著名而稱「○公案」的，常見的有《施公案》、《于公案》、《彭公案》。一般小說史也常提到這三部；其實還有《劉公案》。

　　今所見《劉公案》是說唱鼓詞，原是清代北京蒙古車王府所藏。

---

[1]　胡士瑩：《話本小說概論》（臺北：丹青圖書公司重排印本，1983）頁96-103、650-655。

[2]　黃岩柏：《中國公案小說史》（瀋陽：遼寧人民出版社，1991）頁16-47。又見氏《公案小說史話》（瀋陽：遼寧教育出版社，1993）頁1-7。

[3]　王爾敏：〈清代公案小說之撰著風格〉，《中國文哲研究集刊》第四集（1994.03）頁121-157。

[4]　曹亦冰：《俠義公案小說史》（杭州：浙江古籍出版社，1998）頁36-53。

原書係抄本，四函三十二冊，每面（半葉）八行，行二十五字，共三十二部一百零七回。[5] 今有古籍出版社影印本四函十八冊。[6] 另有燕琦校點排印本，依原書標點斷句，仍保存分部、分回的狀態；原書無回目，燕氏爲擬回目每回八言兩句。[7] 又別有華夏出版社排印本，不分部，合各部成章回小說形式一〇六回，每回回目八言一句，疑據燕琦所擬者改訂；書中加入王增弟、鍾小季插畫十幅，並有注釋。[8] 按：該本似據燕琦校本排印，[9] 然而較燕氏本少〈都察院二十五部〉第二

---

5 此鼓詞依故事發展應未完結，應是說唱家尙未說完之本。且第十四部第三回亦未完足，燕琦校點本《劉公案》（北京：人民出版社，1990）頁 221。

6 《劉公案》（北京：古籍出版社，1991）

7 燕琦校點：《劉公案》（北京：人民出版社，1990）按：燕氏書有標點不妥、錯誤之處，參見註 9。

8 不著撰人：《劉公案》（北京：華夏出版社，1995）。按：書爲「中國古典小說名著百部」之一。

9 該本標點皆依燕氏本，燕氏誤者亦誤。如唱詞「三四三」句式的十字句皆同燕氏作「三，七」，如首回「劉大人爺兒兩個又登程」標點爲「劉大人，爺兒兩個又登程」，其他同此。燕氏誤標點處如頁 121（第八部第一回）第三行「……劉大人上了坐騎，并不用執事眾役尾隨，出了府衙，」華夏本頁 86 同，應作「……劉大人上了坐騎，并不用執事；眾役尾隨……」。頁 360 第二十三部第三回首「劉大人才要退堂，忽見土報連聲，三元跪在下面，……」華夏本頁 251 同，當作「劉大人才要退堂，忽見土報連聲（當作「升」）三元跪在下面」。頁 408「……李爺你這一案，劉大人盤問，州尊只說內有隱情」，華夏本頁 283 同，當作「……李爺你這一案，劉大人盤問州尊，只說內有隱情」。又頁 424「因現有凶手半邊俏、蕭老叔、楊回回，」華夏本頁 294 同；其實半邊俏即蕭老叔，當標點爲「因現有凶手半邊俏蕭老叔、楊回回，」此外，華夏本排印時又有遺漏處，如頁 443 第二段屠戶所說語，華夏本頁 307 第 2 行脫漏「我把你這個驢屌進的」數字。

回後半暨第三回；所以僅有一〇六回。[10]

　　譚正璧、譚尋《評彈通考》曾轉引《繡像劉公案全傳》卷首〈序〉，[11] 文末有「時光緒三十年書」語；則是清末有《繡像劉公案全傳》刊本傳世，不知今日有誰人或圖書館收藏？據書名應是平話章回小說。又〈序〉文云：「拿國太於山東，審白馬於路上」、「觀男女鬼告狀之事」，諸事不見於鼓詞本，則其書又與鼓詞不同。譚氏書又引《小說話》提到一本《劉大人私訪》的評話，也是敘述劉墉斷案的故事，[12] 依所述有乾隆下江南事，不見於本鼓詞，則該書與本鼓詞不同，然未知是否與《繡像劉公案全傳》同？

　　今所傳車王府曲本的說唱鼓詞《劉公案》，是描寫山東諸城人劉

---

[10] 該書的〈內容提要〉稱：「清代蒙古車王府藏說唱鼓詞《劉公案》一百零七回，……本書即根據車王府曲本點注，回目係注釋者所加。」

[11] 譚正璧、譚尋輯：《評彈通考》（北京：中國曲藝出版社，1985）頁 489-490。文不易見，引於下：「蓋觀古今之奇事，忠心義膽莫過《劉公案》一書。此書於乾隆年間，錄其實事數條。劉公籍隸山東諸城縣，乃我朝之忠直名士也。臨大事而不苟；遇疑案眾驚奇。貪官聞名喪膽；汙吏望影驚心。直言敢諫，不畏權識。拿國太於山東，審白馬於路上。私行辦（案：當作「扮」）道，訪事之虛實；身入賊穴，臨難而不懼。今古之清官廉士第一人也。觀男女鬼告狀之事，非包、施二公，莫能明乎是非，莫非測期才略。後之折獄者，當以劉公為規範可也！是為敘。時光緒三十年書。」（錄文改正三標點符號）

[12] 同上註，頁 490。文云：「《劉大人私訪》一書，乃說山東諸城劉文清相國事。聞相國在日，此書亦流傳社會。相國聞之，喚一說者來，謂之曰："且說一夕，吾聽之。內有一句實話，即賞錢百文。"既罷，僅與百錢。說者請曰："一夕中只有一句實耶？"公曰"然"。問："何句？"曰："'私訪'二字。除此之外，無一句道著。"其書雖極粗野可笑，然亦頗有意味。中有一段，謂文清奏參乾隆皇帝盜明陵梁棟修乾清宮，知法犯法，罪加一等，按律應流。帝遂下江南，以應流罪。」頁 490。

塘爲官斷案的故事。案：劉塘（1719-1804），字崇如；乾隆十六年（1751）進士，曾任江蘇江寧知府，有清名。歷官陝西按察使、湖南巡撫、內閣學士、都御使、工部尙書、吏部尙書等；嘉慶二年（1797）偕尙書慶桂如山東讞獄，並按行河決。[13]《劉公案》即據劉氏任江寧知府與按行河決經歷爲背景而作的公案鼓詞。

　　鼓詞《劉公案》的撰述者不詳，應是在北京、保定府一帶活動的藝人。[14] 至於講說時間，燕琦據首部第二回：「說你說的這部書，劉大人他老人家還健在，誰不知道？……劉大人自幼做官，至到而今到了中堂的地位……」以及同部第三回：「姓陳名大勇……到而今，現在這位陳老爺目下可在軍前。」斷定「可見這是劉塘在世時的作品。」他又說書中「又稱乾隆爲太上皇，當在清高宗一七九六年禪位之後，本書大約成于一七九七至一八〇四年間。」[15] 按：稱乾隆爲「太上皇」之處如第二部第二回、二十四部第一回、二十五部第一回、三十部第三回；而大部分稱爲「乾隆爺」、「乾隆聖主」。燕琦之說大抵可從。

　　至於該書的真實性，燕琦說：「以當時在世的人爲模特……又采用了真名實姓，就決定了作品保留了更多的真實成分。」他據第二十六部第四回：「此書不像古書由著人要怎麼說就怎麼說……今書不敢離了某人何官，看甚麼事情，劉大人怎麼樣拿問，必是真事。審問此

---

[13] 趙爾巽等：《清史稿‧列傳八十九劉統勳傳附塘傳》（臺北：新文豐出版公司據鑄本影印，1981）頁 1141。又，劉塘生平另見《清史列傳》、《國朝先正事略》等文獻。

[14] 《劉公案》首部第一回：「眾位明公，像金陵的江寧府的上元縣，就和咱每保定府的清苑縣、北京的宛平縣都是一樣，全在城裡頭。」燕琦據此認爲「書是面向保定地區聽眾說的」。〈前言〉頁 2。按：第二十部第二回：「……南邊地方，不論男女，出門都是坐轎；就和咱們北京城內坐車的一樣。」頁 313。

[15] 〈前言〉，頁 1。

案，想來還有七成眞事，愚下添出三成枝葉，圖其熱鬧。」以及第二十部：「這都是眼前的故事，出在大淸。」因而論斷說：「從這裡，我們可以看到某些社會現實的情狀和人民生活的境地。」[16] 前文提到的〈繡像劉公案全傳・序〉曾云「此書於乾隆年間錄其事實數條」，則書中所說的故事應有部分是眞實事。然而此所謂「眞實」、「社會現實」是須要說明的。因爲，歷史的眞實（現象之眞，個別的事）與文學之眞實（普遍的——universal之眞）是有所不同的。書中的某事或許眞有其事；而事情的發展始末、人物的言談舉止，所謂「枝葉」，應是文學的想像，不是個別現象之眞。換句話說：某個案件或眞有，而劉墉查案、審案、判案等過程則是說唱者所言的枝葉。誠如譚氏引《小說話》中劉墉的話，以爲說書者一夕所說，只有「私訪」二字屬實，「除此之外，無一句道著。」[17] 這是我們應當了解的。若再與較早的公案小說比較，即可知其中的犯案、辦案，有某種程度的模仿、因襲。

因此，面對這樣的文本，未必即可視爲眞實社會個別事實的寫照。我們不能當作某一史事的史料來研究，也不必考慮書中所述歷史事件的眞實性。如同稍晚的俠義公案小說，基本上是爲了滿足某種群眾心理，反應社會上某種普遍的現象。我們可以視之爲一種文化表象，可以用文化研究的方式來理解，來討論。

二・娛樂與教化——故事與主旨

在淸代，鼓詞是許多曲藝活動中的一種，是一種講唱的藝術；主

---

[16] 同上註。按：燕氏所引第二十部語未見。又第二十部第三回敘焦蕙蘭貞烈不屈而死，末云：「在位的可有到過江寧府？便知此書是眞的。」

[17] 譚正璧等，《評彈通考》頁490。

要流行於北京一帶。如第二十三部第三回，劉墉罷江寧知府補升都察
院回北京，進宣武門，看見各樣江湖，其中說、唱游藝有：八角鼓、
佟亮公說評書、黃老補臣說《施公案》、胡琴黑子色公蟲以胡琴彈唱
「潘金蓮勾搭上西門慶，來了個替兄殺嫂的名武松」、滕老黑說評書
〈鋒劍春秋燕孫臏，走石飛沙鬧秦營〉、秦記生山東大鼓唱「咬金下
了瓦崗寨，帶領一盟眾弟兄，一心想要坐天下，大破孟州一座城」（疑
係〈程咬金大破孟州城〉）。其中說《施公案》應該不是鼓詞，因今
日常見的《施公案》是平話──即評書，只是口述故事或加吟詠詩詞。
八角鼓、山東大鼓的表演方式與彈詞都是歌唱。

　　鼓詞則是有說有唱：說是以口語說故事，唱是以歌唱敘述故事；
為求大家聽得親切，其中不免許多方言俗語。唱的部分是詩讚形式，
所謂攢十字：以每句七言或十言為正，雙數句押韻；如非七言或十言
的，則是加襯字或減字。七言的如近體詩句四、三的音節節奏，十言
則是三、四、三或三、三、四（四言應析為二、二，三則是一、二或
二、一）；當然還可以變化，不像詩句那般嚴謹。──鼓詞的十言句
大抵作三、四、三。本鼓詞唱詞的韻腳是以收鼻音（m, n, ŋ）為主，
只有一、兩處例外。

　　說唱鼓詞要吸引聽眾，除了說唱家本身的說唱技巧如神態、音
色、聲音表情之外，主要是故事的精彩動人、能夠滿足聽眾的需求。
聽眾需求的滿足，可以從兩方面說：一是娛樂，聽眾因聽講說唱而與
人互動產生了快感，同時從說唱藝人形、神、聲的表演獲得快樂，而
且故事本身的趣味也令人快樂；二是心理的滿足，聽眾因聽講故事而
滿足心中追求快樂的期望，因故事而滿足求知的欲望，因情節的發展
合乎心中的預期而滿足，因情節的發展可以補償現實生活中所感到的
缺憾──道德的、法律的、暴力的、情慾的──而滿足。在塵世中總
有汙濁事：官吏貪汙枉法、富貴侵凌貧賤、邪惡欺壓善良、正義不能

伸張、弱小不獲扶持；這些情況造成的心理不平，可以在聽講、觀看故事的表演中獲得安撫、宣洩。同時，人在現實中不能滿足的欲望：名、利、情慾、革除不法、濟困扶弱，也可以在此活動中獲得精神的滿足。而故事中人物的遭際，起伏升沉的報應，也教化了聽眾——當然，不僅鼓詞，凡是呈現、演出故事的說唱、戲曲，都具有此等功能：娛樂與教化。公案故事，偏於懲治惡人，平反冤獄，摘除不法，鋤奸濟弱，更具有教化的功能；偵察案情、追捕兇犯的曲折過程，也可以娛樂聽眾。

　　《劉公案》鼓詞敘述的獄案，計有：李有義案、焦素英案、徐五案、廟井人頭案、吳仁通嫂殺兄案、楊武舉案、李文華連環案、柴漢瓦盆案、金寡婦案、趙通案、焦蕙蘭案、聖水廟案、深州放賑案、小錢案、李賓兄弟案、李國瑞案、熊恩綬父子案，案情參見附錄「案情大要表」。其實，焦蕙蘭案即焦素英案，僅縣名、知縣不同，焦氏名不同，其夫、土豪名相同，地同為黃池鎮，情節相同而細節有詳略；本案劉公僅經手轉報，未偵辦。楊武舉案似未完結，因鎮祿尚未被捕審判。[18] 李賓兄弟案似未完結，情節前半與李國瑞案首段極相似；大約是說唱家說完李賓兄弟案，覺得不滿意，從新講唱成李國瑞案。其實李國瑞案與楊武舉案，有些案情相似。焦蕙蘭案，應是本鼓詞愈來愈受歡迎，藝人就把焦素英的故事詳細說唱，以饜聽眾。劉公未參與偵辦之熊恩綬父子案，亦似未完；因段文經、張君德結局尚未交代。——所以如此，應是本鼓詞尚非完稿之故。大抵鼓詞家一邊編撰一邊說唱，若受歡迎，則不停編撰下去；如後來評書中的《彭公案》、《濟公全傳》，不斷編寫，有說不完的故事。

　　《劉公案》鼓詞中的訟案，依劉公參與的情況，大致可分為以下

---

[18] 燕琦注：「本回未完，原文如此。」頁221。

幾項：一、複審訟案——平反冤情爲主，是真正的公案故事，如李有義案、李文華案、李國瑞案。二、上司交辦複雜難偵難斷的案子，如廟井人頭案。三、他人喊冤報案的，如吳仁通嫂殺兄案、楊武舉案。四、當事人或其親人報的案，如徐五案、趙通案、柴漢瓦盆案、聖水廟案。五、劉公巡訪發現的弊案，如金寡婦案、深州放賑案、小錢案。六、屬縣詳報轉呈案，如焦素英（蕙蘭）案。七、劉公未參與者，如李賓兄弟案。此外，較特別的是熊恩綬父子一案：劉公察河，巧遇追捕兇犯徐克展，他命屬下陳大勇等緝拿了徐克展；未知誰審案？（事件應未完結）

在劉公審理諸案中，直接偵查事件線索而破案的例子並不多見；較多的是私訪中因「巧合」偶然發現了線索而破案。而且除了柴漢瓦盆案、深州放賑案、小錢案，都用了酷刑，打板、拶指或夾棍。——未用刑的，柴漢案兩造都是無心之過，另兩案是劉公本身經歷的事，無容狡辯。捉拿一般嫌犯，大約只用鐵鍊鐵鎖；如捉拿盜匪，一定有兵器武打。在本鼓詞中，徐五案、楊武舉案、趙通案、聖水廟案、李國瑞案、熊恩綬父子案，已接近俠義小說。尤其熊氏一案，已經不是審斷訴訟案件的公案故事，而是真正的俠義小說了。大約這類故事比起純粹發現事實現象的公案故事更爲刺激、更能滿足聽眾某種心理吧！這應是十八世紀末長篇俠義小說日漸發達而有的情況。——此類俠義與公案結合的小說，或稱爲「俠義公案小說」，或「公案俠義小說」。[19]

本鼓詞中，除了似未完結的李賓兄弟案，楊武舉案、熊恩綬父子

---

[19] 稱「俠義公案小說」的，如一般文學史著作；又，曹亦冰：《俠義公案小說史》；稱「公案俠義小說」的，如苗懷明：〈清代公案俠義小說的繁榮與清代北京曲藝業的發展〉，《北京社會科學》（1998年第二期）pp.109-113。

案未交代結果部分外，其他各案中的人物，若非無辜受害而亡，都是善有善報，惡有惡報的；其實應該說是強調凡爲不善者，縱然官高權重如總督高賓（交通吳仁、趙通），都會受到報應。即使無辜受害，也都能在案件偵破中，顯現天理正義的存在。有一時受害的人如聖水廟案的李瑞姐，因行孝爲母祈水治病而受賞；仁心慈善的人如小錢案中的王忠、李明，也得到獎賞。這就是勸人爲善、不可爲不法的用意；其實也是《劉公案》的主旨。

三‧清官劉羅鍋

公案故事都以一個忠心體國、公正廉明的清官爲中心，配上能幹的助手以偵查案情、捉拿不法。在《劉公案》中，劉墉若無陳大勇、王明、朱文等得力承差，尤其是武藝、膽識過人且又忠心耿耿的陳大勇，恐怕就難以辦事。在故事中，爲了彰顯某人某德，往往會加以誇大，以增強聽覽者的印象。在本鼓詞中，自然免不了這種情況。

鼓詞裡的劉墉，自當與歷史上的劉墉分別觀之，他是人們渴望的理想清官。他的身分很特別，任江寧知府是乾隆親點的官；是皇后的乾殿下。（316, 365）[20] 他駝背，人稱羅鍋子，容貌不好。李有義案中白翠蓮的丫頭青兒叫私訪的劉大人算命，劉公說：「醜大姐，叫我嗎？」青兒說：「我瞧你那個樣子也夠俊的咧！」又說：「你可倒好，出門子省盤費，有錢無錢都餓不著你！」「甚麼餓不著？」青兒說：「你背著口鍋走麼！」李國瑞案說他「騎在馬上腔著個背，偌大羅鍋背在身」，（p.396）於此可見他的尊容。

他的生活簡單樸素，不講究排場。首部第一回說他上任：江寧府的書吏三班人等在接官亭等待新任知府，他們等到的卻是個騎毛驢

---

20 燕琦校點本頁碼，下引鼓詞同。

的,只一個內廝跟隨,毛驢還是租來的。不像一般官人上任是全副職事。他在外為官,不帶家眷;除了保定主考多了王安之外,知江寧、察河,只有一內廝張祿跟隨。他穿的吃的都簡單;首回承差周成對朱文說:

> 騎著驢子來上任,提打扮笑得我肚腸子疼:一頂纓帽頭上戴,纓兒都發白了不甚紅;帽胎子磨了邊咧青絹補,老樣帽子沿子寬,五佛高冠一班樣。那一件青緞外褂年代久,渾身全是小窟窿;繭綢袍子倒罷了,不值兩把好取燈。方頭皂靴稀腦爛,前後補丁數不清。……要提他吃的東西更可笑,老弟聽我講分明:從到任總無見他動過肉,好像吃齋一般同;小內廝常明出來買乾菜,還有那大黃豆與羊角蔥。我問內廝作何用?他說是咯喳小豆腐,大人愛吃這一宗。一月發給錢六吊,一天才合二百銅;那裡還敢去動肉,要想解饞萬不能。(P.26)

他才上任的第一餐,是京裡帶來的兩個硬面餑餑與路上吃賸的叉子火燒。他吩咐內廝張祿:「你去告訴廚役:一概官員送的下程飯食,咱爺們全都不要。你拿咱們的錢,買他三十錢稻米,煮點粥,搭著這兩個乾糧,算咱爺兒倆的一頓飯咧。」他吃的簡單,就是待人請吃飯也簡單:第二十一部第一回記請陳大勇吃飯,是一盤子炒肉絲、一碗黃芽菜、一盤子生醬拌蔥、一碗小豆腐,還有昨日剩下的硬面餑餑、兩碗小米粥。(P.324)不過,他私訪在外酒館子吃飯也喝酒,大約酒是普遍常喝的飲料。

　　他自奉簡約,卻一心繫念君恩,記掛百姓,「忠義報國為民心」。他曾向總督高賓表達他的行事:「卑職不做虧心事,那怕暴雨與粗風,食君俸祿當報效,我劉墉斷不肯江寧落罵名。……我甘心潔淨把民情理,望大人忠奸二字要分明。」(p.75)李有義案他去私訪,想著「為官不與民做主,枉受乾隆爵祿封」(p.9)、「與民圓案除禍害,也不枉乾隆爺的御筆親點府江寧;為官要不與民做主,枉受乾隆爵祿封」。

（p.13）　吳仁案開棺驗屍，他沉吟：「聖主皇爺在上聽：為臣出任江寧府，御筆親點我劉墉；皇恩浩蕩如山重，君臣父子一般同；一秉丹心無二意，到處裡恐怕良善受屈情。……今朝斷出這件事，方不負乾隆老主對我恩。」（p.152）趙通案，他要治倒為惡多端、交通巡撫的捐候選州同趙通，「一秉忠心主盡忠」「為官不與民做主，枉受乾隆聖主恩」。（p.285）「與民除害方為本，不然枉受制度卿」。（p.325）他去深州私訪放賑情弊，「非是我羅鍋子愛管這件事，受主爵祿當盡忠」（p.371）。楊武舉案，他責備縣官胡有禮，「頂冠束帶吃俸祿，該報君王雨露恩。知縣乃是民父母，如待赤子一般同。」（p.183）李國瑞案，他責備署州印錢碧喜：「主子俸祿雖主賞，實實那民間的血肉一般同。」（p.417）這就是他所以不懼權貴惡勢，盡力為民除害之故。

　　他愛民，赴保定主考的路上，看見許多流民；忍不住停下轎來，親切的詢問流亡之故。結果問出深州放賑的弊端；後來懲處了作弊官員。他為了與民圓案除禍害，審明案情，不止一次改扮私訪：或扮算命，或扮占卦，或扮老道，或扮客商，或扮鄉老，或賣藥，或賣餑餑，也治病，也除祟；無非是要探訪民情，偵察訟案。在扮裝私訪中，不止一次發生危險，幾乎喪命。如徐五案，扮算命的進入徐府講子平，被徐五的盟弟江二識破，關入後院空房，「今夜放了一把火，將他燒死空房中」；被陳大勇救出。偵訪趙通案，扮客商，被趙識破，關入私牢，門上貼了封條，派人看守；被大勇、游擊李龍、守備王英攻破徐府救出。偵辦聖水廟案時扮鄉民私訪，被推墮水中。扮鄉老私訪深州放賑弊案，因贖當論小錢，被當鋪的伙計摔倒，差點兒被拳毆；又被知縣閔上通上枷號眾。種種苦難，只是要為民除害。

　　他為官清廉剛正，連初到江寧官員送的下程飯食都不要。察河到滄州，州官預備公館：燒燎白煮，滿漢全席，派茶房伺候；公館門外

搭轅門，貼門聯、掛彩懸燈。劉公看了不住，另找三聖廟住。（p.386）承差周成說他「昨日裡鹽商送禮他不受，審官司總不見順人情」。（p.26）同時他也要求別人清廉。上司總督高賓壽誕，他送的禮：「牛肉三斤是硬肋，細條切麵是六斤，三升大米二斤乾粉，還有木耳與金針，小豆腐兩碗新鮮物，二十個壽桃似白銀」，他說這是八樣禮；跟其他官員的金銀禮物一比，實不能稱為禮。高賓退他的禮，他氣忿了，「我的那禮物不收你掉了造化，你想收別人的禮物萬不能」；見到其他官員來送禮，就將高賓的巡捕官退禮時說的話「高大人說咧，禮物全都不要咧，生日也不做咧」，告訴送禮官員；官員「一個個心裡再無有那麼歡喜的咧」。（p.73）擋了總督斂財的機會，也給自己添了麻煩——江寧縣廟井人頭案就是因此惹來的，照理知府不是審理縣級案子的第一人。——他剛正就不怕事，也就難纏。高賓說：「耳聞他難纏露著拐，話不虛傳果是真」。（p.73）廟井人頭案中的張立說：「羅鍋大人難說話，恰似包公海剛峰」。（p.107）他審案不講人情，審吳仁案時高賓來信請他「完全此案」，反惹他「暗把貪官罵幾聲：倚仗上司壓屬下；劉某豈肯順人情」。（p.150）他雖號為難纏，卻真有能耐；破了廟井人頭案，高賓接得原招與口供，「不由心中喜又驚。喜的是無頭的公案能判斷，果然羅鍋子學問通。驚的是不懼上司是個硬對，更有那我要想錢萬萬不能。」（p.120）這就是百姓口中「明如鏡，亞似龍圖包相公」的劉羅鍋。

他的清廉是否浪得虛名？乾隆都不很相信。在第二十三部第三回記劉公補升都察院，就任三天，革職為民返鄉；乾隆派三位大臣送三千兩紋銀當盤費，看看劉公收不收，以試其清廉。劉公暫時收下，言明請旨後決定收不收。劉公上本說：欲收，則與三大臣交情不夠；不收，又恐見怪，請聖上宣三大臣來問明。皇帝高興他的清廉，對朝臣稱許劉公之清。劉一聽，叩頭說「謝恩！又蒙我主把盤費賜，三千紋

銀賞劉墉。」劉公得了皇上的賞。（p.360-367）

他審案的方式，也並不特別，在嫌犯（大部分是罪證較明確）不招時，也用酷刑：打大板、拶指、夾棍取供。甚至在審廟井人頭案不順利時，還扮城隍夜審嫌犯妙修，取得供詞，在公堂為證。不過，他審擔柴漢無意中碰翻瓦盆車一案，憫念兩造都是窮困良民，柴漢賠不起瓦盆；於是設法讓一個剋扣斤兩的賣酒人願意受罰，以繳來的罰金濟助他們。

他雖然難纏，對屬下卻很好。但不容屬下不法。如李有義案，王明在奉命傳白翠蓮到堂時調戲白氏，被重打四十大板；（p.38）廟井人頭案：劉公假扮城隍夜審妙修；王明不知，強拉妙修圖姦，被重打二十大板。

鼓詞中的劉羅鍋就是這樣的人。不過，就藝術而言，卻是個扁平人物，沒有個性。他的形象，是人們心目中的清官，是最理想的官員；實是為了彌補現實社會的不足而據真實人物塑造出來的典型，是可以滿足庶民心理的人物。

四‧民情與文化

《劉公案》鼓詞大約是十八世紀末的作品，以當時人劉墉為主角，講唱給當時的聽眾聽。當時的表演場所應不是大眾化的劇院，應是本鼓詞第二十三部第三回所描述北京宣武門一帶的各色技藝表演的地方，開放式的公共場所；或者被請去表演的私人宅院。大體而言：這樣的表演，語言勢必通俗甚至低俗，事物也要切合當地的名稱，因此保有相當豐富的當時語言、民俗、文化資料。

先就語言來說：白話是必然的，雖然它須要歌唱。當地的俗語，

如：毛腰（彎腰）、[21] 黑搭乎（黑、不明不白）、黑家里＝黑家（夜晚）、拿糖作勢（裝腔作勢）、作耗（作怪）、精打精（精光）、花串（花招）、心犯想（心想）、打著臉子（弸著臉）、款（緩）、礓礤（臺階）、千里眼（望遠鏡）、愣頭青（冒失鬼）、眼子（肛門）、平川（平地）、地流平（平地）、走龍（馬）、能行（馬）、地蹋子（乞丐）、底扇子（妻）、剪快（快）、馬子（夜壺）、跑馬子＝跑馬（流精液）、馬（精液）、老索倫棒子（陰莖）、亮子（銀子？）、亮（銀？）、捎馬子（袋子？），不詳其意的，如鬼谷麻糖、札煞、哀幫、裂口子、瞎打落、哈外、訛盆、第老的、有音兒……等。還有「坎兒」（即市語、行話），不知者難懂，原書或有說明，如有一段坎兒：「丁川合子聞我喜，神湊子窒兒把哈到，花斑戎孫窒兒內存，還有月丁是賒果，窒兒裡搬山飲劉伶。內有流丁羊蹄宛，大家攢兒中動色心，你我快把撥眼入，亮出青子好拿人。」書中解釋「"神湊子洼兒裡的花斑"，這是廟裡房的和尚；又說"戎孫戎孫月丁"，是兩個賊；"果"是婦人；"賒果"是養漢奶奶。」又："搬山"是喝酒；"攢兒中"是心中。沒解釋的，有待解說。（p.432）

　　無疑的，公案故事為了彰顯主角睿智廉明的斷案，自然是偏向罪惡或過失的描寫，是偏向描寫特別、不平常的事；這不是社會的真實面貌。不過，我們透過受害者，以及案件發生的因緣，還是可以看出部分的情況。在《劉公案》中所看到的社會，人民並不是富足的，往往為了生活，艱辛的工作。一遇到窮困或荒年，無以謀生，就造成犯罪的機會：為官的可能貪瀆，如深州放賑弊案中的官吏；百姓可能鋌而走險，強盜、偷竊、犯法，楊武舉案、李國瑞案中的盜匪即是。即便不是荒年窮歲，人為了滿足生理的慾望——食、色，以及心理的欲

---

[21] 括弧中語為筆者斟酌上下文推知之詞意。下同。

望——名、利，也會做出不法或不合適的事情。幾乎所有的案件，都不出這樣的動機。

其實，人生在世，爲了生理、心理的滿足，就創造了生活的文明，有士農工商各種產業，以及教育、娛樂、信仰等正面的發展。反面發展，就是姦淫、偷竊、強盜、貪瀆枉法；甚而殺人犯法。這些情況，也都在《劉公案》顯現。

普通老百姓，都汲汲營生。如李有義案的李有義與富全，廟井案的張長保，吳仁案中吳祥，楊武舉案的王自順，李文華案中孫興、趙子玉，柴漢瓦盆案的趙義、李五，小錢案的王忠、李明，都是。劉公知江寧私訪，看到江寧的富足；他回京時在宣武門一帶所看到的店鋪，是市民生活的一部分；江胡藝人、雜耍，各種曲藝說唱：八角鼓、評書、山東大鼓、鼓詞，即是市民文化。

人兔不了老病死，有時爲求生活順遂，祈求神明保祐或求神明解除病痛，就有了寺廟信仰、宗教。不法之徒就利用人們祈求神明相祐，以及畏懼神明不祐或降災的心理，從中斂財；如金寡婦案的金花聖母、聖水廟案的聖水姑姑；或藉以逃避罪捕，如聖水廟案的淨空、天然，楊武舉案的了凡、楊四把、蕭老叔等盜。有的出家人，爲求生理滿足，犯了清規，如廟井案的武道姑妙修、聖水廟中的聖水姑姑等僧尼。

爲了名、利、食、色而犯罪，比比皆是。其實，不僅平民因此犯罪；書生、官吏、財主也一樣犯罪。財主有的因財富而橫行，如李有義案的王六，李文華案的李文華；有的又希望保住財富、增長勢力或名氣，滿足慾望而橫行霸道，占民田舍，搶民女、美色，如焦素英（蕙蘭）案的黃信黑，趙通案的趙通。書生攬詞訟或巴結官府府、財主，助長不義，如吳仁案的朱亮；好賭輸妻的如焦素英（蕙蘭）案的魯見明。權貴之家仗勢爲惡，如徐五、熊傑、趙通、吳仁。爲官貪瀆的，

如總督（巡撫）高賓、深州守閔上通、李賓兄弟案的滄州守趙文達，李國瑞案的滄州守錢碧喜，楊武舉案的知縣胡有禮；為官而教子無方、助子為惡的有大名兵備道熊恩綬——熊恩綬此舉逼反了段文經、徐克展、張君德、劉奉，使大名擾攘不安。而皂役官差行不法的，如楊武舉案的吳信，李賓兄弟案的周必、孫能，李國瑞案的甄能，助官長為惡；李有義案的馬快金六，包賭。

在這些不法的官員中，鼓詞突顯了一個問題——捐納。貪官胡有禮、閔上通、趙文達、錢碧喜，都是捐納出身；惡財主趙通也捐了候選州同。劉羅鍋問案時，都問了出身；可見說唱家很在意這個問題。捐納不始於清，但說唱家應是對當時制度很不以為然。——這問題值得進一步討論。

其實，社會並不是如此不堪，如此黑暗；即如前文所云，這都是特別的、不平常的事件，賢良官吏不必在說書中處處強調。在此公案鼓詞中，劉公的剛正廉明，無庸再說；即如普通百姓，儘管卑微，卻是善良者多。本鼓詞中，如焦素英（蕙蘭）的貞潔，不受凌辱；李文華案的何月素，為保全貞潔而喪命；盛公甫的好義，不忍王自順受害；楊武舉的義氣，救人受屈；李有義案的白翠蓮，不惜犯罪以報夫仇；聖水廟案的李瑞姐，為母求聖水治病；吳仁案的吳旺，為族親吳祥死因不明，堅持要告吳仁，若誣告願領罪。這些都是值得尊敬的百姓，也是社會中的大多數。

五·結語

《劉公案》鼓詞呈現劉羅鍋斷案的事，除了具有娛樂聽眾的功能外，還可藉故事來宣達教化的理念。為吸引聽眾，往往加強情節的張力；因此誇大羅鍋的某些行為，如他的飲食。也因為要饜足聽眾希冀

清平安樂生活，鏟除貪官、惡霸、姦慝的心理，而將劉羅鍋的剛正、廉明、睿智、愛民形象加強；也因此將不同層面的犯罪事件或疑似不法的事件揭露出來。同時，為了吸引聽眾，增加故事的刺激性，在緝捕罪犯的過程中加入了武打的場面；逐漸與俠義故事合流，成為俠義公案故事。

　　《劉公案》鼓詞是說唱家演出的故事，說唱給市井小民娛樂，文學性不高，我們可不必以「文學藝術」眼光去審視。也許就是因為隨寫隨說，或隨說隨記，前後不免有訛脫或交代不清之處。除上文所舉焦蕙蘭案即焦素英案、楊武舉案、李賓兄弟案、熊恩綬案，或重複或未完結之外，尚有矛盾處。如高賓，依書中出現順序：劉公去上壽時他是總督，交辦廟井人頭案時也是總督，劉公審明案情上報時是巡撫；稍後的吳仁案是總督，趙通案是巡撫，不知何故？而劉羅鍋離開江寧赴都察院任時，並未帶同陳大勇等，也沒提到薦舉陳大勇等；因此保定主考、深州私訪時並無陳大勇；可是察河到德州，遇到官軍追捕徐克展時，又有陳大勇、王明、朱文，就是疏漏，交代不清。另外，李賓兄弟一案，趙氏跳井死，卻在井中分娩生子；書中雖有一翻說詞，總是難令人信服。

　　鼓詞中的問案方式，常見到酷刑逼供，因此出現了不少「屈打成招」的冤案；實為不可取。可是，劉公也使用酷刑審案；似乎講唱家並不反對酷刑取供。這大約是當時缺乏有效又人道的審案方式吧。——其實，酷刑讓人畏懼打官司，尤其是人命官司；可是卻有人因怕人命官司而犯了法。如李文華連環案的趙子玉，發現後院有無屍人頭，就跟伙計埋人頭；埋葬時被小孩王保看見；怕小孩說出去，宋義就將王保殺埋了。真悲慘！應該給百姓法律教育。

　　像鼓詞、評書，這些以市井平民為聽眾的藝術，作品具有通俗性，因此保留許多語言研究的資料；所講唱的生活情況，應是當時的寫

照。這些都是可以進一步利用的文獻。此則有待於高明。

附錄：《劉公案》案情大要表（備註欄數字表燕琦校點本頁碼）

獄案	案　情	特殊偵辦過程	備註
李有義案	上元縣呈報：店家李有義圖財殺害投宿夫妻之男子，女子逃跑。 劉墉疑有冤情，另行偵辦。發現： 地主王六（伊六）住佃戶富全家，圖謀富妻白翠蓮美貌，勾結白氏表兄鍾自鳴，誆騙富全同伙做經營。假託有酒店要轉手，要鍾老陪同富全去看——路上鍾氏殺害富全。王六以蒙汗藥蒙昏白氏加以強姦。王六帶白氏上北京，路宿李有義店中；白氏趁王六熟睡，殺死王六報仇，藉機逃走。	劉墉扮算命道人私訪探事，命承差陳大勇扮鬼，探出白式有嫌疑。劉墉聽廟鐘無人自鳴，命承差朱文、周成逮捕鍾自鳴；承差借賭局捕鍾氏。	4-43
焦素英案	句容縣知縣王守成詳報：秀才魯見明好賭，將妻子焦素英輸與土豪黃信黑。焦氏不肯失節志，賦絕命詩十首自殺。 （劉公呈報，御命：罰黃氏銀一萬為焦氏修烈女廟，魯氏去手掌守廟）		23-25
徐五案	鄉民告狀：巡撫子徐五為惡，強擄周國棟女月英，強佔民屋、民田，為欠租殺人餵狗；為惡多端。	劉公扮算命人，訪民情，進徐府講子平，被江二識破，被囚；夜間為陳大勇所救，請守備王英調兵捉拿徐、江治罪。	44-70
廟井	南京總督高賓諭：江寧縣廟前井中有無屍女頭，限五日破案。	劉公因女頭、男屍案無解，假扮	77-121

人頭案	劉公偵查人頭案時，於井中撈出頭傷男屍；在私訪時發現醃嬰屍。偵結：井中男屍名長保，鎮江營商有得回鄉，被盟兄李四見財謀殺棄屍。醃屍爲蓮花庵武姑子妙修與張立私通所生（死因書中無交代），被張立送與李三，以詭欺寡婦房東；醃屍包袱被皮匠王二樓誤偷。王二樓發現後扔棄，後被劉大人所得。妙修之妹素姐寓住庵中；張立見她美貌，逼姦不允加以殺害，原擬將頭嫁禍趙洪，因當夜趙家中人客多，故棄於井中。（長保即素姐之夫）	賣藥人私訪，於酒舖中聽人言井中女頭疑是蓮花庵女。爲李四除祟時，因裁紙刀有「長保」二字，斷男屍爲李四所殺。承差因醃屍案心煩於酒舖喫酒，聽人道及醃屍爲王二樓所遺。劉公夜扮城隍審妙修。	
吳仁通嫂殺兄案	吳旺告族中舉人吳仁謀害親兄吳祥；如有誣告，願領罪名。 劉公偵訊吳仁無所得，傳吳祥妻趙氏問死因；與吳仁所說不盡相合。後據吳二匪親見之言，擬刨棺驗屍；高總督來書請完全此案。劉竟刨墳劈棺三驗屍，不見傷痕。吳仁之交好、趙氏之表姪朱亮來責罵劉公，惹惱吳二匪宣說所見；劉公於是剖屍，驗得毒蛇。偵結：吳祥續娶趙氏三月，上京貿易，五年不歸；趙氏與小叔吳仁私通情好。吳祥既歸，有縮陽不舉之症；趙氏與吳仁謀害其夫，趁吳祥醉倒時將毒蛇驅入腹中致死。	劉公偵訊吳仁、趙氏無所得，扮賣餛飩、薄餅販者，酒舖中遇雨，借宿店中。夜間聽見吳二匪告訴掌櫃：他擬偷吳府財物，見一對男女以竹筒、磁瓶，摟定一醉者，不知如何而醉者猝死。	125-165
楊武舉案	盛公甫、王自順報冤：九月廿三日王自順經商歸鄉，投宿盛公甫店；盛氏以有強人搶殺商旅，修書薦請投奔表弟武舉楊文炳、文芳處免難。當夜強賊至楊府索客商，與楊氏兄弟相鬥；有兩賊受傷而敗回。次夜有兩首級扔於楊家後院；天明，	劉公命陳大勇、楊文炳約同地方崔氏至吳信家，謂吳妻王氏：吳信有人告下，需	166-221

	武舉報同鄉保到縣稟明。知縣謂舉人殺人,收監南牢。當夜,楊家廿四口全遭殺害。 劉公提訊,問知縣胡有禮何以拘禁舉人兄弟?知縣答「恐怕他往別處告,留他在衙中住下好拿人,差役暗把賊人訪,拿住時審明冤枉此事情」。劉公知有情弊;問舉人知廿五日皂頭吳信索賄五千兩可免人命官司。偵訊吳信,吳抗刑不招;鄉保地方供吳信交通大盜。劉公設計自吳信家取得贓銀,審知大盜為鎮祿;命陳大勇等捉拿鎮祿等賊。	銀打點;吳請崔向王氏拿四封「上月分的那銀兩」。既得,舉人識知為楊家銀兩。	
李文華連環案	句容縣財主李文華豔羨傭工孫興妻何月素,遣孫興外出收賬;請宗婆子以銀二十兩說何氏圖歡好。何懼李財勢,恐不利其夫,假意依從;擬屆期苦勸李氏,若不從將自殺。即期,何氏留言見志;而李思及亡父誡言,乃不赴會。當夜有狗肉王行八見何氏燈明,潛入逼姦;何氏取菜刀砍王,反為王八所殺。王八砍下人頭,扔於趙子玉後院以報不借糧之仇。既回,以告其妻毛氏;適為李九所聽聞。次晨,趙家伙計宋義見人頭,以告子玉;相謀移屍埋頭。適為王保兒所見;宋趁王注意坑中時擊殺之,與人頭共埋。孫興見其妻慘死,又見遺書,會同地方告李文華姦殺何氏於知縣。王守成知縣拷問李文華成招,然未得人頭,謂為狗叼去,詳文於府。 劉公私訪,得聞李九聽自王八殺人之語;遂破案,伸明李文華之冤。	劉公扮賣卜卦人私訪,以治李九傻病而問知狗肉王姦殺何氏事。	222-259
柴漢瓦盆案	劉公乘轎拜廟燒香,路上聽到喊冤聲:李五賣瓦盆營生,趙義挑擔乾柴草上市賣錢;忽有大風吹偏趙義柴擔,碰倒李五車,打碎一車瓦盆。二人爭鬧。劉公知彼皆貧苦良民,因此為難;後設計命趙義燒鍋裡打四兩一壺老干陪罪,買回,秤得		262-263, 274-277

	斤兩不足；傳到賣酒人張必偵訊，問願罰願打？張願罰紋銀十兩濟貧。乃將罰銀分與趙、李二人做經營。		
金寡婦案	劉公拜廟燒香，鐘響不絕，廟口鬧哄哄；問知「金花聖母與人治病，設下道場請神靈」。劉公知是洪陽教裝神弄鬼哄民，誆騙財物。於是命承差至金花聖母（金寡婦）神堂請至府中治病。劉公坐床上裝重病。金氏要供品、金銀，起鼓跳神；內廝張祿告窮無力供養。金氏減至一千錢，然後跳神念歌兒：「……無有供養休問病，神佛無力也難應」，住鼓滅燈。捕快拉道婆、金氏至堂前偵訊，各打二十大板、招監，然後詳報撫院，又出告示禁邪教。		263-274
趙通案	山西布政司趙順之弟趙通，與巡撫高賓有交情，捐候選州同，橫行鄉里，好色。生日會上見外甥張賓妻杜媚娘甚美，命手下於杜歸途中強搶。次日張賓告狀：為舅氏慶壽，歸途中強人搶去妻氏。 鄉人來告：趙通強搶民女、民婦，強佔民房、民地，打死欠租人餵狗吞。 劉公偵查時被囚，被陳大勇等救出；既捕獲趙通等，即收監，並詳報巡撫，奏章皇上。（御命：趙順革職，巡撫高賓失察，罰俸三年）	劉公扮商客，陳大勇扮僕人，私訪趙通家。趙通識破，請劉公入宅，囚入私牢，擬餓死劉公。大勇見大人久不出，奔回江寧見守備王英，轉知總兵。總兵派游擊李龍率兵圍攻趙府，救出劉公，擒獲趙通及其家奴。	277-304
焦蕙蘭案	（即前文魯見明將妻子焦素英賭輸與黃信黑一案。僅縣名改為宣城，地仍為黃池鎮；知縣為汪自明。敘述不同者為前案僅王知縣詳報之案情；本案則詳盡敘述事件經過、審案，然後知縣詳		304-319

	報，劉公上表。）		
聖水廟案	翠花巷李貴寡婦告狀：女瑞姐至聖水廟拜求聖水治母病，三日不歸，不知去向。 劉公偵辦：疑廟有隱情。廟係女廟，初一、十五男眾始准進入。（適逢十五，劉公與陳大勇扮鄉民進廟私訪。其中男女混雜，多人求水治病。）實則住持聖水姑姑於廟中私養僧人了凡、淨空、天然，任其姦淫僧尼。劉公又遣妓秀蘭裝扮良人進廟訪事；入夜，三僧人來姦秀蘭。了凡認出秀蘭；秀蘭被迫道出始末。天然乃夜中行刺知府，被大勇擊退。劉公於是派捕役圍拿廟中僧尼與行刺和尚，又請守備王英協助；擒得不法僧尼與淨空等三人治罪，救出李瑞姐、秀蘭。	劉公與陳大勇扮鄉民進廟訪情弊，不慎墮水中；乃請妓者扮良家婦進廟求聖水，以偵不法。	320-359
深州放賑案	劉公上任保定府主考，路見深州流民；問知荒旱，奉旨放賑三百錢一斗；州官竟賣四百前一斗，斗實七升。劉公考畢，扮老鄉民私訪，以三百文買米，不可；指出官斗不足，為衙役扔倒，跌破官斗，被州官閔上通拿問。因有欽差學政轎到，州官命枷號此鄉民示眾，匆忙接轎。轎來至劉公處，適有游擊李元真來見；劉公命李拿住州官。劉戴枷熱河見駕覆命，並說戴枷緣由。御命：閔上通斬首；保定府總都良肯堂失察，罰俸三年。		367-389
小錢案	劉公扮老鄉民至深州私訪放賑事，在一酒鋪飲酒六錢，油炸鬼三錢，無餘銅付賬；解小褂請堂倌至當鋪當得二百錢。酒鋪主人王忠得知，加三個大錢為利錢請堂倌贖回小褂。當鋪說其中有兩小錢，堂倌說才當得尚未解串；引起爭論，財東楊大成命伙計打堂倌。劉公聞聽吵鬧來說理，反被當鋪人扔倒，按住要打。王忠喝住，補兩個大錢救了劉公；且不要酒錢。李明亦不收油炸鬼錢。		370-375, 383-386

	劉公既拿住閔上通，乘轎來至當鋪傳問楊大成；罰錢一百吊（劉公賞與王忠、李明），並問出小錢來自南邊私爐，由糧船帶到天津發賣。（後將賣小錢的兩人殺了。）		
李賓兄弟案	保定府于家屯有秀士李賓，妻王氏，女榮姐；賓弟李容，妻趙氏有身。同村有賊匪于良壞，與李賓不對頭；于犯官司被捕於滄州。滄州守趙文達，本是青縣知縣署州事，甚貪。于買通滄州衙門上下，拉李賓爲窩主。州官拿李賓，屈打成招，又拿李容，一同下監；派衙役周必、孫能起贓。二人至李家見王氏、趙氏，意圖姦淫；二女跳井（趙氏井中生子），榮姐亦落井。衙役兼逼死三人，回報州官，州官提問贓物。李賓辯非窩主，州官放二人回家。既回，發現妻女慘死。（按:本案無關劉公，似未完結。）		390-394
李國瑞案	劉公察河至滄州，查對文卷；見有一案:死囚趙喜招出窩主李家屯武舉李國瑞，審問不招招監；一妻一妾一子一丫環，半夜全被殺，已報驗。將舉人問成坐地分贓、窩藏盜寇之罪。劉公疑其情節未必真，問知州（係青縣知縣署州印）錢碧喜如何問案；時有李家家丁李忠喊冤。劉公謂明日提問此案。錢氏召皂役甄能商議:傳禁子來，賞十兩銀，命以沙子口袋將武舉壓死，報爲監斃；則無從問案。禁子黃直夜間飲醉李國瑞，沙袋壓死；禁子眼前忽忽一片紅光，昏倒。劉公夜夢老者請救黑虎，驚醒；請大勇等隨同查監。國瑞已醒，鬆榜，救醒黃直。即時升堂，偵問得知案情；錢氏圖謀李家財富，叫死囚攀出李武舉窩贓在家；傳訊武舉，夜禁班房。甄能來索賄銀一萬兩免牢災；國瑞不允，屈打成招，招監。而國瑞一家四口被人殺害。	劉公夜夢一老者來請救黑虎，驚覺李國瑞蒙冤臨危，於是趕緊查監相救。	395-445

	劉公派陳大勇緝拿殺武舉家四口之凶手。大勇扮老西兒；巧遇舊屬馮吉，得知凶手係玉皇廟中楊四把、蕭老叔等八賊匪。大勇偽裝送餑餑伙計，隨馮吉入廟探訪；知僅有楊、蕭與住持了凡在廟。大勇回報劉公；劉公命大勇、朱文、王明拿賊匪，並請千總王彪帶兵幾十名協助。時了凡、楊、蕭正與妓女飲酒行樂；經一番惡鬥，拿回三人。		
熊恩綬父子案	大名兵備道熊恩綬之子熊傑，七月十五夜至甘露寺瞧盂蘭會燒法船，見苞頭段文經之女甚美，擬聘為親。段文經不允，觸怒熊恩綬；熊命劫銀鞘盜刁愷等四賊，拉出文經為窩主。熊拷問段文經；段抗重刑不招，被收監禁。段妹婿馬快徐克展甚不平，當夜與手下張君德、劉奉殺熊恩綬父子及其僕妾共七口，救出段文經，放出被囚眾犯，殺出牢獄。段歸家，告其妻女殺官劫獄事，當下要逃災出城；其妻女恐襪小難行被擒，自刎死。段、徐等奪城而出，逃至柳林中玉皇廟，遇柳龍等盜賊，聚會一處；八月十六，諸人換裝混入大名搶城。劉奉遭擒，招供；總督調兵捉拿諸人。徐、段、張逃走。 徐克展逃至德州，在茶館中挑水做苦工；被二衙陳工認出。陳設圈套賺徐進官衙，加大刑；徐開刑反公堂。德州游擊李勝龍、守備馮興武、千總張世喜率官軍追捕，徐傷馮、張二將；李游擊提刀趕來，徐誤入死胡同。 適劉公察河至德州，恰遇官軍拿逆匪；劉公命陳大勇、王明、朱文等拿住徐克展。		446-497

——第七屆清代學術研討會論文（高雄：中山大學，2002）